Lernfeld Rettungsdienst

Wege zum handlungsorientierten Unterricht

Lernfeld Rettungsdienst

Wege zum handlungsorientierten Unterricht

Herausgeber:

Kersten Enke

Rico Kuhnke

Autoren:

Matthias Bastigkeit

Dag Danzglock

Janika Grunau

Roland Lipp

Uwe Lühmann

Gerhard Nadler

Frank Scheinichen

Ulrike Weyland

Michael Zengerink

Verlagsgesellschaft Stumpf + Kossendey mbH, Edewecht 2013

Bibliografische Information der Deutschen Nationalbibliothek

Die Deutsche Nationalbibliothek verzeichnet diese Publikation in der Deutschen Nationalbibliografie; detaillierte bibliografische Angaben sind im Internet über http://dnb.d-nb.de abrufbar.

© Copyright by Verlagsgesellschaft
Stumpf + Kossendey mbH, Edewecht 2013
Satz: Bürger Verlag GmbH & Co. KG, Edewecht
Umschlagfoto: Jan Dommel, Die Johanniter
Druck: M. P. Media-Print Informationstechnologie GmbH, 33100 Paderborn
ISBN 978-3-943174-10-6

Inhalt

Geleitwort

Die Ausbildung im Rettungsdienst wird seit vielen Jahren und aus den unterschiedlichsten Gründen kritisiert. Beispielsweise sind die Struktur der Ausbildung und die formellen Voraussetzungen für eine Dozententätigkeit an Rettungsdienstschulen nicht mit anderen Gesundheitsfachberufen vergleichbar. In einem Zeitschriftenbeitrag wurden Rettungsassistentinnen und Rettungsassistenten sogar schon einmal als »Underdogs« der Berufsbildung bezeichnet.

Tatsächlich findet berufspädagogische Forschung im Rettungswesen bislang kaum Beachtung. Eine rettungsdienstliche Fachdidaktik liegt nur in Ansätzen vor, und vielerorts ist die Ausbildung an längst veralteten Lernzielen ausgerichtet. Die Vermittlung der einzelnen Inhalte erfolgt fast ausschließlich an Disziplinen orientiert, d.h. die einzelnen Unterrichtsfächer stehen weitgehend unvernetzt nebeneinander. Außerdem ist die meist übliche Sozialform an Rettungsdienstschulen sicherlich nach wie vor der Frontalunterricht: Manche Dozenten halten ausschließlich Fachvorträge! Ob eine solche Rettungsdienstausbildung noch zeitgemäß ist und ob sie den hohen Anforderungen der beruflichen Praxis gerecht wird, darf (und muss) allerdings bezweifelt werden.

In der Gesundheits- und Krankenpflege und einigen anderen Gesundheitsfachberufen wurde die Ausbildung bereits vor einigen Jahren umfassend reformiert. Im Vordergrund steht seitdem nicht mehr die Weitergabe von theoretischem Wissen, sondern die Entwicklung beruflicher Handlungskompetenz. Zwar muss eingestanden werden, dass eine Evaluation derartiger Ausbildungskonzepte bislang noch aussteht. Gleichwohl gibt es bereits heute gute Gründe dafür, tradierte Verfahren kritisch zu reflektieren und innovative Wege zu gehen.

Das Autorenteam um die beiden Herausgeber Kersten Enke und Rico Kuhnke legt mit diesem Buch das erste erziehungswissenschaftlich fundierte Standardwerk für die Ausbildung im Rettungsdienst vor. Ausgehend von einem kurzen Rückblick auf die Schulung von Einsatzkräften in der jüngeren Vergangenheit wird die aktuelle Diskussion zur Novellierung des Rettungsassistentengesetzes dargestellt. Wertvolle Hinweise zur Kompetenzentwicklung, zur pädagogischen Psychologie sowie zum Methoden- und Medieneinsatz schließen sich an und bereiten den Weg zu handlungsorientiertem Unterricht.

Ein spezieller Aspekt der »Notfallpädagogik« erfährt damit eine sorgfältige Aus- und Aufarbeitung. Die ebenfalls erst vor kurzem erschienene Einführung in diese sicherlich noch junge Disziplin wird auf diese Weise hervorragend ergänzt. Die dargestellten Inhalte gehen teilweise deutlich über die Weiterbildung zum Lehrrettungsassistenten hinaus. Zugleich enthalten sie aber auch die Begründung dafür, warum dies sinnvoll und notwendig ist.

Aus voller Überzeugung wünsche ich den hier vorgestellten Strategien zur Weiterentwicklung der Rettungsdienstausbildung eine weite Verbreitung und eine kompetente Umsetzung in der Praxis.

Prof. Dr. Harald Karutz

1   Einführung

K. Enke, R. Kuhnke

>*»Bringen Sie die Kurvung Ihrer Fahrradspur*
im Verhältnis zur Wurzel Ihres Ungleichgewichtes
geteilt durch das Quadrat Ihrer Geschwindigkeit.«

Michael Polanyi (1891 – 1976, Chemiker und Philosoph) führte bereits 1958 in seinen Auf-
sätzen (»Knowing and Being«) dieses Beispiel an, um darzulegen, dass zwischen dem Wissen der physikalischen Grundsätze beim Kurvenfahren mit dem Fahrrad und dem tatsächlichen Fahrradfahren, dem Handeln, nicht immer ein zwingender Zusammenhang bestehen muss. Wäre dies der Fall, müsste man dem Kleinkind beim Erlernen des Fahrradfahrens zuerst eine Reihe von physikalischen und mathematischen Zusammenhängen erläutern, um, darauf aufbauend, anschließend in die Praxis des Fahrradfahrens einzuführen.
Betrachtet man allerdings die aktuell häufig vorherrschende Meinung zum Thema Lehren
und Lernen, scheint dies gerade der Fall zu sein. Im tradierten Lernkonzept einer fächer-
orientierten Ausbildung wird das Wissen in unterschiedliche Fachbereiche zergliedert
und im Anschluss daran werden die Inhalte durch Fachspezialisten festgelegt. Nicht selten
hat dies eine überproportionale Anhäufung von vermeintlich notwendigem Wissen ohne
direkten Bezug zur Praxis zur Folge. Bei den Lernenden führt dieser Umstand zwangsläufig
zu der Frage »Wofür brauche ich das alles?«. Vor dem Hintergrund dieses Legitimierungs-
vakuums ist es schwierig, die Schüler zum Lernen zu motivieren. Die Kritik an einer reinen
Paukschule ohne einen Bezug zur Praxis ist allerdings nicht neu und beginnt bereits im
17. und 18. Jahrhundert:

- ▶ Comenius (1592 – 1670): Stoffvermittlung unter Einbeziehung aller Sinne
- ▶ Pestalozzi (1746 – 1872): Lernen mit Kopf, Herz und Hand
- ▶ Kerschensteiner (1854 – 1932): Handeln ist Voraussetzung für Selbstständig-
  keit, Sorgfalt, Praxis, Fachwissen und kooperatives Lernen
- ▶ Montessori (1870 – 1952): ganzheitliches und schüleraktivierendes Lernen,
  insbesondere durch eigenes Handeln und Tun
- ▶ Kilpatrick (1871 – 1932) und Dewey (1895 – 1952):
  »Learning by doing« als Garant für erfolgreiches Lernen.

Bis in die heutige Zeit bleibt die wesentliche Kritik am praktizierten Unterricht bestehen.
Nur allmählich etablieren sich Unterrichtskonzeptionen, welche die Erkenntnisse aus
Lernpsychologie, Motivationspsychologie, Schulpädagogik und Sozialisationstheorien zu
einem zielführenden Lernarrangement vereinen.

Die Forderung nach einem Unterricht, der bereits beim Wissenserwerb dem Handeln
eine größere Bedeutung zukommen lässt, liegt folgerichtig sehr nahe. Allerdings macht
diese Anforderung auch ein grundlegendes Umdenken und eine Neustrukturierung der
bestehenden Lernkonzepte notwendig. Bei der Suche nach Lösungen aus dieser Misere

können uns Erfahrungen aus der klassischen Berufsausbildung und aktuelle Entwicklungen in der Kranken- und Altenpflege helfen. Seit Jahren wird hier ein handlungsorientiertes Lernfeldkonzept umgesetzt, wie es nun auch der Gesetzentwurf für die zukünftige Notfallsanitäterausbildung vorsieht. Während sich die Handlungsorientierung maßgeblich in den angewandten Methoden widerspiegelt, wird mit der Lernfeldkonzeption die traditionelle fachlogische Didaktik durch eine handlungslogische Didaktik ergänzt und erweitert. Dies bedeutet, dass die Teilnehmer bereits zu Beginn ihrer Ausbildung mit konkreten Situationen aus dem beruflichen Alltag konfrontiert werden. Ausgehend von diesen Lernsituationen werden die notwendigen Kenntnisse und Fertigkeiten fächerübergreifend vermittelt. So können zum Beispiel neben den notwendigen anatomischen und physiologischen Grundlagen auch die Pathophysiologie, lebensrettende Maßnahmen, rechtliche Aspekte und auch Fragen zur Kommunikation und Teamarbeit anhand der geschilderten Ausgangssituation vertieft werden. Die Lerntiefe wird dabei durch die Ausgestaltung der Lernsituation bestimmt, d.h. es wird nur das Wissen vermittelt, welches zur Lösung der Lernsituation notwendig ist. Im Vordergrund steht dabei die Entwicklung von Handlungskompetenzen zur Lösung anstehender Probleme.

Die Kultusministerkonferenz definiert hierbei Handlungskompetenz als »... die Bereitschaft und Fähigkeit des Einzelnen, sich in beruflichen, gesellschaftlichen und privaten Situationen sachgerecht, durchdacht und sowie individuell und sozial verantwortlich zu verhalten. Handlungskompetenz entfaltet sich in den Dimensionen von Fachkompetenz, Personalkompetenz und Sozialkompetenz.« Diese zugegebenermaßen sehr sperrige Beschreibung sagt nicht mehr und nicht weniger, als dass man sich erst darüber Gedanken machen muss, welche konkreten Handlungssituationen auf das künftige Rettungsfachpersonal zukommen können und mit welchen Handlungskompetenzen es ausgestattet werden muss, um diese sicher zu bewältigen.

Kritiker des handlungsorientierten Lernfeldkonzeptes bemängeln, dass dieses didaktische Konzept deutlich mehr Zeit für die Vermittlung von Kenntnissen benötigt, als dies in bewährter Form geschieht. Diese Kritik beruht weitestgehend auf der Unterstellung, dass lernfeldorientierter Unterricht lediglich mit teilnehmeraktivierenden Methoden wie Partner- und Gruppenarbeit durchgeführt werden kann. Dabei ist es durchaus methodisch sinnvoll, auch bewährte Methoden wie Lehrvortrag, Impulsvortrag oder Lehrgespräch zu nutzen. Das handlungsorientierte Lernfeldkonzept soll die Schüler zwar zu selbstorganisiertem und selbstbestimmtem Lernen befähigen, schreibt jedoch nicht die Methode für die Vermittlung vor. Egal, welcher Methoden oder welcher didaktischer Modelle (fachsystematisch oder handlungssystematisch) man sich bedient, der Erfolg bemisst sich nicht an der Menge der Lerninhalte, die man während einer Unterrichtseinheit vermitteln kann (Inputorientierung), sondern an dem, was der Lernende am Ende einer Unterrichtseinheit weiß, versteht und in der Lage ist zu tun (Outputorientierung).

Das handlungsorientierte Lernfeldkonzept ist nicht einfach eine Methode oder ein didaktisches Modell, sondern es erfordert ein Umdenken in der bisherigen Rettungsdienstausbildung. Lehrende und Lernende haben veränderte Rollen und brauchen erweiterte Kompetenzen. So müssen die Schüler von der bisherigen Konsumhaltung nach dem Motto »Mach mich schlau« in Richtung eines selbstgesteuerten und selbstorganisierten

Lernens entwickelt werden. Dies erfordert Lehrkräfte, die sich als Lernberater und Moderatoren von Lehr- und Lernprozessen verstehen und in der Lage sind, den wachsenden Anforderungen im Unterricht gerecht zu werden.

Betrachten wir selbstkritisch die aktuelle Situation in der rettungsdienstlichen Ausbildung:

- ▶ Entkopplung von Theorie und Praxis
- ▶ Fokussierung auf Theoriewissen und fehlende didaktische Reduktion
- ▶ Monokultur der eingesetzten Medien
- ▶ Unsicherheiten in der Anwendung teilnehmeraktivierender Methoden
- ▶ fehlende didaktische Kompetenzen zur Umsetzung eines handlungsorientierten Lernfeldkonzeptes.

Die *Entkopplung von Theorie und Praxis* macht es für den Auszubildenden schwierig, die erlernten Kenntnisse und Fertigkeiten in seine spätere Tätigkeit zu transferieren. Das sogenannte träge Theoriewissen hat oft keinen direkten Bezug zur späteren praktischen Tätigkeit im Rettungsdienst und wird nur unzureichend auf seine Praxistauglichkeit hin überprüft. Welcher Nutzen leitet sich zum Beispiel aus dem Wissen ab, dass sich die Trikuspidalklappe zwischen dem rechten Atrium und dem rechten Ventrikel befindet? Welchen Wert hat das Wissen um die Wirkung der Alpha-Amylase im Mundspeichel? Zusammenfassend bleibt festzuhalten, dass sich in der Ausbildung eine *Fokussierung auf Theoriewissen und fehlende didaktische Reduktion* etabliert haben. Jeder Fachreferent ist in seinem Spezialgebiet bemüht, möglichst viele Informationen unterzubringen. Aus Sicht des einzelnen Fachreferenten ist dies sicherlich auch gerechtfertigt. Vor dem Hintergrund einer fächerübergreifenden und praxistauglichen Ausbildung fehlt es jedoch an Abstimmungsprozessen und einer sinnvollen Reduktion des zu vermittelnden Wissens. Verschärft wird diese Situation durch eine *Monokultur der eingesetzten Medien*. Diese beschränken sich häufig auf das einseitige Einsetzen von PowerPoint-Präsentationen. Augenscheinlich bietet dieses Medium die Chance, möglichst viele Informationen in kürzester Zeit zu vermitteln. Vergessen wird, dass es nicht die Menge an Information ist, die guten Unterricht auszeichnet, sondern die Menge an Wissen, die beim Teilnehmer zurückbleibt. Neben der fehlenden Medienkompetenz sind es aber auch *Unsicherheiten in der Anwendung teilnehmeraktivierender Methoden*, die den Unterricht oft einseitig und langweilig wirken lassen. Häufig ist es die unbegründete Angst des Referenten, die Kontrolle über den Lernerfolg zu verlieren, die vor Gruppenarbeiten, Projekten und Selbstlerneinheiten zurückschrecken lässt. Die angeführte Kritik am praktizierten Unterricht ist allerdings nicht als Vorwurf zu verstehen, sondern maßgeblich der Situation geschuldet, dass im Rettungsdienst eine Professionalisierung an den Schulen seither ausgeblieben ist. Die Lehrkräfte und Fachreferenten sind fast ausschließlich Autodidakten und beziehen ihre Kompetenzen aus eigenen Lernerfahrungen und mehr oder wenig umfangreichen pädagogischen Fortbildungen. Diese *fehlenden didaktischen Kompetenzen zur Umsetzung eines handlungsorientierten Lernfeldkonzeptes* machen es besonders schwer, bestehende Ausbildungswege zu verlassen und sich zeitgemäßen Ausbildungskonzepten zuzuwenden.

Die Autoren und Herausgeber wenden sich an Ausbilder, Referenten und Dozenten in der Rettungsdienstausbildung, die die Notwendigkeit wahrnehmen, sich mit den aktuellen Entwicklungen moderner Ausbildungskonzeptionen zu beschäftigen. Aufbauend auf den langjährigen Ausbildungserfahrungen des Einzelnen bietet dieses Buch die Möglichkeit, sich zusätzliche Kompetenzen in den unterschiedlichsten Lehr- und Lernbereichen zu erschließen. Bewusst soll der Leser dazu motiviert werden, von Kapitel zu Kapitel zu springen. Dies entspricht einem selbstgesteuerten Lernansatz. Der Leser entscheidet, welche Gebiete für ihn interessant sind und welche Aufmerksamkeit er darauf verwenden möchte. So gesehen kann das vorliegende Buch auch als Nachschlagewerk dienen. Dies ist auch der Grund, weshalb bei der Zusammenstellung der Kapitel vermeintlich ausreichend behandelte Themen wie Methoden und Medien als notwendiges Handwerkszeug mit aufgenommen wurden.

Viel Spaß beim Schmökern und Ausprobieren.

Ihre Herausgeber

2 Grundlagen

2.1 Ausbildung im Rettungsdienst – ein Rückblick

R. Lipp

Die Ausbildung im Rettungsdienst steht in wechselseitiger Beziehung zur Entwicklung des Rettungsdienstes. Der Rettungsdienst hat sich nicht isoliert entwickelt, sondern wurde teilweise durch innovative Lehrmeinungen vorangebracht. Im Umkehrschluss haben aber auch die Technik, das ärztliche Wissen und die tägliche Arbeit letztendlich die Lehre und damit das Personal im Rettungsdienst maßgeblich geprägt. Die Ausgabe Mai 2005 der Zeitschrift RETTUNGSDIENST beschäftigte sich schwerpunktmäßig mit der Geschichte des Rettungsdienstes. In seinem Editorial führt Prof. Dr. med. G. H. Engelhardt Folgendes aus:

»Aus der Vergangenheit lernen, für die Zukunft wirken – Erinnerung und Erfahrung bestimmen weitgehend das Verhalten und die Entscheidungen des Menschen in der Gegenwart und für die Zukunft. Jeder von uns weiß, wie leicht uns das Gedächtnis im Stich lassen kann. Wenn dies schon für den Einzelnen gilt, um wie viel leichter kann Erinnerung über Generationen unscharf werden oder ganz in Vergessenheit geraten. Dies trifft für fast alle Lebensbereiche zu. Auch für den Rettungsdienst. Deshalb müssen Erinnerungen und verwertbares Wissen schriftlich festgehalten werden.«

Diese einleitenden Worte gelten auch für die geschichtliche Entwicklung der Ausbildung des rettungsdienstlichen Personals. Dem Grunde nach können drei, in Kürze vielleicht sogar vier Ausbildungsepochen unterschieden werden. In der ersten Epoche kann die Entwicklungszeit des Rettungsdienstes wie auch der Ausbildung des rettungsdienstlichen Personals im Rettungsdienst vom Ende des Zweiten Weltkrieges bis 1976/1977 betrachtet werden. Als zweite Epoche – diese ist dann geprägt durch die Ausbildung der Rettungssanitäter – wird die Zeit von 1977–1989 zusammengefasst. Die dritte Epoche begann mit der Verabschiedung des Rettungsassistentengesetzes 1989 und währt momentan noch an. Gegenwärtig gehen fast alle Experten davon aus, dass im Jahre 2013 das Notfallsanitätergesetz verabschiedet wird. Dieses Gesetz würde das Rettungsassistentengesetz ablösen. Ein weiterer Meilenstein in der Ausbildung des Rettungsfachpersonals würde damit gesetzt werden.

Bei einem weiter zurück reichenden Blick in die Geschichte des Rettungsdienstes ist sicherlich das Gleichnis vom barmherzigen Samariter aus der Bibel zu nennen. Bereits der Versuch einer Wiederbelebung von Toten galt im Mittelalter noch als Hexenwerk, als Aufbegehren gegen den Willen Gottes. Nachdem 1881 das Ring-Theater in Wien brannte und es dort 400 Tote und eine Vielzahl von Verletzen gab, wurde noch am nächsten Tag die »Wiener freiwillige Rettungsgesellschaft« gegründet. Diese Gesellschaft kann als der erste organisierte Rettungsdienst in Europa betrachtet werden. In Deutschland war es Friedrich von Esmarch, der seit 1881 zahlreiche Vorträge zur Förderung des Samaritergedankens und für die Notwendigkeit der Ausbildung von Ersthelfern hielt. 1908 fand der erste internationale Rettungskongress in Frankfurt statt. Von diesem können wesentliche Forderungen nachstehend wiedergegeben werden:

- ▶ Es ist dafür Sorge zu tragen, dass jederzeit und überall erfahrene ärztliche Hilfe für jedermann schnell verfügbar wird.
- ▶ Die Organisation der Erstversorgung, der Einsatz des Personals und der Fahrzeuge müssen in ärztlichen Händen liegen.
- ▶ Die Fernsprechverbindungen sind zu verbessern und zu vermehren, um schneller und besser handeln zu können.

Der Rettungsdienst ist unzweifelhaft eine öffentliche staatliche Aufgabe der Vor- und Fürsorge. Als dem zuständigen preußischen Minister nach dem erwähnten ersten internationalen Rettungskongress die Ergebnisse als Forderung der deutschen Ärzteschaft vorgelegt wurden, ließ der Minister verlauten: *»Die Fortschritte auf dem Gebiet der Medizin, die nachhaltig die Strukturen und Aufgaben der Klinik beeinflussen, sind so teuer, dass darüber hinaus für ein professionelles Rettungswesen kein Geld mehr zur Verfügung steht, dem entsprechend diese Aufgabe ausschließlich von samaritanen Organisationen unter Einsatz Freiwilliger Helfer durchgeführt werden kann.«* 1938 erfolgte mit der Forderung des Heidelberger Chirurgen Martin Kirschner *»Nicht der Verletzte muss so schnell wie möglich zum Arzt, sondern der Arzt zum Verletzten, da die Lebensgefahr in unmittelbarer Nähe zum Schadensereignis am größten ist«* ein wesentlicher Entwicklungsschritt für den modernen Rettungsdienst.

2.1.1 Die erste Epoche: Laienhelfer, betriebliche Ersthelfer und Betriebssanitäter

Nach § 323c des Strafgesetzbuches (StGB) ist in Deutschland jedermann verpflichtet, einem in Not geratenen Menschen die beste Hilfe nach Zumutung, Ausbildung und Material zukommen zu lassen. Dieser Gesetzespassus, der überwiegend nur in der christlichen Welt verankert ist (Samariter), verpflichtet alle Bürger zum Helfen und sieht den Notfall nicht als gottgewolltes Geschehen, bei dem der in Not geratene Mensch seinem Schicksal überlassen werden darf. Dieser in der Zeit des Nationalsozialismus erstmals geschaffene Paragraf sollte damals die Bevölkerung dazu verpflichten, sich gegenseitig zu helfen – dies insbesondere bei bevorstehenden Angriffen auf die Zivilbevölkerung. In der Nachkriegszeit fand dieser Paragraf insbesondere wieder seine Geltung, als der Straßenverkehr zunahm und die Zahl der damit verbundenen Unfälle anstieg.

§ 323c StGB:

Wer bei Unglücksfällen oder gemeiner Gefahr oder Not nicht Hilfe leistet, obwohl dies erforderlich und ihm den Umständen nach zuzumuten, insbesondere ohne erhebliche eigene Gefahr und ohne Verletzung anderer wichtiger Pflichten möglich ist, wird mit Freiheitsstrafe bis zu einem Jahr oder mit Geldstrafe bestraft.

Abb. 1 ▶ Erster Operationswagen nach Kirschner

Mit der Einführung der verpflichtenden Ausbildung in Lebensrettenden Sofortmaßnahmen beim Erwerb des Führerscheins wurde ein wichtiger Schritt in der Ausbildung des
Laienhelfers getan. Heute gibt es auf diesem Sektor ein differenziertes Verpflichtungs-
system. Je nach Führerscheinart ist ein Lehrgang für Sofortmaßnahmen mit 8 Stunden
oder ein Erste-Hilfe-Lehrgang mit 16 Stunden erforderlich. Lehrgänge der Breitenausbildung werden von vielen Organisationen in diversen Bereichen angeboten, um die Bevölkerung zur Laienhilfe zu qualifizieren. Auch die Bundesregierung fördert derzeit wieder
eine Ausbildung »Erste Hilfe mit Selbstschutzanteilen« in den Abschlussklassen der Schulen. Dennoch ist trotz vielerlei Forderungen das Grundproblem nie gelöst worden: Die Ers-
te-Hilfe-Ausbildung muss von der ersten Klasse bis zum Schulabschluss verbindlich in den
Lehrplänen verankert werden. Das »Einmaleins« verlernt man sein Leben lang nicht. Auch
in Betrieben, auf Baustellen und in anderen risikobehafteten Bereichen gibt es mittlerweile Vorgaben. Teilweise müssen betriebliche Ersthelfer, Betriebssanitäter oder ein be-
trieblicher Rettungsdienst vorgehalten werden. Der Ersthelfer und der Betriebssanitäter
sind besser geschult als Laienhelfer. Sie müssen als für ihren Bereich speziell geschulte
Mitarbeiter betrachtet werden. Auch die in den Hilfsorganisationen tätigen ehrenamtlichen Helfer, die über eine teilweise sehr hochwertige Ausbildung »Sanitätswesen« verfügen, sind hervorragende Ersthelfer auf einem höheren Wissensstand als der Laienhelfer.
In jüngster Vergangenheit ist auch der aus den USA stammende First Responder in manchen Bereichen Deutschlands etabliert worden. First Responder (Ersthelfer vor Ort) sind
speziell ausgebildete und ausgerüstete einsatzbereite Helfer. Diese werden auf Anforderung durch die Rettungsleitstelle im Sinne einer Nachbarschaftshilfe bei lebensbedrohlich
Verletzten oder akut Erkrankten bis zum Eintreffen des Rettungsdienstes tätig. Die Aufgabe des First Responders ist die Verkürzung des therapiefreien Intervalls, was die Überle-
benschance der Notfallpatienten deutlich verbessert. Je früher die Versorgung durch solche Personengruppen beginnt, desto größer wird der medizinische Nutzen sein.

Für den Rettungsdienst ist in der hier behandelten Epoche zu vermelden, dass der chir-
urgische Lehrstuhlinhaber K. H. Bauer aus Heidelberg den Gedanken von Kirschner am
5.2.1957 mit dem Einsatz eines Operationswagens in die Tat umsetzte. Schnell hatte sich
jedoch gezeigt, dass dieses Fahrzeug zu aufwendig und zu unflexibel war. Die Krankenwa-
gen der 50er Jahre wurden überwiegend durch Personen besetzt, die bei Hilfsorganisationen ehrenamtlich tätig waren. Häufig waren es z.B. Hausmeister oder Handwerker, die in

ihren eigenen Werkstätten arbeiten konnten, oder andere, sofort abkömmliche Personen, die bereit waren, das Krankenfahrzeug in ihrer Nähe abzustellen und ggf. allein – evtl. mit einem Familienangehörigen oder einem weiteren Mitglied der Hilfsorganisation – an die Einsatzstelle zu fahren. Seinerzeit wurden überwiegend Unfälle versorgt. Bei den damaligen Kollegen handelte es sich um Ersthelfer, die ihre Qualifikation durch Lehrgänge der Organisation und durch Einsatzerfahrung erhielten. Später wurde in den Hilfsorganisationen die Sanitätsausbildung geschaffen, die dann von den Einsatzkräften durchlaufen werden musste. Die Qualität dieser Ausbildung entsprach dem damals Machbaren. Die Rettungsfahrzeuge waren überwiegend reine Transportmittel. Die ehrenamtlichen und hauptberuflichen Mitarbeiter der Hilfsorganisationen leisteten hier ohne gesetzlich verankerte Ausbildungsregelungen wertvolle Dienste für die Allgemeinheit. Vielerorts wurde noch vor der Empfehlung der 520-Stunden-Ausbildung zum Rettungssanitäter der sogenannte Transportsanitäter geschaffen und ausgebildet. Dabei fehlte es an gesetzlichen Normierungen und Vorgaben. Die Ausbildung setzte sich aus einem theoretischen und einem klinischen Teil – je nach örtlicher Gegebenheit – zusammen. Mancherorts wurde am Ende auch eine Abschlussprüfung durchgeführt. Insbesondere muss hier Prof. Dr. Rudolf Frey, Lehrstuhlinhaber an der Klinik für Anästhesiologie der Johannes Gutenberg-Universität in Mainz, genannt werden.

Er führte in unzähligen Interviews und Publikationen aus: »*Das deutsche Volk muss ein Volk von Lebensrettern werden.*« Bei jeder sich bietenden Gelegenheit demonstrierte er an Phantomen die neuen Wiederbelebungsmaßnahmen, z.B. die Atemspende und Herzmassage. Auch in den Massenmedien nahm er sich dieses Themas an.

ABB. 2 ▶ Fahrzeuge des DRK-Kreisverbandes Tauberbischofsheim im Jahr 1976

Im Jahr 1960 stellte das Rote Kreuz bereits erste Anträge auf Erlass einer Verordnung zur Ausbildung des nicht-ärztlichen Personals im Rahmen des Personenbeförderungsgesetzes. 1962 erkannte das Bundesgesundheitsministerium die Notwendigkeit einer Ausbildung von Fahrern und Beifahrern der Krankenkraftwagen. 1973 brachte die Bundesregierung erstmals einen Entwurf eines Gesetzes über den Beruf des Rettungssanitäters ein, der aber wegen noch offener Finanzierungsfragen vom Parlament abgelehnt wurde. Nach Scheitern dieses Gesetzentwurfes beschloss der Bund-Länder-Ausschuss Rettungswesen 1977 das sogenannte 520-Stunden-Programm zur Ausbildung der Rettungssanitäter.

2.1.2 Die zweite Epoche: Rettungssanitäter

Am 20.9.1977 verabschiedete der Bund-Länder-Ausschuss Rettungswesen das sogenannte 520-Stunden-Programm zur Ausbildung der Rettungssanitäter, das lange Zeit als Mindestanforderung an das nicht-ärztliche Personal im Rettungsdienst galt. Zwölf Jahre lang war dieses Mindestausbildungsprogramm der Standard für die Ausbildung des nicht-ärztlichen Personals im Rettungsdienst. Dem Rettungssanitäter wurde zu dieser Zeit als Fahrer häufig der Rettungshelfer zur Seite gestellt. Dessen Ausbildung umfasste etwa die Hälfte der 520 Stunden und ist heute entweder durch Landesrecht oder durch Regelung der Hilfsorganisation definiert.

Meist handelte es sich bei dieser Personengruppe um Zivildienstleistende oder um ehrenamtliche Kräfte, die die Rettungssanitäterausbildung noch nicht abgeschlossen hatten. Auch heute noch haben die Rettungssanitäter und die Rettungshelfer ihren festen Stellenwert im Rettungsdienst.

Bereits in dieser Zeit entwickelten sich für die Rettungssanitäter eine Menge an Fortbildungsmöglichkeiten und weitere Qualifizierungsangebote. Es ist insbesondere die jährliche 30-stündige Fortbildung, die durch die Beschlüsse der Hilfsorganisationen und durch den Länderausschuss Rettungswesen rechtlich verankert ist, zu nennen. Diese jährliche Fortbildung ist mitt-

Abb. 3 ▶ Ausbildung der drei Qualifikationsgruppen Rettungshelfer, Rettungssanitäter und Rettungsassistent

lerweile in länderrechtlichen Regelungen z.B. in Hessen, Nordrhein-Westfalen und Rheinland-Pfalz verankert. Damit das Rettungsdienstpersonal seine eigenen Kenntnisse und Fertigkeiten verbessert, werden zwischenzeitlich in den Rettungsschulen Fortbildungen wie z.B. Mega-Code-Training, Versorgungsstrategien bei traumatisierten Patienten, Versorgungsstrategien bei pädiatrischen Notfallsituationen und die gesamte Problematik des Monitorings und der Elektrotherapie im Rettungsdienst angeboten. In jedem Fall sollte nach der Ausbildung das Lernen nicht aufhören. Die kontinuierliche Fortbildung bietet die Garantie, auch in der Notfallmedizin ständig auf dem neuesten Stand zu sein. Seminare wie »Einsatztaktik bei Massenanfall von Patienten im Rettungsdienst«, »Bewältigung von Konflikt- und Krisensituationen« und der Besuch diverser in Deutschland angebotener Kongresse und Symposien erscheinen sinnvoll, um der Verantwortung gegenüber dem Patienten durch geeignete Fortbildung gerecht zu werden. Neben der Fortbildung entwickelten sich Weiterbildungen zum Disponenten in Rettungsleitstellen, zum Desinfektor und zum Organisatorischen Leiter. Weiterbildungen zum Leiter des Rettungsdienstes, zum Praxisanleiter in Rettungsleitstellen, aber auch zum Mega-Code-Trainer und zum Flugbegleiter in Flächenflugzeugen haben im Laufe der Jahre die Angebotspalette abgerundet. Rettungssanitäter werden überwiegend als Fahrer von Rettungswagen und als Beifahrer von Krankentransportwagen eingesetzt. Rettungshelfer finden ihr Aufgabenfeld im Wesentlichen als Fahrer des Krankentransportwagens.

2.1.3 Die dritte Epoche: Rettungsassistenten

Nach zähem Ringen trat endlich am 1. September 1989 das Gesetz über das Berufsbild der Rettungsassistentin und des Rettungsassistenten in Kraft. Dieses sieht eine zweijäh-

---

Chronologie des Rettungsassistentengesetzes

▶ 50er Jahre: Ehrenamtlich tätige Mitarbeiter der Hilfsorganisationen

▶ 1960 stellte das Deutsche Rote Kreuz bereits erste Anträge auf Erlass einer Verordnung zur Ausbildung des nicht-ärztlichen Personals im Rahmen des Personenbeförderungsgesetzes.

▶ 1962 erkannte das Bundesgesundheitsministerium die Notwendigkeit einer Ausbildung von Fahrer und Beifahrer der Krankenkraftwagen.

▶ 1973 brachte die Bundesregierung erstmals einen Entwurf eines Gesetzes über den Beruf des Rettungssanitäters ein, der aber wegen noch offener Finanzierungsfragen vom Parlament abgelehnt wurde.

▶ 1977 beschloss der Bund-Länder-Ausschuss Rettungswesen das sogenannte 520-Stunden-Programm zur Ausbildung der Rettungssanitäter.

▶ Am 1.9.1989 trat das Gesetz über das Berufsbild der Rettungsassistentin und des Rettungsassistenten in Kraft.

▶ 1992 wurde die Stellungnahme der Bundesärztekammer zur Notkompetenz von Rettungsassistenten und zur Delegation ärztlicher Leistungen im Rettungsdienst veröffentlicht.

ABB. 4 ▶ Chronologie des Rettungsassistentengesetzes

rige Ausbildung vor. Die Diskrepanz zwischen der technischen Ausstattung einerseits und den Anforderungen an die Qualifikation des rettungsdienstlichen Personals andererseits wurde damit weitgehend ausgeglichen. Bereits im Jahre 2003 wurde ein Vorschlag für ein neues Rettungsassistentengesetz vorgelegt. Dieser Entwurf wurde von allen namhaften Personen und Institutionen des Rettungsdienstes erarbeitet und stellte einen breiten Konsens dar. Gegenwärtig ist der Gesetzentwurf des Bundesministeriums für Gesundheit (BMG) für ein neues Notfallsanitätergesetz (NotSanG-E), das das bisherige RettAssG ablösen soll, in der Diskussion.

Im Jahr 1992 wurde die Stellungnahme der Bundesärztekammer zur Notkompetenz von Rettungsassistenten und zur Delegation ärztlicher Leistungen im Rettungsdienst veröffentlicht. Mit dieser wurde ein wichtiger Schritt für die Qualität in der präklinischen Patientenversorgung getan. Die Stellungnahme gab und gibt dem Rettungsassistenten Rechtssicherheit für sein Handeln im Rahmen ärztlicher Maßnahmen. Mit Stand vom 20.10.2003 und einer ergänzenden Erläuterung am 11.3.2004 wurde von der Bundesärztekammer darüber hinaus der Text »Medikamente, deren Applikation im Rahmen der Notkompetenz durchgeführt werden kann« veröffentlicht.

Das wesentliche Aufgabenfeld des Rettungsassistenten stellt der Rettungswagen (RTW) dar. Dieses Rettungsmittel sorgt für einen fachkundigen Transport und eine fachkundige Versorgung von Notfallpatienten. Der Rettungsassistent ist in diesem Rettungsmittel der Beifahrer. Ein weiteres Aufgabenfeld, das vom Rettungsassistenten im Zusammenhang mit dem Notarzt wahrgenommen wird, ist der Einsatz im Notarzteinsatzfahrzeug oder im Rettungshubschrauber. Die Aufgabendefinition in den Rettungsmitteln ist in § 3 des Rettungsassistentengesetzes formuliert.

2.1.4 § 3 RettAssG vom 7.11.1989

Die Ausbildung soll entsprechend der Aufgabenstellung des Berufs als Helfer des Arztes insbesondere dazu befähigen, am Notfallort bis zur Übernahme der Behandlung durch den Arzt lebensrettende Maßnahmen bei Notfallpatienten durchzuführen, die Transportfähigkeit solcher Patienten herzustellen, die lebenswichtigen Körperfunktionen während des Transports zum Krankenhaus zu beobachten und aufrechtzuerhalten sowie Kranke, Verletzte und sonstige hilfsbedürftige Personen, auch soweit sie nicht Notfallpatienten sind, unter sachgerechter Betreuung zu befördern (Ausbildungsziel).

Durch dieses Berufsbild hat sich auch eine weitere Weiterbildungsmaßnahme etabliert, die des Lehrrettungsassistenten. Hier ist in § 7 des RettAssG ausgeführt, dass die Ermächtigung zur Annahme von Praktikanten voraussetzt, dass die Einrichtung aufgrund ihres Einsatzbereichs, ihrer personellen Besetzung und ihrer der medizinischen Entwicklung entsprechenden technischen Ausstattung geeignet ist, eine dem Ausbildungsziel und der Ausbildungs- und Prüfungsverordnung gemäße praktische Tätigkeit unter Aufsicht einer Rettungsassistentin oder eines Rettungsassistenten zu ermöglichen. Für diese Ausbildung gibt es keine weiteren gesetzlichen Regelungen. Ausbildungsinhalte und Dauer sind von den Hilfsorganisationen definiert worden.

2.1.5 Ausblick

Die Entwicklung des Berufsbildes des Rettungsassistenten ist in Deutschland sicherlich noch nicht abgeschlossen. Stagnation bedeutet hier allerdings nicht immer nur Rückschritt. Die Regelungswut der Politiker auf der europäischen Ebene hat in diesem Bereich bisher nur geringen Schaden verursacht. Was nicht ist, kann aber noch werden. Unser Land steht mit Sicherheit an der Spitze der Qualifikationen des rettungsdienstlichen Personals in Europa. Möglicherweise müssen wir sogar lernen, bei der europäischen Angleichung Rückschritte in Kauf zu nehmen, dies auch unter der Frage: »Können und wollen wir uns all das, was machbar ist, auch leisten?«

Literatur:
1. Zeitschrift RETTUNGSDIENST, 28. Jahrgang, Mai 2005
2. Enke K, Flemming A, Hündorf HP, Knacke PG, Lipp R, Rupp P (Hrsg.) Lehrbuch für präklinische Notfallmedizin, Band 4: Berufskunde und Einsatztaktik (LPN 4), 4., überarbeitete Auflage, Stumpf + Kossendey, Edewecht, 2011

2.2 Aktuelle Entwicklung im Rettungsdienst: RS-Neuordnung – Empfehlungen des Ausschusses Rettungswesen

U. Lühmann

Zu den Themen Rettungssanitäterausbildung und Rettungssanitäter-Prüfungsordnung hat der Ausschuss Rettungswesen (AR) zwei Empfehlungen veröffentlicht. Historie und Rahmenbedingungen dieser Entscheidung sollen im Folgenden kurz beleuchtet werden.

Ende 2005 trat die Sanitätsakademie der Bundeswehr (SanAkBw), die zentrale Fort- und Ausbildungseinrichtung des Sanitätsdienstes der Bundeswehr, an das Bayerische Staatsministerium des Inneren heran mit der Bitte, Überlegungen über eine neue Ausrichtung der Rettungssanitäterausbildung anzustellen. Hintergrund war die Neuausrichtung der RS-Ausbildung in der Bundeswehr mit dem Ziel, einen »Einsatzsanitäter« zu schaffen. Hierbei war u. a. vorgesehen, die 520-stündige Ausbildung zum RS auf insgesamt 665 Stunden auszudehnen und die klinische Ausbildung um 50% auf 80 Stunden zu reduzieren.

Das Bayerische Innenministerium trug dieses Ansinnen im Ausschuss Rettungswesen, eine der Innen- und Gesundheitsministerkonferenz nachgeordnete, regelmäßig tagende Länderarbeitsgruppe der für das Rettungswesen verantwortlichen Ministerialbeamten, vor. Im AR wurde diese Konzeption kontrovers diskutiert und am 25.9.2006 eine Arbeitsgemeinschaft (AG) zu diesem Thema unter bayerischer Federführung ins Leben gerufen. Ziel war eine bundeseinheitliche Empfehlung zu diesem Vorhaben.

Die AG »Neuordnung der RS-Ausbildung« tagte am 19.4.2007 zum ersten Mal in Würzburg. Ihr gehörte neben einigen Ländern (Bay, HH, BW, He, Ni, RP) und den Hilfsorganisationen auch die AG der Leiter der Berufsfeuerwehren (AGBF Bund) an. Nach eingehenden und kontrovers geführten Diskussionen wurde, basierend auf dem Entwurf einer von Niedersachsen geführten Fach-Arbeitsgruppe, dem AR eine Handlungs- und lernfeldorientierte Empfehlung für die RS-Ausbildung vorgelegt.

Nach eingehender Beratung wurden am 16.9.2008 die »Empfehlungen für die Ausbildung von Rettungssanitätern/innen« mit einigen Modifikationen vom AR beschlossen.

Die Änderungen resultierten aus der Tatsache, dass nicht alle Länder gesetzliche Regelungen und staatliche Prüfungen anstrebten. Da ein einstimmiges Ergebnis angestrebt wurde, musste die Empfehlung hier ergebnisoffen formuliert werden.

In einem weiteren Schritt wurde von einer kleineren AG unter Federführung Bayerns (Ni, RP, He) eine »Muster-RettSanAPrO« erarbeitet, die am 27.1.2009 vom AR verabschiedet wurde. Auch hier war schon im Namen »APrO«, also »Allgemeine Prüfungs-Ordnung« zu erkennen, dass man im Wege der Kompromisssuche den Begriff »Verordnung« gemieden hatte, um allen Ländern die Zustimmung zu ermöglichen.

Aus dem langen Findungsprozess kann auf das harte fachliche Ringen geschlossen werden, das diese Empfehlungen begleitet hat. Dennoch sind die vorliegenden Aussagen zur Rettungssanitäterausbildung und -prüfung ein voller Erfolg. Sie stellen die RS-Ausbildung erstmals bundesweit in den Kontext der Handlungs- bzw. Lernfeldorientierung. Gleichwohl ist erst ein – wenn auch grundlegender – Schritt getan.

Nun gilt es diesen Lernansatz im Alltag zu verankern, in den Köpfen der Lehrenden, in den Fachbüchern – um letztlich im beruflichen Leben anzukommen.

2.3 Aktuelle Entwicklung im Rettungsdienst: Rahmenrichtlinien Niedersachsen

D. Danzglock

Rechtsgrundlage der Ausbildung von Rettungsassistenten ist das »Rettungsassistenten-gesetz« (RettAssG) vom 10.7.1989 mit der Ausbildungs- und Prüfungsverordnung (APrV) vom 7.11.1989, das der Bund auf Grundlage seiner Regelungskompetenz nach Artikel 74 Abs. 1 Ziffer 19 GG erlassen hat. Trotz einiger meist durch andere rechtliche Vorgaben er-forderlichen Anpassungen wurden das Gesetz und die APrV seither im Hinblick auf die Ausbildung nicht substanziell modernisiert. Die dortige Fächersystematik bildet somit seither die bundesrechtliche Grundlage der Ausbildung.

Zwischenzeitlich hat es jedoch in der beruflichen Bildung einen Umdenkungsprozess in der Gestaltung des Unterrichts gegeben. So werden seit 1996 in den Rahmenlehrplänen der Kultusministerkonferenz (KMK) Ziele und Inhalte des Berufsschulunterrichts durch Lernfelder strukturiert. Über eine reine Gliederungsfunktion hinausgehend sollen Lern-felder ermöglichen, aktuelle Entwicklungen im Beruf sowie in der Gesellschaft aufzuneh-men und in die Ausbildung zu integrieren. Ausgangspunkt von Unterricht sind daher be-rufliche Handlungsabläufe, aus deren Anforderungen sich ableitet, welche Theorie in wel-chem Zusammenhang vermittelt wird. Ziel der Ausbildung ist damit nicht das Reprodu-zieren von Wissen, sondern die Befähigung zu selbstständigem beruflichen Handeln. Da-bei gilt das Prinzip der Exemplarität, um die Anpassung an veränderte Anforderungen der Arbeitswelt besser zu ermöglichen.

Um diesen Prozess auch in der Ausbildung nach dem RettAssG zu beflügeln, hatte das Niedersächsische Kultusministerium im Sommer 2006 eine Kommission eingesetzt, der Lehrkräfte und Schulleitungen von Schulen für Rettungsassistenz angehörten und die durch das Niedersächsische Landesamt für Lehrerbildung und Schulentwicklung (NiLS) begleitet wurde. Damit wurde der in Niedersachsen gängigen Praxis entsprochen, wonach Richtlinien von Experten aus der Praxis erarbeitet werden. Die Kommission legte nach ei-nem Jahr einen Entwurf vor, der nach einer landesweiten Anhörung der für die Ausbil-dung relevanten Organisationen und Institutionen sowie mit Zustimmung des Landtages im April 2008 als Rahmenrichtlinien (RRL) für die Ausbildung »Rettungsassistentin/Ret-tungsassistent« veröffentlicht wurde.

Der Arbeitsauftrag an die Kommission sah unter anderem vor: »*Ziel der Ausbildung ist der Erwerb von Handlungskompetenzen, um eigenverantwortlich als Rettungsassistentin oder Rettungsassistent im Sinne der im Gesetz definierten Ausbildungsziele arbeiten zu kön-nen. Zentral ist dazu die Fragestellung, was die Rettungsassistentin/der Rettungsassistent am Ende der Ausbildung können soll. Jedem Lernfeld sind Stundenzahlen der in der APrV ge-nannten Fächer zuzuordnen, wobei die Stunden zur Verteilung nicht berücksichtigt werden. Trotz Ausrichtung am Lernfeldkonzept bzw. handlungsorientierten Unterricht muss eine Zu-ordnung zu den Vorgaben der APrV möglich sein.*«

Die Experten der Kommission erarbeiteten folgende Lernfelder, die in der fachlichen Anhörung auf breite Zustimmung stießen:

- ▶ Notfallsituationen erkennen, erfassen und bewerten (80 UE)
- ▶ Rettungsdienstliche Maßnahmen auswählen, durchführen und dokumentieren (240 UE)
- ▶ In Notfallsituationen erweiterte lebensrettende und lebenserhaltende Maßnahmen durchführen (120 UE)
- ▶ Betroffene Personen unterstützen (40 UE)
- ▶ Bei erweiterter Diagnostik und Therapie mitwirken (40 UE)
- ▶ In Gruppen und Teams zusammenarbeiten (40 UE)
- ▶ Rettungsdienstliche Arbeit organisieren (120 UE)
- ▶ Rettungsdienst als Beruf ausüben (30 UE)
- ▶ Qualitätsstandards im Rettungswesen sichern (70 UE).

Alle Lernfelder sind nach einem identischen Schema aufgebaut: Titel des Lernfelds (LF), Zeitrichtwert, Erläuterungen, Zielformulierungen, Lerninhalte, Unterrichtshinweise. Ergänzend sind in den RRL Hinweise zur praktischen Ausbildung, Kompetenzfeststellung und Leistungsbewertung sowie zur Abschlussprüfung enthalten. Der Stundenansatz entspricht in der Summe Anlage 1 A der APrV.

Es wurde dabei deutlich, dass der handlungsorientierte Unterricht in den Lernfeldern trotz überholter und starr formulierter APrV umsetzbar ist.

In der Gestaltung der Lernfelder konnte die Kommission auf »Materialien für Lernfelder für Berufe des Bereichs der Humandienstleistungen« (März 2001) zurückgreifen. In dieser Zusammenstellung werden das Thema »Lernfeldorientierung« beleuchtet und konkrete Empfehlungen für die curriculare Arbeit in den Schulen gegeben.

Um die Umsetzung der RRL in den Schulen für Rettungsassistenz zu unterstützen, wurden durch den vorgenannten Expertenkreis Materialien für den theoretisch-praktischen Teil der beruflichen Ausbildung erarbeitet und durch das Kultusministerium im Juni 2009 veröffentlicht. Neben allgemeinen Hinweisen zur Erarbeitung von Lernsituationen beinhaltet die Sammlung sofort nutzbare Beispiele und konkretisiert die in den RRL dargelegten Bewertungsmöglichkeiten von Leistungen sowie Gestaltungsmöglichkeiten der Abschlussprüfung. Letztlich ist es Aufgabe der Schule, in ihrem Curriculum Lernsituationen zu entwickeln, die in sich eine vollständige Handlung ermöglichen und das Lernfeld konkretisieren.

Neben der Betreuung der Materialienkommission organisierte das NiLS erstmals im Jahr 2009 Fortbildungsveranstaltungen, die sich mit der Umsetzung des handlungsorientierten Unterrichts im Lernfeldkonzept befassen und gezielt an Lehrkräfte aus Schulen des Gesundheitswesens richten. Daneben stehen alle Veranstaltungen des NiLS zur Fort- und Weiterbildung grundsätzlich den Lehrkräften offen.

Die Rahmenrichtlinien und Materialien sind auf der Homepage www.nibis.de veröffentlicht und können dort heruntergeladen werden.

Bewertung: Mit den Rahmenrichtlinien und den Materialien wurde ein Umdenkungsprozess hin zum handlungsorientierten Unterricht eingeleitet. Hierbei ist auch die Methodenkompetenz der Lehrkräfte gefordert, um die in der jeweiligen Unterrichtssituation angemessene Unterrichtsmethode einzusetzen. Dies kann selbstverständlich auch Phasen eines Frontalunterrichts beinhalten. Lehrkräfte müssen sich damit intensiv auf ihren Unterricht vorbereiten und diesen mit den Kollegen absprechen.

Koordination und Absprache sind bei hoher Zahl an Honorarkräften nicht immer einfach, aber auch in anderen schulischen Bezügen nicht immer gewährleistet. Auf der anderen Seite muss auch die Ausbildung von Rettungsassistenten, will sie zukunftsfähig sein und für Schülerinnen und Schüler attraktiv bleiben, modernen berufspädagogischen Anforderungen entsprechen. Die Arbeit in den Kommissionen und die Entwicklung in Schulen für Rettungsassistenz – handlungsorientierte Ansätze sind dort im größeren Maß implementiert als allgemein angenommen wird – haben deutlich gemacht, dass dieses Konzept auch hier auf den Weg gebracht werden kann.

Die Umsetzung setzt voraus, dass die Fort- und Weiterbildung der Lehrkräfte und Dozenten nicht nur beruflich-fachlich, sondern auch pädagogisch-didaktisch ausgerichtet wird. Die Zugehörigkeit zu einer Profession qualifiziert nicht automatisch zur Lehrtätigkeit und diese Erkenntnis muss auch in den Gesundheitsfachberufen eine stärkere Bedeutung erhalten.

Anhang: Beispiel eines Lernfeldes

Lernfeld	Notfallsituationen erkennen, erfassen und bewerten
Zeitrichtwert	80 Unterrichtsstunden
Erläuterungen	Dieses Lernfeld bezieht sich im Wesentlichen auf den Themenbereich 2.1 RettAssAPrV. Schwerpunkte dieses Lernfeldes sind die systematische Erhebung und Analyse von Notfallsituationen in Schwere und Ausmaß sowie ihre Bewertung unter zeitkritischen Bedingungen. Hierbei werden apparative und nonapparative Untersuchungstechniken eingesetzt. In diesem Zusammenhang führen Rettungsassistentinnen und Rettungsassistenten eine Dokumentation durch, die eine Grundlage für die Verlaufsbeurteilung darstellt. Die subjektive Empfindung des Patienten wird als dessen individuelle Eigenart wahrgenommen und akzeptiert. Darauf einzugehen ist originärer Auftrag des Rettungsfachpersonals.
Zielformulierung	Die Schülerinnen und Schüler führen die Vitalfunktionskontrolle, die Ganzkörperuntersuchung sowie die Basisdiagnostik durch. Sie erfassen, analysieren und bewerten, auch unter zeitkritischen Bedingungen, die in der jeweiligen Situation einwirkenden Faktoren und Rahmenbedingungen in Schwere und Ausmaß systematisch. Sie erheben die Eigen-/Fremdanamnese. Sie wenden die in ihrem Tätigkeitsbereich gebräuchlichen Verfahren zur Zustandsbeurteilung und Dokumentation an. Sie werten die gewonnenen Informationen kontinuierlich aus und stellen ggf. Veränderungen fest. Sie ermitteln und begründen unter Berücksichtigung unterschiedlicher Erfordernisse den individuellen Versorgungsbedarf.

Inhalte	Wahrnehmung
	Beobachtung
	Somatische und psychische Faktoren bei der Diagnosefindung
	Eigen-/Fremdanamnese
	Klinische Untersuchung
	Apparative Diagnostik und Monitoring
	Dokumentation der Rettungsdiensteinsätze
	Methoden der Entscheidungsfindung
	Beurteilungsfehler

2.4 Kompetenzorientierung in der Berufsbildung – Aktuelle Entwicklungen und Initiativen

U. Weyland, J. Grunau

In der Theorie und Praxis der Berufsbildung ist ein deutlicher Wandel von einer input- zu einer outputorientierten Denkweise zu verzeichnen. Nicht mehr die strukturellen Vorgaben und Inhalte von Lehr- und Lernprozessen stehen demnach im Vordergrund, sondern die Lernergebnisse (learning outcomes), die hierbei erzielt werden. In diesem Zusammenhang hat das Stichwort »Kompetenzorientierung« Einzug in die (bildungs-)politische und wissenschaftliche Diskussion sowie in die pädagogische Praxis genommen.

Bereits im Jahre 1974 forderte der damalige Deutsche Bildungsrat in einem Positionspapier, den Erwerb von Kompetenzen bei Lernprozessen in den Mittelpunkt zu stellen (vgl. Deutscher Bildungsrat 1974). Spätestens seit der Einführung des Lernfeldkonzepts für die duale Berufsausbildung, in dem Handlungskompetenz als Zielperspektive definiert wurde, hat der Prozess des Umdenkens für die berufliche Bildung konkrete und verbindliche Formen angenommen (vgl. KMK, hier: Fassung 2007).

Die Orientierung an Lernergebnissen, die Aufschluss über die vorhandenen Kompetenzen geben sollen, stellt allerdings in Deutschland – und das wurde nicht zuletzt durch internationale Leistungsvergleichstests wie die PISA-Studien offensichtlich – eine große Herausforderung dar. Das deutsche Bildungssystem ist traditionell durch eine stark input- bzw. strukturorientierte Steuerung gekennzeichnet (vgl. z.B. für die Berufsbildung Rauner 2009). Der mitunter durch PISA initiierte Reformprozess in Richtung Ergebnis- und Kompetenzorientierung erfolgt schrittweise und kann auch gegenwärtig noch nicht als abgeschlossen bezeichnet werden. So liegen beispielsweise für einige Gesundheitsfachberufe in Deutschland nach wie vor noch keine kompetenzorientierten Ordnungsmittel vor, da sich deren Großteil aufgrund ihrer Sonderstellung in der beruflichen Bildung außerhalb der üblichen rechtlichen Regelungen befindet (vgl. Bals 1993, Grunau und Bals 2011 a).

Der deutlich festzustellende Wandel zur Kompetenzorientierung spiegelt sich auf allen Ebenen der Berufsbildung, von der internationalen und nationalen Berufsbildungspolitik und -forschung bis zur curricularen und unterrichtlichen Ebene, wider. Zahlreiche aktuelle Entwicklungen und Initiativen fügen sich in das kompetenzorientierte Paradigma ein und treiben somit den Prozess des Umdenkens Schritt für Schritt weiter voran.

Der folgende Beitrag soll vor diesem Hintergrund einen Einblick in ausgewählte, aktuelle Entwicklungsfelder und Initiativen zur Kompetenzorientierung in der Berufsbildung geben. Dabei werden insbesondere bildungspolitische (international und national wie u.a. Europäische sowie der Deutsche Qualifikationsrahmen [EQR/DQR], »Berufsbildungs-PISA«) und curriculare Kontexte (Lernfeldkonzept) thematisiert. Institutionenspezifische Zugänge können hier aufgrund des vorgegebenen Rahmens und der gegebenen Schwerpunktsetzung nicht berücksichtigt werden. Bezüge zu den Gesundheitsberufen erfolgen insofern, als es für den Sachverhalt relevant erscheint. Die Ausrichtung an der hier zentralen Kategorie »Kompetenzorientierung« erfordert zunächst jedoch die wissenschaftliche Annäherung an den Begriff »Kompetenz« sowie die hiermit verbundene Problematik der Messbarkeit zu skizzieren, bevor dann der eigentliche Sachverhalt thematisiert wird.

2.4.1 Zum Begriff Kompetenz und zur Erfassung von Kompetenzen

Der Kompetenzbegriff hat sich in den letzten Jahren zu einem Leitbegriff in der (bildungs-) politischen und (berufs-)pädagogischen Diskussion sowie in beruflichen und privaten Handlungsfeldern etabliert. Er findet sich beispielsweise in aktuellen bildungspolitischen Empfehlungen, in europäischen und nationalen Steuerungs- und Transparenzinstrumenten, in den Curricula sowie im (hoch-)schulischen und unterrichtlichen Sprachgebrauch.

Bei der alltagssprachlichen Verwendung des Begriffs ist die genaue Bedeutung allerdings häufig unklar und Begriffe wie »Qualifikation« oder »Fähigkeit« werden bisweilen synonym verwendet.

Auch im wissenschaftlichen Sprachgebrauch liegt keine einheitliche Definition und präzise theoretische Verortung des Kompetenzbegriffs vor, vielmehr kann sogar von einem inflationären Gebrauch dieses Begriffes gesprochen werden. Der Kompetenzbegriff beinhaltet ein äußerst facettenreiches Spektrum an Einzelphänomenen und wird in den unterschiedlichsten Disziplinen und Kontexten verwendet (vgl. z.B. ERPENBECK UND VON ROSENSTIEL 2007, S. XVII; vgl. auch HARTIG 2008). Die Komplexität des Begriffs zeigt sich bereits in seinem Ursprung: Etymologisch stammt »Kompetenz« vom lateinischen »competere« ab, was mit »zusammentreffen«, »etwas gemeinsam erstreben«, »gesetzlich erfordern«, aber auch »zukommen« und »zustehen« übersetzt wird. In juristischen Zusammenhängen wird der Begriff im Sinne von »Zuständigkeit« verwendet (vgl. REETZ 2006).

Niveauindikator			
Anforderungsstruktur			
Fachkompetenz		Personale Kompetenz	
Wissen	Fertigkeiten	Sozialkompetenz	Selbstständigkeit
Tiefe und Breite	Instrumentale und systemische Fertigkeiten, Beurteilungsfähigkeit	Team-/Führungsfähigkeit, Mitgestaltung und Kommunikation	Eigenständigkeit, Verantwortung, Reflexivität und Lernkompetenz

ABB. 5 ▶ Kompetenzkonstrukt des deutschen Qualifikationsrahmens – Grundgerüst für jede der acht Niveaustufen (Arbeitskreis DQR 2010, S. 5)

Das gegenwärtige pädagogische Grundverständnis von »Kompetenz« ist auf Einflüsse aus der amerikanischen Linguistik zurückzuführen. Der Sprachwissenschaftler Chomsky stellte im Jahre 1969 die Dichotomie der Begriffe Kompetenz und Performanz heraus und beschrieb hierbei Performanz als oberflächliche Verhaltenweise, während Kompetenz die individuelle Tiefenstruktur und die zugehörige Wissensbasis einer Person repräsentiere (vgl. CHOMSKY 1969 sowie REETZ 2006).

Einen aktuellen Definitionsansatz, der auf die zusammentreffenden Phänomene und individuelle Tiefenstruktur abzielt und somit die Komplexität des Begriffs aufgreift, nahmen z.B. ERPENBECK UND HEYSE (2007, S. 163) vor: »*Kompetenzen werden von Wissen fundiert, durch Werte konstituiert, als Fähigkeiten disponiert, durch Erfahrungen konsolidiert, aufgrund von Willen realisiert.*«

In Abgrenzung zu dem Qualifikationsbegriff, der tendenziell funktionalistisch und arbeitsmarktbezogen ausgelegt wird (vgl. z.B. SLOANE ET AL. 1998, S. 118ff.; LISOP 2006), wird bei diesem Verständnis von Kompetenz deutlich, dass persönliche Fähigkeiten, Einstellungen und Haltungen zur Bewältigung einer Anforderungssituation einen zentralen Stellenwert einnehmen.

Bei der Entwicklung des Deutschen Qualifikationsrahmens für lebenslanges Lernen wurde ein Kompetenzverständnis zugrunde gelegt, das an der erwarteten Handlung orientiert ist: Kompetenz ist »*die Fähigkeit und Bereitschaft des Einzelnen, Kenntnisse und Fertigkeiten sowie persönliche, soziale und methodische Fähigkeiten zu nutzen und sich durchdacht sowie individuell und sozial verantwortlich zu verhalten*« (ARBEITSKREIS DQR 2010, S. 4). Dem DQR liegt ein Kompetenzkonzept zugrunde, das sich in besonderem Maße durch die Gleichwertigkeit der Säulen »Fachkompetenz« und »Personale Kompetenz« auszeichnet, letztere wird in der DQR-Struktur in Sozialkompetenz und Selbstständigkeit unterteilt (Abb. 5).

Anhand von allgemeinen Kompetenzbeschreibungen zu jeder der acht vertikalen Niveaustufen sowie zu den horizontalen Teilkompetenzen auf den jeweiligen Niveaus soll dem deutschen Bildungssystem sowie einem umfassenden Kompetenzverständnis Rechnung getragen werden (vgl. EBD.).

Als relevante Entwicklung für die personenbezogenen Dienstleistungen ist hierbei die strukturelle Gleichwertigkeit von Fachkompetenz und personaler Kompetenz einzuschätzen, da in vielen beruflichen Anforderungssituationen die Arbeit an und mit Menschen gefordert ist und die Entwicklung personaler Kompetenzen somit einen zentralen Stellenwert einnimmt.

Neben der Auseinandersetzung mit dem Kompetenzbegriff an sich, ist die Erfassung bzw. die Messbarkeit von Kompetenzen ein häufig und kontrovers diskutierter Aspekt der aktuellen Kompetenzdebatte. Zwei verschiedene theoretische Zugänge stehen hierbei generell zur Diskussion:

▶ Ein kognitionstheoretischer bzw. -psychologischer Zugang, wie er z.B. im Rahmen der PISA-Studien verfolgt wird. Hierbei werden Kompetenzen als personale kognitive Dispositionen angesehen, die sich bei der Bearbeitung von Aufgabensätzen zeigen und somit überprüfbar werden (vgl. z.B. KLIEME ET AL. 2007).

▶ Ein handlungstheoretischer Zugang, bei dem sich die Kompetenzerwartungen aus konkreten beruflichen Handlungssituationen ableiten. Hier setzt auch das Lernfeldkonzept der Kultusministerkonferenz (KMK) an. Ziel ist hierbei die Entwicklung von Handlungskompetenz, die in den Dimensionen Fachkompetenz, Humankompetenz und Sozialkompetenz aufgeht (vgl. Fassung der KMK aus 2007, S. 10). Nach der KMK wird unter Handlungskompetenz »*die Bereitschaft und Befähigung des Einzelnen, sich in beruflichen, gesellschaftlichen und privaten Situationen sachgerecht durchdacht sowie individuell und sozial verantwortlich zu verhalten*« (ebd.) verstanden.

Methodisch werden derzeit sowohl objektivierende Verfahren, z.B. standardisierte Assessments und Beobachtungen, als auch interpretative Verfahren, z.B. selbstreflexive Kompetenzbilanzen, (weiter-)entwickelt und erprobt. Insbesondere bezüglich der Validität und Pragmatik besteht hier derzeit allerdings noch Forschungsbedarf.

Die wissenschaftliche Auseinandersetzung mit dem Thema Kompetenz und Kompetenzorientierung beeinflusst und wird gleichermaßen bereichert durch zahlreiche Entwicklungen und Initiativen in politischen Handlungsfeldern der Berufsbildung, die im folgenden Abschnitt exemplarisch dargelegt werden.

2.4.2 Kompetenzorientierung im Kontext europäischer und nationaler Entwicklungen und Initiativen

Die Diskussion um den Wechsel von der Struktur- zur Kompetenzorientierung kann nicht allein vor dem Hintergrund nationalpolitischer Zielsetzungen nachgezeichnet werden. Wesentliche Einflüsse nahmen internationale und EU-politische Entwicklungen, durch welche auch die nationalen Reformen vorangetrieben wurden und werden.

Vor dem Hintergrund der Globalisierungstendenzen und der europäischen Integration hat sich die Europäische Union vor allem in der Lissabon-Strategie (2000) und der Folgestrategie Europa 2020 (2010) das Ziel gesetzt, einen europäischen (Berufs-)Bildungsraum zu schaffen und die Mobilität von Beschäftigten auf dem internationalen Arbeitsmarkt zu steigern. So hat auch die Diskussion um eine Umstrukturierung bzw. Neuorientierung der Ausbildungsgänge im Gesundheitswesen in den letzten Jahren eine europäische Dimension angenommen. Transparenz, Anerkennung von Kompetenzen und Qualifikationen zur Verbesserung der beruflichen Mobilität sowie Qualitätssicherung und lebenslanges Lernen gelten als Leitideen für die Weiterentwicklung der beruflichen Bildung (vgl. EUROPÄISCHE KOMMISSION 2002).

In diesem Zusammenhang werden derzeit, um nur einige Initiativen zu nennen, ein Vorschlag für einen Deutschen Qualifikationsrahmen (DQR) in Anlehnung an den europäischen Referenzrahmen (EQR) entwickelt und erprobt, ein Kreditpunktsystem für die berufliche Bildung vorgeschlagen, internationale Leistungsvergleichstest für die Berufsbildung vorbereitet, Anerkennungsmöglichkeiten für informelles Lernen diskutiert sowie ein europäisches Qualitätsnetzwerk für die berufliche Bildung eingerichtet. Als weitere

Entwicklungstendenz, die in besonderem Maße die Gesundheitsberufe betrifft und bei der das Thema Kompetenzorientierung einfließt, ist die Akademisierung von Berufen als Teil eines Professionalisierungsprozesses (siehe hierzu z.B. die Entwicklung der Studiengänge im Bereich der therapeutischen Gesundheitsberufe, aber auch im Bereich der pflegebezogenen Studiengänge). Hierauf wird im Folgenden näher eingegangen.

Qualifikationsrahmen

Der EQR soll vor dem Hintergrund der o.g. Europäisierungsstrategien dazu beitragen, internationale Transparenz von Bildungssystemen zu schaffen und die Anerkennungspraxis von Bildungsabschlüssen in Europa zu optimieren. Prinzipiell ist im EQR vorgesehen, alle Qualifikationen – vom Pflichtschulabschluss über Zeugnisse der beruflichen Aus- und Weiterbildung bis hin zu den höchsten akademischen Abschlüssen sowie non-formal und informell erworbene Kompetenzen – zu berücksichtigen und in acht Niveaustufen einzuordnen (vgl. EUROPÄISCHE KOMMISSION 2008). Im Jahre 2008 wurde der EQR von der Europäischen Union mit Empfehlungscharakter verabschiedet (sog. »softer policy tool«) und dient den einzelnen Mitgliedsstaaten als unverbindlicher Orientierungsrahmen für die Entwicklung nationaler Qualifikationsrahmen. Bis spätestens 2012 sollten die Arbeiten an den nationalen Qualifikationsrahmen beendet sein und auf allen Zeugnissen das entsprechende EQR-Referenzniveau vermerkt werden. Im aktuellen Entwurf für den DQR finden sich ebenfalls acht Niveaustufen mit entsprechenden Kompetenzbeschreibungen (vgl. ARBEITSKREIS DQR, 2010, s. auch Abschnitt zuvor). Im Rahmen der Erprobung wurden hier zunächst formale Bildungsgänge exemplarisch auf der Basis der zugehörigen Ordnungsmittel eingeordnet (für die Gesundheitsberufe vgl. DQR AG GESUNDHEIT 2010).

Da die Einstufung der Bildungsabschlüsse jeweils auf nationaler Ebene und in der Regel auf der Basis normativ geprägter Unterlagen erfolgt, beruht die europaweite Anerkennung letztendlich auf gegenseitigem Vertrauen der EU-Mitgliedsstaaten. Als Möglichkeiten einer empirischen Absicherung der Zuordnung gelten internationale Leistungsvergleichstest und Qualitätssicherungsstrategien und -verfahren, anhand derer die tatsächlich erreichten Kompetenzen erfasst und verglichen sowie mit den in den Ordnungsmitteln angegebenen Lernergebnissen abgeglichen werden können (vgl. BALS UND BOHLINGER 2009).

Leistungsvergleichstests in der beruflichen Bildung

In Anlehnung an die PISA-Studie werden derzeit Konzepte zur Durchführung eines Large Scale Assessment für die berufliche Bildung erarbeitet. Erste Vorarbeiten für einen empirischen Ansatz wurden 2010 abgeschlossen. In einer zu diesem Zweck durchgeführten Machbarkeitsstudie zeigte sich, dass eine gute Vergleichsbasis an gemeinsamen Tätigkeiten, Qualifikationsanforderungen sowie Prüfungsaufgaben in fünf verschiedenen Berufsfeldern – darunter auch der Bereich Social & Health Care – besteht. Die bisherigen Ergebnisse zeigen große Übereinstimmungen zwischen skandinavischen, deutschsprachigen und osteuropäischen Ländern (vgl. BAETHGE UND ARENDS 2009). Da bei der Planung und Durchführung eines »Berufsbildungs-PISAs« nicht auf eine langjährige Forschungstradition und international valide Testinstrumente zurückgegriffen werden kann, stehen Forschergruppen vor der zentralen Herausforderung, verschiedene Kompetenzebenen (allgemein-kognitive Kompetenzen, berufsübergreifend-arbeitsbezogene Kompetenzen und berufsfachliche Kompetenzen) miteinander zu verknüpfen und geeignete Erfassungskonzepte und -methoden zu entwickeln sowie zu erproben (vgl. hierzu z.B. WINTHER 2010 sowie NICKOLAUS UND PÄTZOLD 2011).

Leistungspunktesystem für die berufliche Bildung (ECVET)

Analog zum Kreditpunktesystem für die hochschulische Bildung (ECTS: European Credit Transfer System) wurde ein Leistungspunktesystem für die berufliche Bildung konzipiert (ECVET: European Credit System for Vocational Education and Training). Dem ECVET-System wird aus deutscher Perspektive doppelter Nutzen zugeschrieben: Erstens die Förderung der grenzüberschreitenden Mobilität und zweitens die Verbesserung der Durchlässigkeit in der nationalen Berufsbildung (vgl. FIETZ ET AL. 2008). Das Leistungspunktesystem wird derzeit auf nationaler Ebene modellhaft erprobt.

Qualitätssicherung

Wie bereits beschrieben wird qualitätssichernden Maßnahmen im Sinne einer Kontrollfunktion der tatsächlich erzielten Kompetenzen große Bedeutung zugeschrieben. Die Entwicklung, Verbreitung und Bewerbung von diesbezüglicher guter Praxis in Europa auf System- und Anbieterebene soll durch das europaweite Qualitätsnetzwerk EQAVET (European Quality Assurance in Vocational Education and Training) gewährleistet werden. Angesichts der Tatsache, dass die Qualifizierung der Gesundheitsfachberufe in Deutschland (mit Ausnahme der dual geregelten Berufe und mit Ausnahme der schulrechtlichen Regelungen einiger Länder) entkoppelt von den im öffentlichen Bildungsbereich etablierten qualitätssichernden Maßnahmen sind (z.B. Schulinspektion), stellen die aktuellen europäischen und auch die daraufhin initiierten nationalen Entwicklungen wesentliche Anhaltspunkte im Rahmen der Etablierung von umfassender Qualitätssicherung dar (vgl. z.B. EQAVET 2010).

Informell erworbene Kompetenzen

Wissenschaftliche Untersuchungen belegen, dass Lernprozesse, die außerhalb des formalen (Berufs-)Bildungssystems stattfinden und nicht unmittelbar zu anerkannten Abschlüssen führen, einen umfassenden Beitrag zur Kompetenzentwicklung leisten (vgl. z.B. LIVINGSTONE 1999; CEDEFOP 2008). Die erworbenen Kompetenzen gelten aus individueller, politischer und ökonomischer Perspektive als wichtige, jedoch bislang aufgrund der Dominanz des formalen Bildungssystems zu wenig genutzte Ressource in Deutschland. Voraussetzung für die Anerkennung sind die Identifizierung bzw. Erfassung, Dokumentation und Zertifizierung der informell und non-formal erworbenen Kompetenzen, wobei bereits die Identifizierung des »Unbewussten« und dessen Erfassung eine große Herausforderung darstellen (s. auch Abschnitt: Zum Begriff Kompetenz und zur Erfassung von Kompetenzen). Politisch wird aktuell der Einbezug der informell erworbenen Kompetenzen in den DQR diskutiert (vgl. hierzu GUTSCHOW 2010 sowie DEHNBOSTEL ET AL. 2010).

Academic Drift der Gesundheitsberufe

Auch im Rahmen der Akademisierungsdebatte der Gesundheitsberufe (»academic drift«) wird als Begründungsrahmen häufig auf internationale Entwicklungen und auf entsprechende Vorbilder verwiesen. Zum Beispiel gilt insbesondere die angelsächsische Tradition der Qualifizierung von Pflegekräften als Bezugspunkt für die Akademisierungsbestrebungen der Gesundheitsfachberufe in Deutschland.

Mit der Akademisierung der Gesundheitsfachberufe wird das Ziel verfolgt, die Ausbildung, die beruflichen Tätigkeiten und das Selbstverständnis der einschlägigen Berufe wissenschaftlich zu fundieren und einen Beitrag zu ihrer Professionalisierung und der Erweiterung des Kompetenzspektrums zu leisten (vgl. GRUNAU UND BALS 2010B; PUNDT 2006).

In Deutschland etablierten sich in den 1980er Jahren die ersten pflegewissenschaftlichen Studiengänge. Seit dem Jahr 2000 wurden zunehmend Studienstrukturen für weitere Gesundheitsfachberufe geschaffen. In der aktuellen Diskussion um die Akademisierung der Gesundheitsfachberufe stützen sich Befürworter auf leistungs- und statusbezogene Argumente: Zum einen sei die Erweiterung des Leistungsspektrums der Gesundheitsfachberufe zur Anpassung an gesellschaftliche Veränderungen und Modernisierungsprozesse im Gesundheitswesen erforderlich. Zum anderen wird die Akademisierung als Möglichkeit gesehen, die Anerkennung der Gesundheitsfachberufe in fachlicher und finanzieller Hinsicht sowie die Zufriedenheit der Berufsangehörigen zu verbessern. Kritiker der hochschulzentrierten Ausbildung verweisen u. a. auf arbeitsmarktpolitische und ökonomische Konsequenzen, wie z.B. die Eingrenzung der Ausbildungsberechtigten durch erhöhte Zugangsvoraussetzungen und die steigende Belastung durch höhere Einkommenserwartungen sowie die Verlagerung der Ausbildungskosten auf die Studierenden. Aus wissenschaftlicher Sicht wird zudem die Berechtigung von Studiengangsstrukturen hinterfragt, die sich auf einzelne Berufe beziehen (vgl. ebd.).

2.4.3 Kompetenzorientierung unter dem Blickwinkel curricularer Entwicklungen und Initiativen – das Lernfeldkonzept

Mit der Einführung des Lernfeldkonzeptes im Jahr 1996 durch die KMK wurde auch auf curricularer Ebene ein Paradigmenwechsel von der Input- zur Outputorientierung eingeleitet. Zukünftige Lehrpläne für den berufsbezogenen Unterricht in der Schulform Berufsschule sind seither kompetenzbasiert und am Leitziel der Entwicklung beruflicher Handlungskompetenz auszurichten (vgl. SLOANE 2005, S. 48). Zugleich verbindet sich mit dem Lernfeldkonzept der Wunsch nach verbesserter Lernortkooperation. Allerdings geht mit diesem Konzept auch gleichzeitig die Gefahr einer funktionalen Vermischung der von den beiden Lernorten im jeweiligen Fall zu übernehmenden originären Aufgabe einher.

Damit wurde die bereits in den 1980er Jahren initiierte Diskussion um Handlungsorientierung curricular bzw. auf der Lehrplanebene fortgeführt und zugleich ein Umdenken von der Fach- zur Handlungssystematik konsequent gefordert (vgl. hierzu BADER UND MÜLLER 2004; vgl. KREMER 2003). Die Orientierung an Lernfeldern wurde allerdings »verordnet« und nicht durch Wissenschaftler vorbereitet, was zur Folge hatte, dass vielfältige Implikationen mit der Einführung des Lernfeldkonzeptes auf der Makro- (u.a. Politik), aber auch auf der Meso- (Schul-) und Mikroebene (Unterrichtsebene) (s.u.) einhergingen (zur

Einteilung in die verschiedenen Ebenen vgl. KREMER 2003; vgl. SLOANE 2005). Zugleich weist SLOANE darauf hin, dass »die politische Programmatik einer kompetenzorientierten Wende« (vgl. ARNOLD 1998 zit. n. SLOANE 2005, 48) oder »die Formulierung eines europäischen Qualifizierungsraums« (vgl. ESSER ET AL. 2005 zit. n. ebd.) seines Erachtens »*Ausdruck eines Wechsels von einer didaktisch begründeten Lehrplankonzeption zu einer zumindest stärker verwertungsorientierten Lehrplankonzeption« (ebd.) darstelle.*

Gleichwohl es theoretisch begründbare und bildungspolitische Entwicklungslinien zur Legitimation des Lernfeldkonzeptes gibt, fehlt es bis dato an einer vorgängigen Lernfeldtheorie und an ausgewiesener empirischer Fundierung. Auch nach 16 Jahren, die mittlerweile seit Einführung des Lernfeldkonzeptes vergangen sind, kann nicht von einem Konsens gesprochen werden, was z.B. die Generierung und Implementierung von Lernfeldern betrifft. In diesem Zusammenhang wird an anderer Stelle darauf hingewiesen, dass sich das Lernfeldkonzept noch nicht »als Selbstverständlichkeit etabliert oder aus der Anwendungsdynamik heraus weiterentwickelt hat« (s. Herausgebervorwort, www.bwpat.de 2011, S. 1). Außerdem gäbe es nur wenige Studien, die sich in Bezug auf die Implementierung von Lernfeldern mit der Frage nach der Quantität und Qualität auseinandersetzen würden (vgl. ebd.).

In den BLK-Modellversuchen NELE (Neue Unterrichtsstrukturen und Lernkonzepte durch berufliches Lernen in Lernfeldern) und SELUBA (Steigerung der Effizienz neuer Lernkonzepte und Unterrichtsmethoden in der dualen Berufsausbildung) wurde u.a. der Frage nach der Implementierung des Lernfeldkonzeptes auf der Makro-, Meso- und Mikroebene nachgegangen. Dabei konnte z.B. aufgezeigt werden, dass mit dem Lernfeldkonzept verschiedene Problemlagen auf allen Ebenen einhergehen, d.h. auf der Ebene der Lehrplangestaltung sowie auch auf der Ebene der Schulorganisation und der konkreten Bildungsgangarbeit. Eine differenzierte Betrachtung würde den hier gesetzten Rahmen des Beitrages allerdings überschreiten (vgl. hierzu ausführlich die Abschlussberichte zu NELE und SELUBA sowie KREMER 2003 sowie BADER UND MÜLLER 2004; vgl. auch DILGER UND SLOANE 2007A, 2007B). Im Folgenden wird nur vereinzelt auf einige Aspekte hingewiesen (s.u.).

Anforderungen: Entwicklung von Lernfeldern auf der Makroebene

Die KMK hat mit ihren Handreichungen (zitierte Fassung aus 2007) für die Erarbeitung von Rahmenlehrplänen für den berufsbezogenen Unterricht in der Schulform Berufsschule einen Orientierungsrahmen für die Rahmenlehrplankommission herausgegeben. In diesen Handreichungen werden u.a. allgemeine Grundsätze in Form von Rahmenbedingungen für die Erarbeitung von Rahmenlehrplänen sowie Zielsetzungen formuliert und Hinweise zur Strukturierung des im jeweiligen Fall zu erstellenden Rahmenlehrplans herausgegeben (vgl. KMK 2007). Die KMK sieht dabei eine allgemeine Struktur vor, die für alle neu zu erstellenden Rahmenlehrpläne identisch ist (Vorbemerkungen, Bildungsauftrag der Berufsschule und didaktische Grundsätze). Die Teile »berufsbezogene Vorbemerkungen« und »Lernfelder« sind von der jeweiligen Kommission spezifisch zu erstellen (vgl. ebd., S. 7).

Nach BADER (2004, S. 11) standen die Mitglieder der Rahmenlehrplankommission allerdings vor einer schwierigen Aufgabe, da diese »*ein neues, nur in Umrissen fixiertes Curriculum-Konzept so zu konkretisieren [hatten, Erg. der Autoren], dass von ihm die angestrebte*

Anleitungsfunktion für die organisatorische und didaktische Planung von Unterricht erwartet werden konnte.«

Damit geht ein Anforderungsprofil einher, das von den Lehrplangestaltern neben ihrer fachlichen und berufsbezogenen Kompetenz auch eine curriculare Kompetenz erfordert. Allein die Generierung von Lernfeldern stellt eine anspruchsvolle Aufgabe dar, deren methodischer Weg sehr unterschiedlich sein kann. Im BLK-Modellversuch SELUBA wurde u.a. eine Ablaufstruktur zum Konstruieren von Lernfeldern entwickelt, die verschiedene curriculare Schritte umfasst (vgl. BADER 2004, S. 29ff.). Im Folgenden werden diese Schritte aufgelistet, die laut BADER Schwerpunkte eines Handlungsprozesses benennen und noch weiter unterteilt werden können. Zu den einzelnen Schritten werden weitere Leitfragen aufgelistet. Allein hierüber lässt sich der mit dem Konzept der Lernfeldorientierung einhergehende Anspruch an die curriculare Arbeit der Lehrplankommission deutlich zum Ausdruck bringen:

> ▶ Schritt 1: Erfassen des Zusammenhangs zwischen dem Beruf und Arbeitsprozessen
> ▶ Schritt 2: Erfassen der Ausbildungsbedingungen im Beruf
> ▶ Schritt 3: Erfassen von Handlungsfeldern
> ▶ Schritt 4: Beschreiben einzelner Handlungsfelder
> ▶ Schritt 5: Beurteilen der erfassten Handlungsfelder hinsichtlich ihrer Eignung als Grundlage für Lernfelder (Grobeinschätzung) und Auswahl von Handlungsfeldern
> ▶ Schritt 6: Transformieren der ausgewählten Handlungsfelder zu einem Arrangement von Lernfeldern
> ▶ Schritt 7: Ausgestalten und Formulieren der einzelnen Lernfelder (nach den Vorgaben der KMK-Handreichung)
> ▶ Schritt 8: umfasst bereits die Arbeit auf der Ebene der Bildungsgangteams, die aus den Lernfeldern Lernsituationen zu entwickeln haben (vgl. ebd., S. 29-34)

Lernfelder sind demzufolge »didaktisch begründete, schulisch aufbereitete Handlungsfelder« (ebd., S. 28). Sie stellen curriculare fächerübergreifende Einheiten dar, die Zielformulierungen in Form von Kompetenzbeschreibungen berücksichtigen und damit im Sinne der Outcomeorientierung diejenigen Fähigkeiten ausweisen, die für den beruflichen Handlungskontext als wesentlich gelten. Lernfelder werden also primär in Bezug auf Handeln ausformuliert, nicht jedoch auf Inhalte, wenngleich Inhalte unter den jeweiligen Zielformulierungen aufgeführt sind (Mindestumfang).

Durch die Orientierung an beruflichen Handlungsfeldern ist somit ein deutlicher Anwendungskontext gegeben. Auch wenn berufliche Handlungssituationen und somit das Prinzip der Situationsorientierung eine zentrale Rolle bei der Generierung von Lernfeldern einnehmen, so ist zu berücksichtigen, dass es weitere didaktische Bezugspunkte gibt, die bei der Entwicklung von Lernfeldern zu beachten sind. Denn mit dem sog. Bildungsauftrag der Berufsschule (vgl. KMK 1991) ist Ziel der Berufsbildung nicht nur berufliche Tüchtigkeit im Sinne der beruflichen Verwertbarkeit (funktionale Aspekte), sondern auch berufli-

33

che Mündigkeit im Sinne der Förderung der Persönlichkeitsentwicklung. In den Handreichungen wird auf den Bildungsauftrag der Berufsschule explizit Bezug genommen und somit ein rein verwertungsorientierter Zugang negiert. Zugleich müssen Lernfelder individuelle bzw. private und gesellschaftlich bedeutsame Lebensumwelten mit einbeziehen (vgl. KMK Handreichungen 2007).

Kritisch anzumerken ist, dass mit dem Lernfeldkonzept grundsätzlich die Gefahr verbunden ist, eine »situativ-funktionalistische Verengung des curricularen Entscheidungszusammenhanges zu begünstigen« (TRAMM UND REETZ 2010, S. 226). Hierauf weisen die Autoren TRAMM UND REETZ explizit hin, die in ihrem Beitrag im Handbuch der Berufs- und Wirtschaftspädagogik auf eine Rekonstruktion dieses Konzeptes entlang curriculumtheoretischer Kategorien hinweisen. Damit sprechen sie den Begründungszusammenhang im Kontext der curricularen Relevanzkriterien Wissenschaftsprinzip, Situationsprinzip und Persönlichkeitsprinzip an (vgl. ebd., 221ff.). Mit Blick auf die Tragfähigkeit dieses Konzeptes und der Vermeidung einer rein situativ bezogenen Sichtweise fordern sie, dass Lehrende den damit verbundenen curricularen Begründungszusammenhang konzeptionell durchdrungen haben und gleichzeitig aktiv ausgestalten sollten. An dieser Stelle kann aufgrund des begrenzten Rahmens des Beitrags nicht näher auf die damit verbundenen, in curriculumtheoretischer Sicht zu nennenden Anforderungen eingegangen werden. Allerdings ist explizit zu erwähnen, dass auch die Lehrplangestalter bei der Entwicklung von Lernfeldern auf die Bedeutung der jeweiligen curricularen Referenzkriterien zu achten haben und in ihrem Begründungszusammenhang aufzeigen können sollten.

Anforderungen: Umsetzung des Lernfeldkonzeptes auf der Meso- und Mikroebene

Wie bereits an anderer Stelle angedeutet, gehen mit dem Lernfeldkonzept grundlegende Änderungen und Anforderungen für die schulische Bildungsgangarbeit und für den konkreten Unterricht einher. Insbesondere die Lehrkräfte sind nun gefordert, curriculare Entwicklungsarbeit aktiv mitzugestalten, indem in Bildungsgangteams gemeinsam Lernsituationen für die jeweiligen Lernfelder entwickelt werden. Insofern ist auch hier curriculare Kompetenz gefordert, was bedeutet, dass der zuvor von TRAMM UND REETZ angesprochene curriculare Begründungszusammenhang auch von den Lehrkräften in der jeweiligen Schule konzeptionell durchdrungen sein sollte. Konkret bedeutet dies, dass die Generierung von Lernsituationen entlang der curricularen Referenzkriterien (Situationsprinzip, Wissenschaftsprinzip, Persönlichkeitsprinzip) anzulegen ist und zunächst eine curriculare Analyse der Lernfelder bzgl. ihres jeweiligen Aussagegehaltes von den Bildungsgangteams vorzunehmen wäre. Als problematisch erweist sich jedoch der Tatbestand, dass es auch hier nicht den Weg zur Entwicklung von Lernsituationen gibt, sondern unterschiedliche Verfahren bzw. Zugänge möglich sind (vgl. hierzu BUSCHFELD 2003, S. 1). So sprechen auch BUSCHFELD UND KREMER (2010, S. 243) davon, dass sich »die Umsetzung des Lernfeldkonzeptes … in der Praxis beruflicher Bildung sehr vielschichtig« zeigt.

Als besondere Problematik der Umsetzung des Lernfeldkonzeptes ist herauszustellen, dass damit auf schulentwicklungsbezogener und -organisatorischer Ebene gravierende Veränderungen und Anforderungen einhergehen. So sind u.a. Prozesse im Bereich der Personal- und Teamentwicklung (vgl. hierzu BALS und WEYLAND 2010, S. 530f.), der Stundenplanung und Raumkonzeption/-ausstattung sowie des konkreten Lehrereinsatzes in den jeweiligen Lernfeldern etc. zu berücksichtigen.

Als besondere Herausforderung stellt sich die Planung der Lernsituationen in den Bildungsgangteams. Hier stellt sich zunächst die Frage, wie diese curricular generiert sowie auszugestalten sind und inwiefern dieser Prozess durch externe Experten zu begleiten ist. BUSCHFELD (vgl. 2003) hat sich u.a. mit der Konstruktion der Planung von Lernsituationen auseinandergesetzt und dabei verschiedene Kriterien genannt, die neben der begrifflichen und zielbezogenen Ausdifferenzierung ganz konkrete Fragen betreffen, wie z.B. Nennung und Dauer/Umfang von Lernsituationen sowie Anzahl der Lernsituationen pro Lernfeld. Aber auch weitere Aspekte wie z.B. die Zuordnung der im Lernfeld aufgeführten Zielformulierungen und Inhalte zu den jeweiligen Lernsituationen sowie die Bezugnahme der Lernsituationen zueinander im jeweiligen Lernfeld sind zu berücksichtigende Komponenten.

Insgesamt erweist sich die Umsetzung der Lernfelder in Lernsituationen als konkrete curriculare »Schwerstarbeit«, die von hohen Ansprüchen begleitet wird, und zwar sowohl in curriculumtheoretischer als auch in schulentwicklungs- und bildungsgangbezogener Hinsicht. Die bisherige Praxis zeigt zudem ein Bild, das, so BUSCHFELD UND KREMER (2010, S. 246) »eher Routine im Umgang mit den einhergehenden Problemen [...], denn routinierte und reproduzierbare Problemlösungen im Sinne des Lernfeldkonzeptes« zeigt (vgl. auch hierzu Modellversuche NELE/SELUBA).

Fokus: Gesundheitsfachberufe

Unter dem Blickwinkel der Gesundheitsfachberufe ist zu berücksichtigen, dass von dem Lernfeldkonzept zunächst nur die im dualen System bzw. nach BBiG geregelten staatlich anerkannten Ausbildungsberufe wie Medizinische/r Fachangestellte/r (MFA), Zahnmedizinische/r Fachangestellte/r (ZFA), Tiermedizinische/r Fachangestellte/r (TFA) und die/der Pharmazeutisch-kaufmännische/r Angestellte/r (PKA) explizit betroffen waren. So wurde z.B. für die ZFA im Jahr 2001, für die MFA im Jahr 2005 ein neuer Rahmenlehrplan für den berufsbezogenen Unterricht entwickelt. Zugleich ging mit der Neuordnung des jeweiligen Ausbildungsberufes eine veränderte Berufsbezeichnung einher. Die nicht nach BBiG, sondern nach sog. Berufszulassungsgesetzen geregelten Berufe orientieren sich in Teilen ebenfalls am Lernfeldkonzept, wobei es hier je nach Bundesland und Ausbildungsberuf jedoch unterschiedliche Entwicklungen gibt. Hierauf kann nicht näher eingegangen werden, eine erste Durchsicht verdeutlicht aber erneut die Diversifikation und die Sonderstellung der Gesundheitsfachberufe, wo sich unterschiedliche Zuständigkeiten in rechtlicher und institutioneller Hinsicht deutlich bemerkbar machen. So wird das Lernfeldkonzept nicht einheitlich verwendet, ebenfalls kursieren unterschiedliche Begriffe wie z.B. Lernfelder, Lernbereiche und Lerneinheiten (s. z.B. Ausbildungsrichtlinie für die Gesundheits- und Krankenpflege in Nordrhein-Westfalen sowie für die Physiotherapie; s. z.B. Rahmenrichtlinien für die Ausbildung in der Physiotherapie in Niedersachsen).

Die Unsicherheit, die mit der Umstellung einherging, führte z.B. im MFA-Bereich zu einer bundeslandübergreifenden Initiative, der sog. Einrichtung eines Forums bzw. Netzwerkes »LerNeMFA« (Lernfeldentwicklungsnetzwerk Medizinische Fachangestellte;

s. unter www.lerne-mfa.de). Hier haben sich schulische Akteure aus mehreren Bundesländern auf eine gemeinsame curriculare Entwicklungsarbeit zum lernfeldbezogenen Rahmenlehrplan unter wissenschaftlicher Begleitung (Universität Hamburg, Institut für Berufs- und Wirtschaftspädagogik, Prof. Dr. Tramm) verständigt (vgl. hierzu auch BALS und WEYLAND 2010, 529ff.). Entscheidende Impulse erhielt man dabei insbesondere aus dem länderübergreifenden Modellversuch CULIK (Curriculumentwicklungs- und Qualifizierungsnetzwerk, Lernfeldinnovation für Lehrkräfte in Berufsschulfachklassen für Industriekaufleute; s. unter www.culik.de), in dem die Curriculumentwicklung von mehreren Schulen gemeinsam und in wissenschaftlicher Begleitung (s.o.; Prof. Dr. Tramm) gestaltet wurde.

Da dieses Netzwerk für den Gesundheitsbereich geradezu einzigartig ist und nach Auffassung der Autoren hierin eine gute Grundlage bzw. ein übertragbares Modell für die curriculare Entwicklungsarbeit in anderen Gesundheitsberufen gesehen wird (vgl. hierzu auch die Abschlusstagung zu diesem Projekt), sollen die mit der Kooperation verbundenen Ziele von »LerNe-MFA« kurz skizziert werden. Auf der Homepage von »LerNe-MFA« werden diese wie folgt umschrieben (s. unter www.lerne-mfa.de):

> ▶ Entlastung der einzelnen Schule bei der curricularen Entwicklungsarbeit, bei der Ausgestaltung von Lernsituationen und der Erstellung von Unterrichtsmaterial durch die arbeitsteilige Vorgehensweise
> ▶ Entwicklung von Qualitätsstandards, um die Kompetenzentwicklung der Auszubildenden zu erhöhen und Ausbildungsqualität und Ausbildungserfolg zu verbessern
> ▶ Entwicklung von kompetenzbezogenen Standards und entsprechenden Evaluationsinstrumenten
> ▶ Organisation von Präsenztreffen in Kombination mit virtueller Kommunikation zum Austausch von Erfahrungen über Probleme und Schwierigkeiten, aber auch Anregungen und Lösungsansätze im Entwicklungsprozess
> ▶ Erprobung, kontinuierliche Revision und Überarbeitung der curricularen Entwürfe und Unterrichtsmaterialien, um die Qualität zu verbessern
> ▶ Veröffentlichung der Ergebnisse der curricularen Entwicklungsarbeit und der Unterrichtsmaterialien über die Kooperationsplattform, damit auch Kolleginnen und Kollegen davon profitieren können, die nicht zum Netzwerk gehören.
>
> (Quelle: www.lerne-mfa.de)

Dieses Projekt ist auf eine große Resonanz bei den beteiligten Akteuren gestoßen, was auf der abschließenden Fachtagung »Qualität gemeinsam entwickeln« im April 2010 deutlich zum Ausdruck gebracht wurde. Zugleich wurden aber auch die zuvor angesprochenen Problemlagen und besonderen Herausforderungen unter der konkreten Perspektive der Gesundheitsfachberufe deutlich. Das Fehlen einer möglichst empirisch fundierten Lernfeldtheorie und die damit einhergehenden Unsicherheiten im curricularen Entwicklungsprozess sowie die Veränderungen auf der institutionellen Ebene wurden dort eingehend diskutiert. Ebenfalls zeigten sich besondere Problemlagen, was die Bildungsgangarbeit im Team betrifft. Fördernde und hemmende Rahmenbedingungen, die z.B. die Initiierung von Teamentwicklungsprozessen, Fortbildungen zur Förderung der curricularen Kompetenz der Lehrkräfte und die grundsätzliche Qualität der curricularen Arbeit betreffen, wurden ebenfalls thematisiert. Auch für die Lehrerausbildung zeigen sich grundlegende Herausforderungen, denn diese muss stärker als zuvor die frühzeitige Entwicklung curricularer Kompetenz von angehenden Lehrkräften in den Blick nehmen (vgl. hierzu auch BALS und WEYLAND 2010). Zugleich besteht eine fachdidaktische Herausforderung, da z.B. Unterricht nicht mehr unter dem Blickwinkel von Einzelstunden, sondern unter dem der Erstellung von Lernsituationen und damit komplexer Lehr-Lernarrangements zu stellen ist.

Literatur:

1. Arbeitskreis DQR (2010) Vorschlag für einen deutschen Qualifikationsrahmen für lebenslanges Lernen. November 2010. Online: www.deutscherqualifikationsrahmen.de (16.12.2010)
2. Baethge M, Arends L (2009) Feasibility Study VET-LSA. A comparative analysis of occupational profiles and VET programmes in 8 European countries. International report, in cooperation with Schelten A, Müller M, Nickolaus R, Geißel B, Breuer K, Hillen S, Winther E, Bals T, Wittmann, E, Barke A. Göttingen
3. Bader R, Müller M (2004) (Hrsg.) Unterrichtsgestaltung nach dem Lernfeldkonzept. Bielefeld
4. Bader R (2004) Handlungsfelder – Lernfelder – Lernsituationen. In: Bader R, Müller M (Hrsg.) Unterrichtsgestaltung nach dem Lernfeldkonzept. Bielefeld, S. 11-37
5. Bals T (1993) Berufsbildung der Gesundheitsfachberufe: Einordnung – Strukturwandel – Reformansätze. Alsbach/Bergstr., Leuchtturm-Verlag
6. Bals T, Bohlinger S (2009) Entstehung, Reichweite und Funktion von Leistungsvergleichstests in der beruflichen Bildung. Berufsbildung 119, S. 4-7
7. Bals T, Weyland U (2010) Fachrichtungen personenbezogener Dienstleistungsbereiche. In: Pahl J P, Herkner V (Hrsg.) Handbuch berufliche Fachrichtung. Bielefeld, S. 521-533
8. Buschfeld D (2003) Draußen vom Lernfeld komm` ich her ...? Plädoyer für einen alltäglichen Umgang mit Lernsituationen. Online: http://www.bwpat.de/ausgabe4/buschfeld_bwpat4.html (abgerufen am 25.2.2011)
9. Buschfeld D, Kremer H-H (2010) Implementation von Curricula am Beispiel der Lernfeldinnovation. In: Nickolaus R, Pätzold G, Reinisch H, Tramm T (Hrsg.) Handbuch Berufs- und Wirtschaftspädagogik. Bad Heilbrunn 2010, S. 242-247
10. Cedefop (2008) The shift to learning outcomes. Conceptual, political and practical developments in Europe. Luxembourg
11. Chomsky N (1969) Aspekte der Syntaxtheorie. Frankfurt/Main, Suhrkamp Verlag
12. Dehnbostel P, Seidel S, Stamm-Riemer I (2010) Einbeziehung von Ergebnissen informellen Lernens in den DQR – eine Kurzexpertise. Bonn, Hannover. Online: http://www.deutscherqualifikationsrahmen.de (17.10.2010)
13. Deutscher Bildungsrat (1974) Empfehlungen der Bildungskommission. Zur Neuordnung der Sekundarstufe II. Stuttgart
14. DQR AG Gesundheit (2010) Expertenvotum zur zweiten Erarbeitungsphase des deutschen Qualifikationsrahmens. Online: www.deutscherqualifikationsrahmen.de (22.02.2011)
15. EQAVET (2010) EQAVET Work Programme. Online: http://www.eqavet.eu/gns/library/policy-documents/policy-documents-2010.aspx (24.11.2010)
16. Erpenbeck J, Heyse V (2007) Die Kompetenzbiographie: Strategien der Kompetenzentwicklung durch selbstorganisiertes Lernen und multimediale Kommunikation. 2. Auflage, Münster, Waxmann Verlag
17. Erpenbeck J, von Rosenstiel L (2007) Einführung. In: Erpenbeck J, von Rosenstiel L (Hrsg.) Handbuch Kompetenzmessung. 2. Auflage, Stuttgart, Schaeffer-Poeschel Verlag. S. XVII–XLVI
18. Europäische Kommission (2002) European Comission Proposes 5 European Benchmarks für Education and Training Systems in Europe. Brussels: EC press release (ip/02/1710)
19. Europäische Kommission (2008) Der Europäische Qualifikationsrahmen für Lebenslanges Lernen. Luxemburg: Amt für amtliche Veröffentlichungen der Europäischen Gemeinschaften. Online: www.ec.europa.eu/education/pub/pdf/general/eqf/broch_de.pdf (2.5.2011)

20. Fietz G, Le Mouillour I, Reglin T (2008) ECVET – Einführung eines Leistungspunktesystems für die Berufsbildung. Schlussbericht. Bielefeld, Bertelsmann Verlag
21. Grunau J, Bals T (2011a) Gesundheitsfachberufe. In: Burchert H (Hrsg.) Lexikon Gesundheitsmanagement. Herne, NWB Verlag, S. 109-110
22. Grunau J, Bals T (2011b) Akademisierung der Gesundheitsfachberufe. In: Burchert H (Hrsg.) Lexikon Gesundheitsmanagement. Herne, NWB Verlag. S. 5
23. Gutschow K (2010) Anerkennung von nicht formal und informell erworbenen Kompetenzen. Bericht an den Hauptausschuss. Heft 118 der Schriftenreihe des BIBB. Bonn. Online: http://www.deutscherqualifikationsrahmen.de (17.10.2010)
24. Hartig J (2008) Kompetenzen als Ergebnisse von Bildungsprozessen. In: Jude N, Hartig J, Klieme E (Hrsg.) Kompetenzerfassung in pädagogischen Handlungsfeldern. Theorien, Konzepte und Methoden (Bundesministerium für Bildung und Forschung (Hrsg.) Bildungsforschung Band 26, Bonn, Berlin, S. 15-25
25. Huisinga R, Lisop I, Speier H-D (1999) (Hrsg.) Lernfeldorientierung. Konstruktion und Unterrichtspraxis. Frankfurt am Main
26. Klieme E, Avenarius H, Blum W, Döbrich P, Gruber H, Prenzel M, Reiss K, Riquarts K, Rost J, Tenorth H-E, Vollmer H J (2007) Zur Entwicklung nationaler Bildungsstandards. Eine Expertise im Auftrag des BMBF. Berlin. Online: www.bmbf.de/de/1154.php (4.1.2011)
27. KMK/Kultusministerkonferenz (2007) Handreichung für die Erarbeitung von Rahmenlehrplänen der Kultusministerkonferenz für den berufsbezogenen Unterricht in der Berufsschule und ihre Abstimmung mit den Ausbildungsordnungen des Bundes für anerkannte Ausbildungsberufe. Bonn. Online: www.kmk.org (4.1.2011)
28. Kremer H-H (2003) Implementation didaktischer Theorie – Innovationen gestalten. Annäherungen an eine theoretische Grundlegung im Kontext der Einführung lernfeldstrukturierter Curricula. (Wirtschaftspädagogisches Forum, Bd. 22). Paderborn 2003
29. Lisop I (2006) Qualifikation und Qualifikationsforschung. In: Kaiser F-J, Pätzold G (Hrsg.) Wörterbuch Berufs- und Wirtschaftspädagogik. 2. Auflage, Bad Heilbrunn, Klinkhardt Verlag, S. 418-421
30. Livingstone DW (1999) Informelles Lernen in der Wissensgesellschaft. Erste kanadische Erhebung über informelles Lernverhalten. Quem report H. 60, S. 65-91
31. Nickolaus R, Pätzold G (2011) (Hrsg.) Lehr-Lernforschung in der gewerblich-technischen Berufsbildung. Stuttgart, Franz-Steiner-Verlag
32. Pundt J (2006) (Hrsg.) Professionalisierung im Gesundheitswesen. Bern, Verlag Hans Huber
33. Rauner F (2009) Steuerung der beruflichen Bildung im internationalen Vergleich. Gütersloh, Bertelsmann Verlag
34. Reetz L (2006) Kompetenz. In: Kaiser F-J, Pätzold G (Hrsg.) Wörterbuch Berufs- und Wirtschaftspädagogik. 2. Auflage, Bad Heilbrunn, Klinkhardt Verlag, S. 305-307
35. Sloane PFE, Twardy M, Buschfeld D (1998) Einführung in die Wirtschaftspädagogik. Paderborn, München, Wien, Zürich, Schöningh, S. 118-156
36. Sloane PFE (2005) Kompetenzen im Lernfeldansatz der KMK: Eine deutsche Diskussion um kompetenzbasierte Lehrpläne. In: Ertl H, Sloane PFE (Hrsg.) Kompetenzerwerb und Kompetenzbegriff in der Berufsbildung in internationaler Perspektive. (Wirtschaftspädagogisches Forum, Bd. 30). Paderborn, S. 46-60
37. Tramm T, Reetz L (2010) Berufliche Curriculumentwicklung zwischen Persönlichkeits-, Situations- und Wissenschaftsbezug. In: Nickolaus R, Pätzold G, Reinisch H, Tramm T (Hrsg.) Handbuch Berufs- und Wirtschaftspädagogik. Bad Heilbrunn 2010, S. 220-226
38. Winther E (2010) Kompetenzmessung in der beruflichen Bildung. Bielefeld, Bertelsmann Verlag

2.5 Handlungskompetenz als Ausbildungsziel – oder was Rettungsassistenten (1) wissen und können sollten

G. Nadler

In der Berufspädagogik hat sich, wie bereits im Beitrag von WEYLAND und GRUNAU dargelegt, in den letzten Jahrzehnten eine neue Denkweise durchgesetzt. Diese Entwicklung führte die berufliche Bildung weg von der traditionellen Inputorientierung hin zu einer Outputorientierung. Während bezüglich des Ziels der Berufsbildung, nämlich des Erwerbs beruflicher Handlungskompetenz, unter den am Prozess der beruflichen Bildung Beteiligten im Großen und Ganzen Konsens bestehen dürfte, besteht über den Weg zu einer Handlungskompetenz, und zwar auf einem möglichst hohen Niveau, kein Konsens. Viele am Prozess der beruflichen Bildung in den Gesundheitsfachberufen Beteiligte sehen die Ausbildung nach dem Lernfeldkonzept als den besten Weg an (2). Von anderen wird das Lernfeldkonzept, das sich bei der Ausbildung für gewerblich-technische und kaufmännisch-verwaltende Berufe bewährt hat, wegen der Unterschiede zwischen diesen Berufsgruppen und den Gesundheitsfachberufen, vor allem hinsichtlich der Unterschiede bei den Anforderungen, als weniger geeignet angesehen (3).

Ein Konsens dürfte dagegen bei allen am Prozess der beruflichen Bildung Beteiligten wieder dahingehend bestehen, dass zwischen den beruflichen Anforderungen und den beruflichen Qualifikationen ein adäquates Verhältnis bestehen muss, damit die beruflichen Aufgaben adäquat erfüllt werden können. Für eine praxistaugliche Berufsqualifikation müssen das Anforderungsprofil der beruflichen Tätigkeit, gemeint sind die Anforderungen der Berufspraxis, und das Qualifikationsprofil des beruflich Tätigen übereinstimmen. Diese Übereinstimmung ist generell durch entsprechende Ausbildungsordnungen und Curricula sicherzustellen.

Gegenstand dieses Beitrages sind die zur adäquaten Erfüllung der beruflichen Aufgaben notwendigen Qualifikationen des Rettungsassistenten (1). Dem aufmerksamen Leser dürfte bei der Lektüre der letzten Zeilen bereits aufgefallen sein, dass mehrfach der Begriff »Qualifikation« gebraucht wurde, der Begriff »Kompetenz«, der unter anderem im Deutschen Qualifikationsrahmen (DQR) große Bedeutung hat, hingegen nicht. Der Begriff »Qualifikation« wird hier in einem umfassenden Sinne gebraucht, auch im Sinne von Kompetenz. Da der DQR bereits im Beitrag von WEYLAND und GRUNAU angesprochen wurde, wird hier nicht weiter darauf eingegangen. In diesem Beitrag soll vor allem aufgezeigt werden, welches fachliche Wissen und welche manuellen Fertigkeiten, welche Softskills und welche kognitiven Fähigkeiten die Person, die bei Einsätzen in der Notfallrettung ohne Notarzt als medizinisch verantwortliche Kraft eingesetzt wird, benötigt. Dazu wird im Folgenden aus einer wissenschaftlichen Untersuchung referiert, die aus der Zeit vor dem Beginn der Arbeiten am DQR stammt. Zum einen deshalb, zum anderen aber, weil die Differenzierung in dieser wissenschaftlichen Untersuchung als besser geeignet als die des DQR erscheint, um das fachliche Wissen und die manuellen Fertigkeiten zu ermitteln sowie sich an die Softskills und die kognitiven Fähigkeiten heranzutasten, die für die berufliche Handlungskompetenz der medizinisch verantwortlichen Kraft notwendig sind, werden auch andere Begriffe gebraucht, als sie im DQR zur Anwendung kommen. Begriffe aus dem DQR in einem anderen Sinne zu gebrauchen, würde letztlich nur zu Konfusion führen. Dies hat nichts mit einer Ablehnung des DQR zu tun, aber um etwas Bestimmtes erkennen oder aufdecken zu können, hilft es manchmal, eine spezielle Position einzunehmen oder eine spezielle Herangehensweise bzw. Betrachtungsweise zu wählen.

»Qualifikation« und »Berufsqualifikation«

Die Begriffe »Qualifikation« und »Berufsqualifikation« sind in der berufspädagogischen Literatur nicht einheitlich definiert. Nachfolgend einige Definitionen aus der berufspädagogischen Literatur im hier gebrauchten Sinne:

▶ Qualifikation ist »ein Bündel von Kenntnissen, Fertigkeiten und Verhaltensweisen, das zur Lösung bestimmter Aufgaben befähigt«. (12)
▶ Qualifikation ist die »Gesamtheit der Fertigkeiten, Kenntnisse, Fähigkeiten und Einstellungen, über die eine Person verfügt, die für eine bestimmte Tätigkeit benötigt werden«. (13)
▶ Berufsqualifikation ist das »Leistungspotential zur Bewältigung bestimmter beruflicher Situationen«. (14)
▶ Berufsqualifikation ist die »berufliche Handlungsfähigkeit«. (15)

Nach dem Deutschen Qualifikationsrahmen bezeichnet »Qualifikation« das formale Ergebnis eines Beurteilungs- und Validierungsprozesses, bei dem eine dafür zuständige Institution festgestellt hat, dass die individuellen Lernergebnisse vorgegebenen Standards entsprechen (16). Inwieweit sich diese Definition im berufspädagogischen Sprachgebrauch generell durchsetzen wird, bleibt abzuwarten.

Im Anschluss an die Darlegung einer möglichen Betrachtungsweise, nämlich der Betrachtungsweise, die der bereits angesprochenen Studie zugrunde liegt, sowie der Darstellung der Anforderungen an Rettungsassistenten in der Berufspraxis und der dafür notwendigen Qualifikationen, wird abschließend auf eine weitere empirische Untersuchung eingegangen. Im Rahmen dieser zweiten Untersuchung, die auf einer repräsentativen Stichprobe fußt, wurden knapp 10.000 Notfallprotokolle ausgewertet. Auch diese Untersuchung zeigt, mit welchen Notfällen Rettungsassistenten konfrontiert werden und welche Maßnahmen sie durchführen müssen – sie soll das Bild abrunden.

2.5.1 Notwendige Qualifikationen: Eine mögliche Betrachtungsweise

Die Qualifikation, die für eine berufliche Tätigkeit – beispielsweise im Rettungsdienst – notwendig ist, lässt sich in »fachzentrierte bzw. berufszentrierte Elemente – sog. Fachqualifikationen« einerseits und in »überfachliche bzw. berufsübergreifende Elemente – sog. Schlüsselqualifikationen« andererseits unterteilen.

Für die Ermittlung der Fachqualifikationen, die für eine verantwortliche Tätigkeit in der Notfallrettung notwendig sind, erscheint es zweckmäßig, die Fachqualifikationen folgendermaßen aufzuschlüsseln:

1. fachliches Wissen als geistiges Vermögen sowie
2. fachliches Können als physiologisch-körperliches Vermögen.
   Diese Fachqualifikationen sind eng verwoben mit, haben als Voraussetzung und werden im Berufsalltag ergänzt durch:
3. allgemeines geistiges Vermögen,
4. mentale Elemente und
5. soziales Verhalten.

Die drei letztgenannten Qualifikationen charakterisieren schlaglichtartig die Komponenten der sog. Schlüsselqualifikationen, einen Überblick über die Schlüsselqualifikationen gibt Tabelle 1. Diese Gliederung und Bezeichnung der Schlüsselqualifikationen ist nur eine von vielen Möglichkeiten, sie wurde an dieser Stelle gewählt, da die Begriffe ohne weitere Erklärung für sich sprechen.

Fachliches Wissen beruht auf Kenntnissen der entsprechenden Fachmaterie und auf einem adäquaten Denkvermögen. Zu den Kenntnissen zählen »Grund- und Spezialkenntnisse der eigentlichen Fach- sowie der Nachbardisziplinen« (4). *»Beim Denkvermögen geht es vor allem um die Fähigkeit, Arbeitssituationen richtig zu analysieren, zu vernetzen und in effiziente Lösungen umsetzen zu können«* (5). Es geht also um »Analysefähigkeit, Kombinationsfähigkeit, Organisationsfähigkeit«. Ferner geht es um die Fähigkeit zur Übertragung von Wissen auf neue Verhältnisse als »Transformationsfähigkeit von Regeln und Normen auf unterschiedliche Situationen.«

Fachliches Können ist das Beherrschen manueller Verrichtungen und sensu-motorischer Fertigkeiten. Verrichtungen und Fertigkeiten sind »verfestigte und automatisierte Ausführungsweisen einer Tätigkeit« (6). Im Hinblick auf eine verantwortliche Tätigkeit im Rettungsdienst beispielsweise spielt das fachliche Können eine wichtige Rolle, es muss sich von der Handhabung einer Schaufeltrage über das Anpassen einer Schiene bis zur (schwierigen) Punktion von Rollvenen erstrecken.

Der Erwerb von Fachwissen ist ohne bestimmte Schlüsselqualifikationen, insbesondere ohne adäquates Denkvermögen oder ohne ausreichende Merkfähigkeit, nicht möglich. Für den Erwerb von Fachwissen sind bestimmte Schlüsselqualifikationen, und zwar auf einem Niveau, das dem Niveau und der Komplexität des Fachwissens entspricht, also unabdingbare Voraussetzung. Schlüsselqualifikationen können auch als Metawissen für die Aneignung und den Umgang mit Fachwissen bezeichnet werden. (7)

2.5.2 Ziel der beruflichen Bildung: Handlungskompetenz

Nach der heute in der Berufspädagogik herrschenden Auffassung muss das Ziel einer beruflichen Ausbildung berufliche Handlungskompetenz sein (8). Eine praxisgerechte Berufsqualifikation ist also vor allem im Sinne beruflicher Handlungskompetenz zu verstehen. Berufliche Handlungskompetenz kann definiert werden als Fähigkeit und Bereitschaft des Menschen, in beruflichen Situationen mit Hilfe seiner Fachqualifikationen und Schlüsselqualifikationen die anstehenden Aufgaben und Probleme selbst erkennen und (soweit sie zum Aufgabenspektrum gehören) auch selbstständig lösen zu können (9). Für eine verantwortliche Tätigkeit im Rettungsdienst ist berufliche Handlungskompetenz notwendig, um einerseits bestimmte Notfall- und Akutpatienten selbstständig versorgen und andererseits bei Notfall- und Akutpatienten bestimmte Maßnahmen in Delegation durch einen Arzt fachgerecht vornehmen zu können.

2.5.3 Untersuchung zur Ermittlung eines Anforderungs- und Qualifikationsprofils: Nadler, 2004

Zur Ermittlung der notwendigen fachlichen Qualifikationen sowie notwendiger Softskills und kognitiver Fähigkeiten, die die Personen besitzen sollten, die in der Notfallrettung

TAB. 1 ▶ Einteilung der Schlüsselqualifikationen nach GOLISCH

Methodenkompetenz	Sozialkompetenz	Individualkompetenz
Grundfähigkeiten - Kulturtechniken, mathematische, (fach-)sprachliche Kompetenz, berufs-/psychomotorische Fähigkeiten, manuelle Geschicklichkeit, Reaktions-/Koordinationsfähigkeit	*Mitmenschlichkeit -* soziale Sensibilität, Empathie, Einfühlungsvermögen, Fingerspitzengefühl, Beurteilungsfähigkeit, soziales Engagement, Hilfsbereitschaft, Solidarität	*Identitätsfindung -* persönliche Identität, Selbstverwirklichung, kreative Lebensbewältigung, Selbstsicherheit/-bewusstsein/-vertrauen, positives Denken, Optimismus, Ausgeglichenheit, Gelassenheit
Denkfähigkeiten - theoretisch, abstrahierend, methodisch, logisch, analytisch, dialektisch, kausal, kombinierend/synthetisch/vernetzend/ganzheitlich (in Zusammenhängen), strukturierend (Komplexe, Systeme, Prozesse), ökonomisch, kritisch	*Kommunikationsfähigkeit -* Kontaktfähigkeit/-freude, Kommunikationstechniken, Offenheit, Aufrichtigkeit, Ehrlichkeit, Objektivität, Gerechtigkeit, Fairness, Toleranz, Selbstbeherrschung, Rücksichtnahme	*Autonomie -* Selbstständigkeit/Selbststeuerung/ -bestimmung, Rollendistanzfähigkeit zum Rollenwechsel, Selbstkontrolle/-kritik, Erkennen eigener Grenzen/Schwächen
Informations-/ Informatikkompetenz - Beschaffung, Verarbeitung, Auswertung, Aufbereitung von Informationen	*Verhandlungsfähigkeit -* Argumentationsfähigkeit, Redegewandtheit/Eloquenz, Gesprächsführungstechniken, Verhandlungsgeschick	*Eigenaktivität -* Motivation, Initiative, Zielsetzung, Zielstrebigkeit, Fleiß
Problemlösungsfähigkeit/Problemorientierung - Probleme erkennen, analysieren, lösen (mit Alternativen, Vorschlägen, Realisierung)	*Kooperationsfähigkeit -* Interaktionsfähigkeit, Koordinationsfähigkeit, Fähigkeit zur Zusammenarbeit	*Flexibilität -* Wendigkeit, Anpassungsfähigkeit, Mobilität, Innovationsbereitschaft
Organisationsfähigkeit	*Team-/Integrationsfähigkeit -* Gruppenorientierung, gruppendynamisches Verhalten, Ein- und Unterordnungsbereitschaft, konstruktive Mitwirkungs-/Mitgestaltungs-/Mitbestimmungsfähigkeit/Partizipation	*Kreativität -* Phantasie, Gestaltungsfähigkeit
Entscheidungsfähigkeit - dezisionistisches Denken, Urteilsfähigkeit		*Einsatzbereitschaft -* Mut, Risikobereitschaft, Entscheidungsbereitschaft, Verantwortungsbewusstsein, Selbst-/Eigenverantwortung, Auseinandersetzungs-/Argumentations-/Kritikbereitschaft, Durchsetzungsvermögen, Tatkraft, Selbstbehauptung, Hartnäckigkeit, Überzeugungskraft
Transferfähigkeit	*Konfliktfähigkeit -* Konfliktbewältigung, Kompromissfähigkeit, Verbindlichkeit	
Reflexionsfähigkeit - Selbstreflexion, Bewertungs-, Kritik-, Revisionsfähigkeit	*Gemeinschaftsbewusstsein -* allgemeines gesellschaftspolitisches, ökonomisches, spezielles umweltorientiertes Denken und Handeln	*Leistungsorientierung -* Engagement/Identifizierung (Aufgabe/Unternehmen), Qualitätsbewusstsein, Gründlichkeit, Genauigkeit, Exaktheit, Sorgfalt, Ordnungssinn, Sauberkeit, Pflichtbewusstsein, Akzeptanz, Toleranz, Konzentrationsfähigkeit
Merkfähigkeit		
Selbstlernfähigkeit		*Lernbereitschaft*

Quelle: Golisch, S. 135

Die Komponenten der Handlungskompetenz für eine verantwortliche Tätigkeit im Rettungsdienst (Notfallrettung)

Methodenkompetenz

Sozialkompetenz

Individualkompetenz

Allgemeinbildung

Handlungs-kompetenz

Körperliche Fitness

Fachliche Kenntnisse

Fachliche Fertigkeiten

Berufsspezifische Realitätserfahrung, die z.T. durch Simulation ersetzt werden kann

ABB. 6 ▶ Handlungskompetenz (Quelle: Nadler, S. 169)

ohne Notarzt als medizinisch verantwortliche Kraft zum Einsatz kommen, wurde vom Verfasser im Herbst/Winter 2001/02 eine empirische Untersuchung durchgeführt. Diese Untersuchung orientierte sich an den Standards für Tätigkeitsanalysen, die in der Ausbildungsordnungsforschung gelten. Um ein Anforderungs- und Qualifikationsprofil ermitteln zu können, wurden in vier verschiedenen Rettungsdienstbereichen, zwei großstädtischen und zwei mittelstädtischen Rettungsdienstbereichen in Deutschland, jeweils 150 Rettungsdiensteinsätze untersucht. Im Folgenden werden wichtige Ergebnisse dieser Untersuchung, zum einen Anforderungen an Rettungsassistenten in der Berufspraxis und zum anderen die sich daraus ergebenden notwendigen Qualifikationen, dargelegt. Bezüglich der Methodik und des Designs der Untersuchung sowie weiterer Ergebnisse wird auf die Hauptveröffentlichung (10) verwiesen.

Fachliche Anforderungen

1. RettAss müssen zumindest partiell Notfall- und Akutpatienten selbstständig versorgen. Hier ist zu berücksichtigen, dass ein Teil der Einsätze von RettAss ohne Notarztbeteiligung durchgeführt werden muss und bei Einsätzen mit Notarztbeteiligung die RettAss vielfach die Zeit bis zum Eintreffen eines Notarztes mit medizinischen Maßnahmen überbrücken müssen.

2. Im Rahmen der Versorgung von Notfall- und Akutpatienten müssen RettAss diverse Techniken der Erstuntersuchung beherrschen und die Ergebnisse der Erstuntersuchung auch interpretieren können. Neben den Techniken der Basisuntersuchung sind dafür auch diverse Techniken der erweiterten notfallmedizinischen

Untersuchung notwendig. Bei etwa jedem vierten Einsatz ist die Auskultation der Lungen notwendig und bei etwa jedem zweiten bis dritten Einsatz eine orientierende neurologische Untersuchung. Bei fast jedem zweiten Einsatz ist die Ableitung und Interpretation eines EKG notwendig und bei mehr als der Hälfte der Einsätze die Messung der Sauerstoffsättigung mit einem Pulsoxymeter. Im Übrigen wird auf die Ergebnistabelle in der Hauptpublikation (vgl. dort Anhang zu E) verwiesen.

3. Zur Versorgung von Notfall- und Akutpatienten müssen RettAss diverse Maßnahmen der Erstversorgung von Notfall- und Akutpatienten beherrschen. Neben den Basismaßnahmen der Ersten Hilfe (z.B. Lagerung des Patienten oder Wundversorgung) sind dafür spezielle notfallmedizinische Maßnahmen und auch invasive notfallmedizinische Maßnahmen notwendig:

   3.1 Etwa bei jedem zwanzigsten Einsatz ist eine Extremitätenschienung notwendig und etwa bei jedem vierzigsten Einsatz eine Beutel-Masken-Beatmung.

   3.2 Bei etwa vier bis fünf von zehn Einsätzen – mit deutlichem Unterschied zwischen Großstadt und Mittelstadt – muss das Rettungsfachpersonal ohne Anwesenheit eines Arztes einen (peripheren) intravenösen Zugangs legen; primär, um für den Fall einer Zustandsverschlechterung vorzubeugen.

   3.3 Etwa bei jedem zehnten bis zwanzigsten Einsatz – mit deutlichem Unterschied zwischen Großstadt und Mittelstadt – muss das Rettungsfachpersonal ohne Anwesenheit eines Arztes (ein) Medikament(e) verabreichen.

   3.4 Bei etwa jedem fünfundsiebzigsten Einsatz ist es notwendig, dass das Rettungsfachpersonal ohne Anwesenheit eines Arztes die endotracheale Intubation durchführt.

   3.5 Etwa bei jedem fünfzigsten Einsatz muss das Rettungsfachpersonal ohne Anwesenheit eines Arztes die Defibrillation durchführen.

   3.6 Bei etwa jedem dreißigsten bis fünfundsiebzigsten Einsatz – mit deutlichem Unterschied zwischen Großstadt und Mittelstadt – muss das Rettungsfachpersonal ohne Anwesenheit eines Arztes eine Reposition durchführen.
   Darüber hinaus wird das Legen eines (peripheren) intravenösen Zugangs sowie die Applikation von Medikamenten regelmäßig vom anwesenden Notarzt auf das Rettungsfachpersonal delegiert.
   Außerdem wird gelegentlich auch von einem anderen Arzt vor Ort das Legen eines (peripheren) intravenösen Zugangs, die Durchführung einer endotrachealen Intubation sowie die Applikation von Medikamenten an das Rettungsfachpersonal delegiert. Gelegentlich wird durch einen behandelnden Arzt die Applikation von Medikamenten auch telefonisch delegiert.
   Im Übrigen wird auch bzgl. der Maßnahmen zur Erstversorgung von Notfall- und Akutpatienten auf die Ergebnistabelle in der Hauptpublikation (vgl. dort Anhang zu E) verwiesen.

4. Im Rahmen der Versorgung von Notfall- und Akutpatienten sind bei mehr als der Hälfte der Einsätze »allgemeinmedizinische Kenntnisse« von Vorteil.

5. Abgesehen von den rechtlichen Problemen, denen das Rettungsfachpersonal grundsätzlich bei den Einsätzen ausgesetzt sein kann, wird es bei etwa vier von zehn Einsätzen mit besonderen rechtlichen Problemen konfrontiert. Grundsätzlich wird das Rettungsfachpersonal bei den Einsätzen mit Straßenverkehrsrecht (insbesondere Sonder- und Wegerecht), rechtlichen Aspekten im Zusammenhang mit der körperlichen Untersuchung und Erstversorgung von kooperativen Notfallpatienten (Stichwörter: Körperverletzung, Arztvorbehalt und Schweigepflicht), der Garantenstellung, dem Hausrecht/Hausfriedensbruch, den sog. Jedermannsrechten, dem Arzneimittelrecht und dem Medizinprodukterecht, den arbeitsschutzrechtlichen Vorschriften sowie den landesrechtlichen Vorschriften zum Rettungsdienst konfrontiert. Darüber hinaus wird das Rettungsfachpersonal mit besonderen rechtlichen Problemen konfrontiert, insbesondere mit solchen des Strafrechts, des Polizeirechts und des Medizinrechts. Im Übrigen wird auch diesbezüglich auf die Ergebnistabelle in der Hauptpublikation (vgl. dort Anhang zu E) verwiesen.

6. Im Rahmen der Versorgung von Notfall- und Akutpatienten wird das Rettungsfachpersonal auch mit besonderen psychosozialen Anforderungen konfrontiert. Etwa bei jedem zweiten Einsatz hat es das Rettungsfachpersonal mit einem Patienten zu tun, der einer besonderen Patientengruppe (Kinder, alte Patienten (> 75 Jahre), geistig Behinderte, körperlich Behinderte, Pflegepatienten, sterbende Patienten, Suchterkrankung Alkohol, Suchterkrankung Drogen) zuzuordnen ist. Bei etwa jedem dritten Einsatz handelt es sich um einen alten Patienten, bei etwa jedem zehnten Einsatz um einen Pflegepatienten. Etwa jeder zwölfte Patient ist alkoholabhängig und etwa jeder dreißigste ist drogenabhängig. Geistig Behinderte, körperlich Behinderte und sterbende Patienten sind eher selten. Bei etwa jedem fünfundzwanzigsten Einsatz ist der Patient ein Kind. Mit Patienten, die einem anderen Kulturkreis zuzuordnen sind (andere als sog. westliche Lebensart), wird das Rettungsfachpersonal etwa bei jedem zehnten Einsatz konfrontiert. Etwa eben so häufig sind Patienten, die einer gesellschaftlichen Randgruppe zuzuordnen sind, insbesondere Obdachlose und unterhalb der Armutsgrenze lebende Menschen. Besonderer seelischer Beistand muss dagegen nur selten geleistet werden.

7. Fachübergreifendes Wissen für die Zusammenarbeit mit anderen Behörden und Organisationen mit Sicherheitsaufgaben ist in Großstädten bei etwa jedem dritten bis vierten Einsatz und in Mittelstädten bei etwa jedem fünften bis sechsten Einsatz von Vorteil. In Großstädten ist etwa bei jedem vierten Einsatz fachübergreifendes Wissen für die Zusammenarbeit mit der Polizei relevant, in Mittelstädten etwa bei jedem sechsten Einsatz. Fachübergreifendes Wissen für die Zusammenarbeit mit der Feuerwehr ist wesentlich seltener relevant. Im Übrigen wird auch diesbezüglich auf die Ergebnistabelle in der Hauptpublikation (vgl. dort Anhang zu E) verwiesen.

8. Fachübergreifendes Wissen für die Zusammenarbeit mit Pflege- und Sozialdiensten ist in Großstädten bei etwa jedem fünften Einsatz und in Mittelstädten bei etwa jedem achten Einsatz von Vorteil. Am häufigsten kommt das Rettungsfachpersonal mit Altenheimen, mobilen Pflegediensten und betreuten Wohnhei-

men bzw. deren Personal in Kontakt. Im Übrigen wird auch diesbezüglich auf die Ergebnistabelle in der Hauptpublikation (vgl. dort Anhang zu E) verwiesen.

9. Fachübergreifendes Wissen für die Zusammenarbeit mit niedergelassenen Ärzten und deren Assistenzpersonal ist bei etwa jedem vierten bis fünften Einsatz von Vorteil.

10. Im Zusammenhang mit der Versorgung von Notfall- und Akutpatienten (Erstuntersuchung, Erstversorgung sowie weitere Abstimmung) ist häufig fremdsprachliche Kompetenz des Rettungsfachpersonals in einer EU-Fremdsprache notwendig. Ganz überwiegend ist eine Verständigung in Englisch möglich, in einzelnen Fällen ist eine Verständigung nur in Französisch, Italienisch und/oder Spanisch möglich. Im Übrigen wird auch diesbezüglich auf die Ergebnistabelle in der Hauptpublikation (vgl. dort Anhang zu E) verwiesen.

Anmerkung: Mit »Einsatz« ist eine Alarmierung zu Notfall- und Akutpatienten gemeint.

Kognitive Anforderungen

Zur Versorgung von Notfall- und Akutpatienten sind fachliches Wissen und fachliches Können allein nicht ausreichend, vielmehr ist für den Umgang mit Fachwissen sogenanntes Metawissen notwendig. Bei diesem Metawissen handelt es sich um die zentralen Aspekte der Methodenkompetenz, nämlich um kognitive Qualifikationen wie die Denkfähigkeit, die Problemlösungs- und Transferfähigkeit sowie die Merkfähigkeit.

Mit ausgeprägtem Metawissen wird eine höhere Form beruflicher Handlungsfähigkeit erreicht, die durch fachliches Wissen oder fachliches Können allein nicht zu erreichen ist. Erst mit ausgeprägtem Metawissen kann in komplexen und stets wechselnden Arbeitssituationen jeweils situationsgerecht und kompetent gehandelt werden. Anders ausgedrückt: Für berufliche Handlungskompetenz ist bei komplexen und stets wechselnden Arbeitssituationen kognitive Komplexität erforderlich.

Bei etwa sechs bis sieben von zehn Einsätzen im Rettungsdienst ist die *Erstdiagnostik »komplex«*, weil das Problem nicht offensichtlich ist, aus mehreren Leitsymptomen *darauf geschlossen* werden muss und dafür größeres Fachwissen notwendig ist (Niveau 2. Grades). Bei etwa zwei von zehn Einsätzen ist die *Erstdiagnostik »besonders komplex«*, weil das Problem nicht offensichtlich ist, aus mehreren Leitsymptomen *darauf geschlossen* werden muss sowie Differenzialdiagnosen in *besonderem Maße berücksichtigt* werden müssen bzw. es sich um einen maskierten Notfall handelt und für die Erstdiagnose besonderes Fachwissen notwendig ist (Niveau 3. Grades).

Bei etwa drei bis vier von zehn Einsätzen im Rettungsdienst ist die *Erstversorgung »anspruchsvoll«*, weil besondere Fertigkeiten und besonderes Wissen notwendig sind sowie Gefahren der Maßnahme und Kontraindikationen *berücksichtigt werden müssen* (Niveau 2. Grades). Bei etwa vier von zehn Einsätzen ist die *Erstversorgung »besonders anspruchsvoll«*, weil besondere Fertigkeiten und besonderes Wissen notwendig sind sowie *besondere* Gefahren der Maßnahme und Kontraindikationen *berücksichtigt werden müssen* (Niveau 3. Grades).

In diesem Zusammenhang ist zu berücksichtigen, dass nur an einem Teil der Einsätze im Rettungsdienst ein Arzt beteiligt ist; und wenn ein Arzt beteiligt ist, dann erreicht er überwiegend erst fünf oder mehr Minuten später als das (nicht-ärztliche) Rettungsfachpersonal den Notfall- oder Akutpatienten.

Hinsichtlich der sprachlichen Kompetenz ist Folgendes zu berücksichtigen: RettAss sollten komplexe Notfallsituationen bei der Patientenübergabe an den Arzt sowie im Rahmen der medizinischen Dokumentation differenziert und sprachlich prägnant umreißen können.

Körperliche Anforderungen

Das Rettungsfachpersonal benötigt aufgrund der tatsächlichen beruflichen Anforderungen die körperliche Leistungsfähigkeit, um zu Fuß und mit Notfallausrüstung schnell eine weitere Entfernung zurücklegen bzw. schnell mehr als eine Treppe steigen zu können, den Patienten an der Einsatzstelle heben zu können und den auf einer Tragevorrichtung liegenden oder sitzenden Patienten auch unter schwierigen Bedingungen (z.B. steile Treppen) zum Einsatzfahrzeug tragen zu können (vgl. dazu in der Hauptpublikation unter E.4.4). Gelegentlich befinden sich die Einsatzstellen im unwegsamen Gelände oder auch in schwindelerregender Höhe.

Notwendige fachliche Qualifikationen

Wie sich aus der Untersuchung ergibt, benötigt der Rettungsassistent aufgrund der tatsächlichen beruflichen Anforderungen die folgenden Fachqualifikationen:

1. Spezifisches notfallmedizinisches Wissen (Wissen über die Pathogenese, Symptomatik und präklinische Versorgung von Notfällen) sowie Wissen, das als Voraussetzung dafür anzusehen ist (z.B. Anatomie) bzw. das damit in unmittelbarem Zusammenhang steht (z.B. Pharmakologie).
2. Beherrschen diverser Techniken der Erstuntersuchung von Notfall- und Akutpatienten (fachliches Wissen und fachliches Können): Hierzu zählen neben Techniken der Basisuntersuchung auch Techniken der erweiterten notfallmedizinischen Untersuchung wie die Auskultation der Lungen, die EKG-Ableitung und -Interpretation sowie die orientierende neurologische Untersuchung.
3. Beherrschen diverser Maßnahmen der Erstversorgung von Notfall- und Akutpatienten (fachliches Wissen und fachliches Können): Hierzu zählen neben Basismaßnahmen der Ersten Hilfe (beispielsweise Lagerung des Patienten und Wundversorgung) und speziellen notfallmedizinischen Maßnahmen (beispielsweise Beutel-Masken-Beatmung und Extremitätenschienung) auch invasive notfallmedizinische Maßnahmen wie das Legen eines peripheren intravenösen Zugangs, die Injektion von Medikamenten über einen intravenösen Zugang und die endotracheale Intubation.
4. Allgemeinmedizinische Kenntnisse (Wissen): Diese Kenntnisse sind bei mehr als der Hälfte der Einsätze von Vorteil.

5. Kenntnisse des Rechts (Wissen): Abgesehen von den rechtlichen Problemen, mit denen es das Rettungsfachpersonal grundsätzlich bei den Einsätzen zu tun bekommen kann, wird es bei etwa vier von zehn Einsätzen mit besonderen rechtlichen Problemen, insbesondere solchen des Strafrechts und des Polizeirechts, konfrontiert. Vor allem zu (Teil-)Bereichen des Strafrechts und des Polizeirechts sowie des Medizinrechts ist breites und differenziertes *Wissen* erforderlich, während insbesondere zum Betreuungsrecht, Schadenersatzrecht, Sozialrecht und Straßenverkehrsrecht *Wissen* über Details ausreichend ist.

6. Kenntnisse aus Psychologie und Soziologie (Wissen): Vor allem im Hinblick auf Kommunikation und Interaktion mit besonderen Patientengruppen wie Kindern, alten Patienten (> 75 Jahre), Pflegepatienten, alkoholabhängigen und drogenabhängigen Patienten sowie mit Patienten, die einem anderen Kulturkreis zuzuordnen sind, sind diese Kenntnisse notwendig.

7. Fachübergreifendes Wissen für die Zusammenarbeit mit anderen Behörden und Organisationen mit Sicherheitsaufgaben (Wissen).

8. Fachübergreifendes Wissen für die Zusammenarbeit mit Pflege- und Sozialdiensten (Wissen).

9. Fachübergreifendes Wissen für die Zusammenarbeit mit niedergelassenen Ärzten und deren Hilfspersonal (Wissen).

10. Fremdsprachliche Kompetenz (Wissen und Können); insbesondere hinsichtlich der EU-Fremdsprache »Englisch«.

Notwendige Schlüsselqualifikationen

Bei Reflexion von Aufgabenstellung und Tätigkeitsspektrum des Rettungsfachpersonals, insbesondere des Rettungsassistenten, auf der Basis der Befunde der Untersuchung sind für die berufliche Tätigkeit bzw. die adäquate Erfüllung der beruflichen Aufgaben vor allem die folgenden Schlüsselqualifikationen – und zwar auf einem höheren Niveau bzw. in einer stärkeren Ausprägung – notwendig:

Aus dem Bereich der Methodenkompetenz:

Grundfähigkeiten: Insbesondere sprachliche Kompetenz in Wort und Schrift, um Sachverhalte differenziert, kurz und prägnant ausdrücken sowie problemlos und schnell erfassen zu können) sowie Reaktions- und Koordinationsfähigkeit, um im Einsatzgeschehen adäquat reagieren und vernünftig koordinieren zu können.

Denkfähigkeiten: Insbesondere theoretisches, abstrahierendes, methodisches, logisches, analytisches, dialektisches, kausales, kombinierendes/synthetisches/ganzheitliches, strukturierendes und kritisches Denken, das sowohl für den Lernprozess in der Ausbildung als auch für den Arbeitsprozess in der Berufspraxis notwendig ist.

Problemlösungsfähigkeit: Um dem Einsatzgeschehen immanente Probleme aus verschiedenen Fachdisziplinen erkennen, analysieren und lösen zu können.

Organisationsfähigkeit: Um einen strukturierten Einsatzablauf gewährleisten zu können.

Entscheidungsfähigkeit: Um die notwendigen Entscheidungen in adäquater Zeit treffen zu können.

Reflexionsfähigkeit: Um insbesondere durch Selbstreflexion die eigenen Grenzen erkennen und durch Revisionsfähigkeit künftig Fehler vermeiden zu können.

Aus dem Bereich der Sozialkompetenz:
- ▶ Team-/Integrationsfähigkeit
- ▶ Kooperationsfähigkeit
- ▶ Kommunikationsfähigkeit
- ▶ Verhandlungsfähigkeit
- ▶ Mitmenschlichkeit.

Aus dem Bereich der Individualkompetenz:
- ▶ Autonomie
- ▶ Flexibilität
- ▶ Einsatzbereitschaft
- ▶ Leistungsorientierung
- ▶ Lernbereitschaft.

Notwendige körperliche Leistungsfähigkeit
Wie sich aus der Untersuchung weiter ergibt, benötigt das Rettungsfachpersonal aufgrund der tatsächlichen beruflichen Anforderungen die körperliche Leistungsfähigkeit, um zu Fuß und mit Notfallausrüstung schnell eine weitere Entfernung zurücklegen bzw. schnell mehr als eine Treppe steigen zu können, den Patienten an der Einsatzstelle heben und den auf einer Tragevorrichtung liegenden oder sitzenden Patienten auch unter schwierigen Bedingungen (z.B. steile Treppen) zum Einsatzfahrzeug tragen zu können. Körperliche Fitness muss deshalb als persönliche Eignungsvoraussetzung betrachtet werden.

Zudem ist zu berücksichtigen: In der Bundesrepublik Deutschland ertrinkt im Jahresdurchschnitt etwa pro Tag ein Mensch in Binnengewässern. Um ein Vielfaches mehr Menschen dürften im Wasser in Not geraten und zu ertrinken drohen. Es ist nicht immer gewährleistet, dass vor dem Rettungsdienst bereits die Wasserrettung vor Ort ist. Deshalb sollte das Rettungsfachpersonal auch die Qualifikation zum Rettungsschwimmer erwerben.

2.5.4 Ergebnisse aus der Stichprobe im Rahmen des BASt-Projektes: Kill und Andrä-Welker, 2004

Die folgenden Daten wurden im Kontext des von der »Bundesanstalt für Straßenwesen« finanzierten Projektes »Referenzdatenbank Rettungsdienst Deutschland« gewonnen. Dazu wurden im Rahmen einer repräsentativen und bundesweiten Stichprobe 9.689 Rettungsdienst-Einsatzprotokolle berücksichtigt. Erfasst und ausgewertet wurden Protokolle aus dem Frühjahr und Sommer 2001. Aus den Protokollen geht unter anderem hervor, dass bei nicht-notärztlich versorgten Patienten in nennenswertem Umfang die Gabe von Infusionslösungen und auch von Medikamenten erfolgte. Rettungsassistenten und gegebenenfalls Rettungssanitäter waren offenbar aufgrund der Situationen dazu angehalten. Bezüglich der Methodik und des Forschungsdesigns der Untersuchung sowie weiterer Ergebnisse wird auf die Hauptveröffentlichung (11) verwiesen.

Zur Häufigkeit bestimmter Notfallsituationen

Besonders häufige Notfallsituationen, mit denen Rettungsassistenten in ihrer Berufspraxis konfrontiert werden, sind (Auflistung nach Häufigkeit):

- ▶ Herz-Kreislauf-Erkrankungen
- ▶ Erkrankungen des ZNS
- ▶ Extremitätenverletzungen
- ▶ Schädel-Hirn-Verletzungen
- ▶ Störungen der Atmung
- ▶ Vergiftungen.

Einsätze mit und ohne Notarztbeteiligung

Nennung der Häufigkeit bestimmter Störungen, Erkrankungen oder Verletzungen in Prozentangaben bei Notarzteinsätzen und Einsätzen ohne Notarztbeteiligung, wobei zu bedenken ist, dass auch bei Einsätzen mit Notarztbeteiligung die RettAss vielfach die Zeit bis zum Eintreffen eines Notarztes – mit medizinischen Maßnahmen – überbrücken müssen:

Bewusstseinsstörung (getrübtes Bewusstsein und Bewusstlosigkeit)	
Einsätze mit Notarztbeteiligung:	30%
Einsätze ohne Notarztbeteiligung:	16%
Störung der Atmung (Atemstörung einschließlich Atemstillstand)	
Einsätze mit Notarztbeteiligung:	27%
Einsätze ohne Notarztbeteiligung:	12%
Schädel-Hirn-Trauma (mittelschwere [9-12 GCS] und schwere [3-8 GCS] SHT)	
Einsätze mit Notarztbeteiligung:	22%
Einsätze ohne Notarztbeteiligung:	4%

Zur Häufigkeit von Notarzteinsätzen bei akutem Koronarsyndrom

Häufigkeit von Notarzteinsätzen und Einsätzen ohne Notarztbeteiligung bei akutem Koronarsyndrom (Herzinfarkt und Angina pectoris), wobei zu bedenken ist, dass auch bei Einsätzen mit Notarztbeteiligung die RettAss vielfach die Zeit bis zum Eintreffen eines Notarztes – mit medizinischen Maßnahmen – überbrücken müssen:

Einsätze mit Notarztbeteiligung:	93%
Einsätze ohne Notarztbeteiligung:	7%

Die Gründe dafür, dass von Rettungsassistenten auch ohne Beteiligung eines Notarztes solche Notfallpatienten versorgt werden, die nach den Notarzt-Indikationskatalogen unter Beteiligung eines Notarztes versorgt werden sollten, sind vielfältig. Die häufigsten Gründe dürften sein:

▶ In vertretbarer Zeit kann kein Notarzt vor Ort sein.
▶ Es ist ein Arzt (z.B. Hausarzt) vor Ort, der eine andere Entscheidung trifft.
▶ Das Krankenhaus ist relativ nahe, die Anfahrt des Notarztes ist relativ weit.

Maßnahmen, die von Rettungsfachpersonal durchgeführt wurden

Bei etwa jedem zweiten Notfalleinsatz musste von nicht-ärztlichem Rettungsfachpersonal »EKG-Monitoring« durchgeführt werden; etwa ebenso häufig kam die »Pulsoxymetrie« zur Anwendung.

Bei etwa jedem fünften Notfalleinsatz wurde vom nicht-ärztlichen Rettungsfachpersonal, in der Regel dürfte es sich um Rettungsassistenten gehandelt haben, ohne Anwesenheit eines Notarztes ein peripher-venöser Zugang gelegt, ebenso wurde bei etwa jedem fünften Einsatz ohne Anwesenheit eines Notarztes ein Medikament verabreicht.

Anmerkungen/Literatur:

1. Gemeint sind die Personen, die bei Einsätzen in der Notfallrettung ohne Notarzt eingesetzt werden. Gegenwärtig sind das Rettungsassistenten, künftig können das Notfallsanitäter sein (BT-Drs. 17/11689).
2. Kuhnke R, Enke K (2010) Lernfeldorientierte Rettungsdienstausbildung: Ein Weg zu mehr Handlungskompetenz. Rettungsdienst 33, S. 32 ff.
3. Nadler G (2008) Aspekte und Gedanken zur Neuordnung der RettSan-Ausbildung. Rettungsdienst-Jounal, Heft 2, S. 6 ff.
4. Kloas P-W, Neumann K-H (1991) Tätigkeitsmerkmale und berufliche Qualifizierung nach Abschluß der Ausbildung, Hrsg: Bundesinstitut für Berufsbildung (Berlin), Berichte zur beruflichen Bildung, Heft 119, S. 26
5. Golisch B (1997) Ausbildungsordnungen als berufspädagogisches Konstrukt: Entwicklungen, Bedingungen, Gestaltungen, Verlag Peter Lang, Frankfurt am Main u.a., S. 126 mwN
6. Boehm U, Mende M, Riecker P (1976) Qualifikationsstruktur und berufliche Curricula, Hrsg: Bundesinstitut für Berufsbildungsforschung (Berlin), Schriften zur Berufsbildungsforschung, Band 20, S. 102
7. vgl. Nadler G (2004) Berufspädagogische und juristische Aspekte zur beruflichen Bildung und Tätigkeit von Rettungsassistent und Rettungssanitäter, Verlag Peter Lang, Frankfurt am Main u.a., S. 160 ff. mwN
8. Wie ein Blick in die berufspädagogische Literatur (z.B. Laur-Ernst U, Entwicklung beruflicher Handlungsfähigkeit, 1984, S. 81 ff.; Bunk G/Zedler R, Neue Methoden und Konzepte beruflicher Bildung, 1986, S. 7; Schelten A, Einführung in die Berufspädagogik, 1994, S. 280 f.) zeigt, wird die Handlungskompetenz seit nunmehr drei Jahrzehnten als Ziel der beruflichen Bildung propagiert.
9. vgl. hierzu die Definitionen bei Lenzen A (1998) Erfolgsfaktor Schlüsselqualifikationen, S. 38 f.
10. Nadler G (2004) Berufspädagogische und juristische Aspekte zur beruflichen Bildung und Tätigkeit von Rettungsassistent und Rettungssanitäter, Verlag Peter Lang, Frankfurt am Main u.a.; zu den hier referierten Ergebnissen der Untersuchung vgl. insbes. Seiten 201–228
11. Kill C, Andrä-Welker M (2004) Referenzdatenbank Rettungsdienst Deutschland, BASt-Schriftenreihe, Heft M 163, Wirtschaftsverlag NW, Bergisch Gladbach und Bremerhaven, zu den hier referierten Ergebnissen aus der Untersuchung vgl. insbes. Seiten 45–52
12. Benner H (1983) Zum Thema: Qualifikation und Berufsausbildung. Zeitschrift für Wirtschaft und Berufserziehung, S. 202 ff.
13. Schmiel M, Sommer K-H (1985) Lehrbuch für Berufs- und Wirtschaftspädagogik, Ehrenwirth Verlag, München, S. 21
14. Reetz L (1989) Zum Konzept der Schlüsselqualifikationen in der Berufsbildung. Berufsbildung in Wissenschaft und Praxis, Heft 5, S. 4
15. BIBB – Bundesinstitut für Berufsbildung, Qualifikationen in der beruflichen Bildung (Diskussion im Hauptausschuss am 15./26.11.1987). Berufsbildung in Wissenschaft und Praxis, 1988, Heft 2, S. 56
16. vgl. hierzu im Glossar unter: http://www.deutscherqualifikationsrahmen.de (Zugriff: 31.5.2011)

2.6   Lernpsychologie

M. Bastigkeit

Denken, Lernen und Gedächtnis sind immer eng miteinander verbunden. Lernen ist jedoch nicht zwingend das bewusste Speichern von Informationen, etwa beim Lernen anatomischer Grundlagen. Wir lernen auch, ohne dass uns dies bewusst wird. Lernen kann neurobiologisch, anatomisch und chemisch betrachtet werden. Diese Betrachtungen ergänzen sich und unterstützen das Bild der Vorgänge, das über den Lernvorgang existiert. Für den Lehrenden sind fundierte Kenntnisse der Lernpsychologie unerlässlich. Nur wer weiß, wie man lernt, kann effizient lehren.

Das Wort »lernen« ist mit »lehren« und »List« verwandt und gehört zur Wortgruppe von »leisten«. Ursprünglich bedeutete dies »einer Spur nachgehen, nachspüren«. Außerdem finden sich für »lernen« gotische Sprachwurzeln: »lais« bedeutet »ich weiß« oder »ich habe nachgespürt«. Lernen ist also demnach ein Prozess, bei dem man einen Weg zurücklegt und dabei Wissen erlangt. Dieser Weg hat viele Abzweigungen: Didaktik, Methodik, Rhetorik, Medien u.v.m. Das Ziel kann auf vielen Wegen erreicht werden, es existieren Abkürzungen, aber auch Umwege. Der Lehrende ist ein Weg- oder auch Lernbegleiter. Er soll den Lernenden nicht einfach am Ziel abgeben, sondern den für ihn geeigneten Weg ausarbeiten. Genau wie ein Wanderer lieber das Vogelgezwitscher hört, ein anderer sich lieber die Natur anschaut oder ein Dritter den Duft der Blumen genießt, nimmt der Lernende die Umgebung mit unterschiedlichen Sinnen unterschiedlich stark war.

2.6.1 Anatomie des Lernens

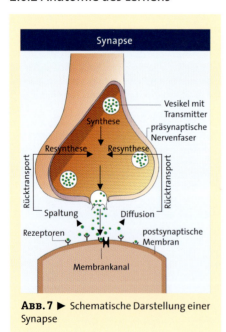

ABB. 7 ▶ Schematische Darstellung einer Synapse

Das Gehirn eines erwachsenen Menschen wiegt etwa 1.500 g, besteht aus 100 Milliarden Neuronen und 500 Billionen Synapsen. Die Weiterleitung der Informationen in den Nervenbahnen erfolgt rasend schnell.

Das Gehirn ist anatomisch und funktionell in zwei Hälften aufgeteilt. Diese Hemisphären (Halbkugeln) sind durch eine Brücke (Pons) miteinander verbunden und können so miteinander kommunizieren.

Nur wenn beim Lernen beide Hirnhälften angesprochen werden, erreicht man einen optimalen Erfolg. Der Satz »Ein Bild sagt mehr als tausend Worte« ist bekannt. Bilder sind aber nicht nur aussagefähiger, an sie kann man sich auch viel dauerhafter und intensiver erinnern. Wenn ich ein Bild mit einer Information verknüpfe, bleibt dieses gelernte Wissen lange erhalten. Wie kann der Lehrende beide Hirnhälften erreichen, quasi über die Brücke (Pons) des Behaltens gehen? Es muss ihm gelingen, bildhaft zu sprechen und visuelle Reize zu setzen.

Das Gehirn ist kein statisches Organ, nach heutiger Kenntnis ist es ein plastisches Gebilde, das ständigen Umbauprozessen unterworfen ist. Die neuronalen Verschaltungsmuster ändern sich, die Erregungsmuster passen sich an.

2.6.2 Chemie des Lernens

Lernen ist (auch) ein biochemischer Prozess, der mit einem Umbau der neuronalen Struktur verbunden ist. Wenn Sie lehren, verändern Sie die Biochemie und die sog. Plastizität des Gehirns des Lernenden. Wenn Sie diesen Text lesen und versuchen ihn zu behalten, verändert sich Ihr Gehirn. Damit unterscheiden Sie sich als Primat nicht von Nacktschnecken oder Bienen. Damit Ihr Gehirn Informationen speichern und Sie diese dann wiedergeben können, sind bestimmte Botenstoffe notwendig. Es existieren den Lernprozess hemmende und fördernde Neurotransmitter.

Jedoch ist nicht nur die Art, sondern vor allem die Menge ausschlaggebend.

Linke Hirnhälfte:

- Lineare Detailwahrnehmung, Schritt für Schritt

- „Verbale" Sprache zur Informationsvermittlung

- Zeitliche Orientierung

- Analytisches Denken, im Detail

- Logische Fähigkeiten mit analoger Informationsverarbeitung

- Vitale Zentren

- Emotionale Reaktion

- Eigenes Selbstbildnis mit Ich-Bezogenheit

Rechte Hirnhälfte:

- Denken in Synthese, durch Überblick

- „Bildhafte" Sprache zur Informationsvermittlung

- Räumliche Orientierung bei fehlendem Zeitbezug

- Bildhaftes Denken und Erinnern und ganzheitliche Verarbeitung

- Künstlerische Fähigkeit und Kreativität mit digitaler Informationsverarbeitung

- Rhythmusgefühl und Körperbewusstsein

- Emotionsfreie Reaktion

- Soziales Gruppenverständnis und Unparteilichkeit

ABB. 8 ▶ Die Aufgaben der Hemisphären

Dopamin

Dopamin hat Einfluss auf fast alle psychischen Funktionen wie Bewegungssteuerung, Motivation, Emotion, Lernen und Gedächtnis. Dopamin wirkt motivationsfördernd und verstärkt den Willen, Ziele zu erreichen. Es greift u.a. auch im Belohnungssystem an.

Serotonin

Serotonin greift wie Dopamin im Belohnungssystem an. Es vermittelt ein Glücksgefühl. Ein Serotoninmangel kann u.a. Depressionen auslösen. Im Belohnungssystem spielen auch die körpereigenen Opiate, die sog. Endorphine, eine Rolle.

Noradrenalin und Adrenalin

Diese beiden Katecholamine steigern die geistige und körperliche Aktivität sowie die Motivation. Ein Überschuss kann zu Lern- und Reproduktionsblockaden führen.

Glutamat

Diesen Transmitter kennen wir auch als Geschmacksverstärker. Zu wenig Glutamat hemmt die kognitive Leistungsfähigkeit, zu viel auch! Patienten mit Demenz und Alzheimer leiden unter einem zu geringen Anteil an Glutamat an den Synapsen. Angebotene Glutaminsäure in Form von Tabletten ist jedoch nutzlos, da sie die Blut-Hirn-Schranke nicht überwindet.

GABA

Die Gamma-Aminobuttersäure wirkt angstlösend und in großen Mengen sedierend. Auch im Hippocampus, dem Bereich, der für die Gedächtnisbildung maßgeblich ist, befinden sich viele GABAerge Synapsen. Benzodiazepine greifen hier ebenfalls an.

Acetylcholin

Acetylcholin (ACh) ist einer der am weitesten verzweigten Neurotransmitter. Es vermittelt die Erregungsleitung zwischen Nerv und Muskel an der neuromuskulären Endplatte, bewirkt die Übertragung von der ersten auf die zweite der beiden hintereinander geschalteten Nervenzellen im vegetativen Nervensystem und ist für die Gedächtnisleistung unentbehrlich. Ein Zuviel an parasympathischer Aktivität ist jedoch auch nicht sinnvoll. In der Ruhephase des Menschen und nach einem ausgiebigen Essen wird ACh freigesetzt. Dass dann auch ein motivierter Lernender nicht optimal lernfähig ist, ist bekannt. Im Belohnungssystem spielen auch die körpereigenen Opiate, die sog. Endorphine, eine Rolle.

Wie können Sie diese biochemischen Erkenntnisse als Lehrender nutzen? Lob setzt beim Lernenden Endorphine frei und fördert massiv die Lernbereitschaft und den Lernerfolg. Langfristiger Erfolg führt auch zur Freisetzung von Serotonin und Dopamin. Jetzt müssen Sie nur noch an der Adrenalinschraube drehen. Stress setzt Adrenalin frei, aber zu viel! Die Menge, die notwendig ist, erzeugen Sie durch Neugier! Verpacken Sie den Lernstoff mal anders, erzeugen Sie einen Spannungsbogen. Vermeiden Sie hingegen zu viel Unbekanntes. Unbekanntes macht Angst – Angst setzt (zu viel) Adrenalin frei und zu viel Adrenalin hemmt den Lernerfolg. Für die Praxis bedeutet dies:

▶ Geben Sie zu Beginn einer Lerneinheit oder einer Einweisung einen Überblick, *was* gelernt werden soll. Vermitteln Sie dem Lernenden sein Lernziel. Nur wer sein Ziel kennt, kann es erreichen.

▶ Vermitteln Sie ihm ganz klar seinen Nutzen aus dem Lernprozess: »Am Ende dieser Fortbildung werden Sie den Umgang mit den Notkompetenz-Medikamenten sicher beherrschen.«

▶ Erzeugen Sie Bilder im Kopf des Lernenden. An die kann er sich viel, viel besser erinnern als an Wörter. Gerade bei Statistiken ist dies wichtig. »Jedes Jahr sterben 200.000 Menschen an einem Herzinfarkt.« Das ist viel zu abstrakt. Besser: »Jedes Jahr sterben so viele Menschen an einem Herzinfarkt, wie Lübeck Einwohner hat.«

Mit Hilfe von »Eselsbrücken«, Parabeln, Reimen oder anderen Methoden kann der Lernstoff rascher ins Langzeitgedächtnis eindringen. Beispielsweise können auch Akronyme helfen. Das MONA-Schema beim Herzinfarkt ist so ein Akronym. Morphin, O_2, Nitrate und ASS. Beim Unterricht an einer Rettungsdienstschule stieß ein Schüler das Wort LACHMON aus. Er zog sich damit das Gelächter seiner Kollegen, aber das Lob des Dozenten zu (übrigens der Autor dieses Kapitels). Ein neues Schema war geboren: Lyse – ASS – Clopidogrel – Heparin – Morphin – O_2 – Nitrate. Stolz stellte der Dozent dieses Schema einem anderen Kurs vor. Hier gab es wenig Zustimmung, weil es das Wort ja gar nicht gibt. Der Aufforderung »Macht´s doch besser« wurde mit dem Akronym NOCHMAL nachgekommen. Eingängig, genial, logisch, ein neues Akronym ist geboren, um das unvollständige MONA abzulösen. Lernen ist also ein langer Weg und das Bessere ist der Feind des Guten.

2.6.3 Neuronale Plastizität des Lernens

Im weiteren Lernprozess kann es zu einem Wachstum von Neuronen kommen, dies dauert Tage bis Wochen. Veränderungen im Gehirn lassen sich beim Menschen in kurzer Zeit nachweisen: Alvaro Pascual-Leone ließ einige Versuchspersonen (Nichtmusiker) fünf Tage lang zwei Stunden Fünffingerübungen am Klavier durchführen. Bereits nach fünf Tagen war die Region für Fingerbewegungen größer und aktiver als die von Vergleichspersonen. Diese neuronalen Veränderungen sind nur dann von Dauer, wenn der Lernprozess ständig wiederholt wird. Wenn ein Praktikant am Donnerstag noch blind intubieren kann, kann er es am Montag schon verlernt haben. Ziel muss es sein, den Übergang von kontrollierter zu automatisierter Informationsverarbeitung zu fördern. Dies gilt sowohl für motorische Aufgaben wie das Aufziehen einer Spritze als auch für kognitive Prozesse wie den Erwerb einer Sprache.

2.6.4 Gedächtnisstufen

Die Lerninformationen müssen verschiedene Hürden und Filter passieren, wenn sie auf die »zerebrale Festplatte« kommen wollen:

▶ das Ultrakurzzeitgedächtnis
▶ das Kurzzeitgedächtnis

▶ das Langzeitgedächtnis.

Eine Information muss zunächst das Ultrakurzzeitgedächtnis passieren. Wird sie als wichtig erachtet, gelangt sie zur nächsten Stufe, zum Kurzzeitgedächtnis. Wenn wir diese Information intensiv wiederholen oder sie einen besonders starken Reiz darstellt (Trauma/Verletzung), dann setzt sie sich im Langzeitgedächtnis fest.

Das *Ultrakurzzeitgedächtnis* (UKZG) speichert Informationen nur ca. 20 Sekunden. Nehmen wir einen Sinneseindruck wahr, ruft dieser Schwingungen hervor, die kurze Zeit später wieder verblassen und den Eindruck löschen. Man kann dies mit einem Stein vergleichen, der in einen See geworfen wird: Er schlägt Wellen, die wenig später verebben, als wären sie nie dagewesen.

Das *Kurzzeitgedächtnis* (KZG) ist in der Lage, Informationen für etwa 30 Minuten zu speichern. Das KZG hat eine Kapazität von etwa sieben Objekten. Dabei ist es nicht entscheidend, ob es sich um Bilder, Buchstaben oder Zahlen handelt. 5 8 9 0 4 6 3: Das sind sieben Informationseinheiten. 58 90 46 32 45 88 12. Auch dies sind sieben Einheiten. Die Bündel werden als *Chunks* bezeichnet. Auch von ihnen kann man sich 7 +/- 2 merken.

Wenn ein Anfänger lernt, Klavier zu spielen, sieht er lauter einzelne Tasten vor sich, die er Schritt für Schritt zu Akkorden oder Melodiebögen zusammenzubauen lernt. Jeder einzelne Ton besetzt erst einmal einen Chunk. Mit der Zeit wird aus mehreren zusammengehörigen angeschlagenen Tönen *eine* Akkord- oder Tonfolgeneinheit, die er als *einen* Chunk abspeichert und, ohne über die Einzelbestandteile nachzudenken, wieder abrufen kann.

Im *Langzeitgedächtnis* (LZG) werden Lerninhalte in Form von Verbindungen zwischen Neuronen als veränderte Hirnstruktur gespeichert. Es handelt sich dabei sozusagen um die HD, die Hirn-Disk. Jeder Lernvorgang wirkt quasi wie ein Stempel, der den Eiweißmolekülen der Gedächtnisspeicher seine Prägung einstanzt – dauerhaft und nahezu nicht löschbar.

Dieser Megaspeicher hat eine unbegrenzte Speicherdauer und eine fast unbegrenzte Kapazität. Der Vergleich mit der Festplatte eines Computers hinkt hier also. Dem Langzeitgedächtnis geht nichts verloren, ein »festes« Molekül beinhaltet die Information; es kann aber verschüttet und durch andere, »wichtigere« Informationen überlagert werden. Sie ist noch da, wir finden sie nur nicht. Jeder kennt wohl das Gefühl, wenn man einen Gedanken »auf der Zunge hat«, ihn nur nicht aussprechen kann. In diesem Moment »kramt« unser Gedächtnis in den Schubladen der Erinnerung. Die Information ist in einer Schublade zu finden. Je länger und intensiver wir versuchen, die Erinnerung an die Oberfläche zu holen, desto mehr Schubladen wühlen wir durch. Meist fällt uns die gesuchte Information dann ein, wenn wir sie gar nicht mehr brauchen. Es kommt quasi zu einer »kreisenden Erregung«. Wir reißen immer die gleichen Schubladen auf, ohne richtig zu suchen, das bezeichnet man als Lern- oder besser Reproduktionsblockade bzw. schlicht als »Blackout«. Das bei dem intensiven Denkvorgang ausgeschüttete Adrenalin hemmt den Vorgang des Lernens und des Wiedergebens.

Wir können uns relativ viel innerhalb kurzer Zeit für einige Stunden oder Tage merken, aber nur wenig, was wir das ganze Leben lang behalten. Der Grund hierfür ist, dass die Umsetzung von Informationen in Hirnstrukturen ein komplexer, biochemischer Prozess ist, der mehrere Wochen dauert. In dieser Zeit werden die Informationen auf andere, noch flüchtige Weise zwischengespeichert.

Das Langzeitgedächtnis lässt sich in vier Speichersysteme unterteilen.

Episodisches oder autobiografisches Gedächtnis:

Hier werden alle persönlichen Erlebnisse gespeichert und chronologisch geordnet. Besonders die Ereignisse, die mit starken Emotionen verbunden sind, bleiben fest verankert. Die eigene Hochzeit oder Attentate wie das am 11. September 2001 gehören beispielsweise zu derartigen Fakten.

Deklaratives Gedächtnis:

Dieser Teil ist in der Hirnrinde lokalisiert, enthält das allgemeine und eher gefühlsneutrale Welt- und Faktenwissen. Dazu gehören Vokabeln, Verkehrsregeln, Geschichtskenntnisse oder Telefonnummern. Es wird auch explizites Gedächtnis genannt, weil man explizit, d.h. in Details, darüber reden kann.

Prozedurales Gedächtnis:

Dieses Gedächtnis wird auch implizites Gedächtnis genannt, weil man es nicht explizit beschreiben kann und weil es sich dem Detailbewusstsein entzieht.

Dieser Speicher ist dem Kleinhirn und den Basalganglien zugeordnet. Hier sind die Muster von Handlungs- oder Bewegungsabläufen, die oft mühsam erlernt wurden, später aber automatisch abgespult werden können, lokalisiert – beispielsweise Radfahren oder Skilaufen, Schwimmen, Tanzen und Klavierspielen. Fahrradfahren verlernt man nicht, weil diese Fertigkeit im prozeduralen Teil dauerhaft gespeichert wird. Selbst bei einer totalen Amnesie können Patienten häufig Fertigkeiten reproduzieren.

Priming:

In diesem Gedächtnissystem werden Sinneseindrücke (Farben, Formen, Gerüche) gespeichert und bei der Begegnung mit ähnlichen Reizen mehr oder minder deutliche Erinnerungen freigesetzt. Das Priming ist in den sensorischen Feldern der Hirnrinde lokalisiert und ermöglicht das Wiedererkennen schon einmal erlebter Situationen.

Die vier Gedächtnissysteme bilden keine strikt voneinander getrennten Erinnerungsräume, sie wirken vielmehr auf höchst komplexe Weise zusammen.

So werden beispielsweise beim Vorgang des Sprechens die Kehlkopfmuskeln vom prozeduralen Gedächtnis koordiniert, während das Wissenssystem Vokabeln, medizinische Fakten, Grammatikregeln und Sachkenntnisse beisteuert. Kommunizieren wir über persönliche Dinge, liefert das autobiografische Gedächtnis Gesprächsstoff, wobei das Priming für emotionale Untertöne zuständig ist. Jedes Gedächtnissystem, so zeigte sich, verfügt über spezielle Hirnstrukturen, die für das Einspeichern oder Abrufen von Informationen zuständig sind.

2.6.5 Arten des Lernens

Es gibt unterschiedliche Möglichkeiten, die Arten des Lernens einzuteilen.

Klassische Konditionierung

Der Verhaltensforscher und Pharmakologe Ivan Petrowitsch Pawlow prägte diesen Begriff. Sein Hund ist weltberühmt geworden. In einem Versuch läutete der Forscher jedes Mal dann eine Glocke, wenn das Tier etwas zu fressen bekam. Essen, auch der Gedanke daran, regt die Bildung von Magensaft an. Dies hat der Verhaltensforscher quantitativ bestimmt. Läutete Pawlow nur die Glocke, ohne dass der Hund Essen vorgesetzt bekam, reichte bereits dieser Reiz aus, die Magensäfte anzuregen. Der Reiz »Glocke« wurde mit »Essen« und somit mit »Magensaftproduktion« verknüpft. Der Hund wurde auf diesen Reiz konditioniert. Zweck der Konditionierung ist es, frühzeitig Vorbereitungen für den zweiten Reiz treffen zu können. Eine Asystolie löst bei jedem Rettungsdienstmitarbeiter einen massiven Adrenalinstoß aus. Lediglich der warnende Piepton des Defibrillators vermag das Gleiche zu leisten.

Die klassische Konditionierung wird auch als Signallernen oder als Reflexlernen bezeichnet:

- ▶ Das Geräusch des Zahnarztbohrers, das bereits angstauslösend wirkt.
- ▶ Die Steigerung der Lernbereitschaft, wenn immer dieselbe Lernumgebung gewählt wird.

Operante Konditionierung

Was für Pawlow der Hund, war für den Psychologen Burrhus Frederic Skinner die Maus. Der Forscher hat Mäuse in ein Labyrinth gesetzt. Wenn sich am anderen Ende eine Zuckerlösung befand, durchquerten sie es schneller und häufiger. Er prägte den Begriff der operanten Konditionierung. Wenn Sie einen Praktikanten oder Schüler für eine gut ausgeführte Aufgabe loben, wird er sich bemühen, auch weiter gute Arbeitsergebnisse zu liefern. Wenn Sie sein »Belohnungssystem« aktivieren, werden als Botenstoffe Endorphine und Serotonin ausgeschüttet. Der Gelobte fühlt sich gut! Ein »Lob-Junkie« wäre der ideale Lernpartner. Wichtig: Lob muss unbedingt ehrlich gemeint sein und will dosiert eingesetzt werden.

Operantes Konditionieren wird auch als Verstärkungslernen bezeichnet. Ein Reiz verstärkt bereits vorhandene Lerninhalte.

Lernen durch Einsicht

Unter Lernen durch Einsicht versteht man, ein Problem zu lösen, indem dieses in bekannte Teile umgewandelt wird. Wissen Sie, wie groß ein Papier der Größe DIN A 7 ist? Wenn nicht, können Sie es ableiten. DIN A 5 kennen Sie, ein erneutes Falten des Blattes und Sie haben daraus ein DIN A 6 gemacht, eine Postkartengröße. Wenn Sie dieses Wissensorigami weiterführen, kommen Sie zu DIN A 7.

Lernen am Modell

Lernen am Modell ist nicht das Lernen an einem HLW-Phantom oder einem anatomischen Modell. Lernen am Modell setzt voraus, dass Lernende den Lehrenden als Vorbild akzeptieren und ihn (auch unbewusst) imitieren. Besonders Sprache, Gesten, Essverhalten und viele andere Dinge werden von den Menschen, die uns umgeben, »kopiert«. Modelllernen ist die von Albert Bandura eingeführte Bezeichnung für einen kognitiven Lernprozess, der vorliegt, wenn ein Individuum als Folge der Beobachtung des Verhaltens anderer sich neue Verhaltensweisen aneignet.

Lernen durch Versuch und Irrtum

Hund, Maus und (Sie haben es geahnt) die Katze. Auch der Haustiger diente als Lernmodell. 1898 begann *Edward Thorndike* mit Katzen zu experimentieren. Er versuchte herauszufinden, wie sich Verhaltenskonsequenzen auf das Verhalten selbst auswirken. Der Forscher sperrte eine hungrige Katze in einen »Problemkasten«. In diesem Käfig befanden sich viele Hebel, aber nur ein bestimmter Hebel öffnete den Käfig. Der Anreiz wurde gesteigert, da vor dem Käfig Futter positioniert war.

Anfangs versuchte die Katze, sich mit Versuch und Irrtum aus dem Käfig zu befreien. Das Tier betätigte durch Zufall den richtigen Hebel und konnte sich aus dem Käfig befreien. Als Belohnung erhielt die Katze etwas Futter. Nach einigen Wiederholungen fand die Katze den entscheidenden Hebel heraus und betätigte diesen sofort, nachdem sie in den Käfig gesperrt wurde.

Neue Gedächtnistheorie

Unbewusstes und bewusstes Lernen beansprucht nicht zwangsläufig unterschiedliche Gehirnareale. Dies wurde bisher vermutet. Vielmehr entscheiden die Anforderungen der Lernsituation darüber, welche Gehirnareale in den Lernprozess involviert sind.

Eine neue Gedächtnistheorie, formuliert von der Berner Psychologin Prof. Dr. Katharina Henke, besagt, dass das Kriterium zur Unterscheidung nicht das Bewusstsein, sondern die Anforderungen der Lernsituation sind, so zum Beispiel die Anzahl der Lerndurchgänge. Jede Lernsituation erfordert eine bestimmte Verarbeitungsweise und ein entsprechend spezialisiertes Gedächtnissystem. Der neue Ansatz unterscheidet drei Verarbeitungsweisen:

- ▶ rasches Lernen von flexiblen Verknüpfungen
- ▶ langsames Lernen von rigiden Verknüpfungen
- ▶ rasches Lernen von Einzelinformationen.

Unser Gehirn ist anders gefordert, wenn es Vokabeln lernen muss oder wir Zeuge eines Unfalls werden und es komplexe Informationen und ihre Verknüpfungen abspeichern muss. Dafür brauchen wir die Fähigkeit zu raschem Lernen von flexiblen Verknüpfungen. Der Hippocampus zusammen mit dem Neokortex (Hirnmantel) ist hierzu in der Lage.

Wenn wir hingegen die gleiche Lernsituation wieder und wieder durchlaufen, zum Beispiel einen Text wiederholt lesen, findet ein langsames Lernen von rigiden Verknüpfungen statt. Diese Art des Lernens läuft unter anderem über den Neokortex und das Kleinhirn. Werden keine Verknüpfungen, sondern nur Einzelaspekte abgespeichert, erfordert dies ein rasches Lernen einer Einzelinformation. Diese dritte Verarbeitungsweise beansprucht den sogenannten parahippocampalen Gyrus und den Neokortex. Jede der drei Arten des Lernens kann mit oder ohne Bewusstsein ablaufen. Wenn wir etwas bewusst lernen, entscheidet das vorhandene Bewusstsein nicht darüber, in welchem Gedächtnissystem die Erinnerung abgelegt wird – das entscheidet die Art und Weise, wie wir lernen.

Leicht vor schwer

Wenn man einem Praktikanten das EKG-Gerät erklärt und mit paroxysmalen supraventrikulären Arrhythmien beginnt, wird sich dies negativ auf seine Aufnahmebereitschaft auswirken. Deshalb sollte der Lehrende folgende »Lerntreppe« anwenden:

▶ vom Bekannten zum Unbekannten
▶ vom Leichten zum Schwierigen
▶ vom Knappen zum Umfangreichen
▶ vom Einfachen zum Komplexen
▶ vom Langsamen zum Schnellen.

2.6.6 Lehrtipps für Lehrende

▶ Geben Sie vor jeder Unterrichtseinheit das Feinlernziel bekannt. Nur wenn Ihr Schüler das Ziel klar definieren kann, kann er es auch erreichen.
▶ Verwenden Sie als Unterrichtsmethode erarbeitende Formen wie das Lehrgespräch oder handlungsorientierten Unterricht (HOU).
▶ Sprechen Sie bildhaft.
▶ Jedes Ihrer Medien sollte den Anforderungen an erwachsenengerechtes Lernen entsprechen. Maximal 7 +/- 2 Lerninformationen (Chunks) pro Folie.
▶ Sprechen Sie dual. Wenn Sie ein Fremdwort benutzen, »deutschen« Sie es sofort ein.
▶ Wiederholen Sie immer und nach jedem Unterrichtstag den Lernstoff. Planen Sie hierfür fest 15 Minuten ein. Stellen Sie der Gruppe vorbereitete Fragen, um den Lernstoff zu festigen. Nun kann jeder Schüler klar definieren, was er an diesem Tag gelernt hat.

2.6.7 Lerntipps für Lernende

▶ *Motivieren Sie sich!* Wenn man keinen ausreichenden Grund (keine ausreichende Motivation) zum Lernen empfindet, wird das Lernen als schwer empfunden.
▶ *Erstellen Sie einen festen Arbeitsplan bzw. Lernplan!* Einfach anfangen, statt auf die richtige Stimmung zu warten. Wenn man einmal – wenn auch nur mit ein-

fachen Nebenarbeiten – angefangen hat, wird es immer leichter, sich weiter in das Lernen zu vertiefen.

▶ *Belohnen Sie sich!* Wenn Sie ein Lernpaket abgearbeitet haben, gönnen Sie sich Schokolade.

▶ *Strukturieren Sie!* Die Fülle des gelesenen oder mitgeschriebenen Stoffes sollte erst einmal gefiltert und zusammengefasst werden. Für die Sortierung eignen sich verschiedene klassische wie individuelle Systeme. Empfehlenswert ist die Technik der Fünf-W-Fragen (Wer? Was? Wann? Wo? Wie?). Ebenso praktisch kann das Mind-Mapping sein – um einen Schlüsselbegriff werden relevante Stichworte gruppiert und ggf. mit Abkürzungen, Symbolen, Farben kommentiert.

▶ *Erstellen Sie sich (gute) Karten!* Auf kleinen Karten ist relativ wenig Platz, um eine mögliche Prüfungsfrage zu beantworten. Das schult die Fertigkeit, Antworten in Stichpunkten bzw. Schlagworten festzuhalten. Während des Lernprozesses und der Wiederholung des Stoffes mit den Karteikarten wird zudem trainiert, aus den kurzen Informationen eine wissenschaftliche Prüfungsantwort zu formulieren.

▶ *Nutzen Sie unterschiedliche Quellen!* Anstatt ein und dasselbe Buch immer und immer wieder zu lesen, nutzen Sie unterschiedliche Quellen: Zeitschriften, Internetdatenbanken etc.

▶ *Reduzieren Sie Informationen!* Unterstreichen der wichtigsten Konzepte, Herausschreiben der zentralen Begriffe, kursorisches Lesen, selektives Lesen, Durchstreichen von Unwesentlichem, Text unter bestimmter Fragestellung durcharbeiten, neue Überschriften formulieren, Zusammenfassen in eigenen Worten, Schemata entwerfen etc.

▶ *Lernen Sie möglichst stets am selben Ort und zur selben Zeit,* also zum Beispiel stets am Küchentisch oder stets auf der Couch (Konditionierung auf den Ort) und stets nach den Nachrichten oder stets am Sonntagmorgen vor dem Mittagessen (Konditionierung auf die Zeit). Wenn Sie sich auf diese Weise konditioniert haben, brauchen Sie sich nur noch zu dieser Zeit und an diesem Ort zu begeben, und schon fällt Ihnen das Lernen leichter.

▶ *Werden Sie laut!* Laut wiederholte Lerninhalte werden dem Gehirn im selben Moment zusätzlich über den auditiven Sinnes-Kanal zugeführt: Je mehr Sinne beim Lernen angesprochen werden, desto höher ist der Erinnerungswert.

▶ *Buch unters Kopfkissen!* Schon die Großeltern hatten es uns empfohlen: »Buch unters Kopfkissen legen!« ... und sie hatten dabei (hoffnungsvoll) unterstellt, dass wir zuvor auch ins Buch hineinschauen und darin lesen würden. Die Wahrscheinlichkeit ist groß, dass sich das Gehirn im Schlaf noch einmal – unterbewusst – mit diesem Lerninhalt beschäftigt. Die Gedanken über den Lerninhalt werden nicht durch anschließende Beschäftigungsinhalte überlagert. Wenn unser Blick am »Morgen danach« noch einmal auf das Buch fällt, wird unser Gehirn aus diesem Anlass erneut stimuliert, den Lerninhalt (bewusst oder unterbewusst) zu bearbeiten.

Faktoren, die das Lernen beeinflussen	
▶ Arbeitsort, Arbeitsplatz	▶ Geräuschpegel
▶ Beleuchtung	▶ Temperatur, Luftfeuchtigkeit
▶ Arbeitsfläche, Schreibtisch	▶ Ernährung
▶ Ordnungs- und Hilfsmittel	▶ Arbeitszeit, Arbeitszeitplanung

Dieses Kapitel und im Prinzip das gesamte Wissen der Lernpsychologie lässt sich in einem Zitat zusammenfassen:

»*Sage es mir – ich werde es vergessen!*
Erkläre es mir – ich werde mich erinnern!
Lass es mich selber tun – ich werde verstehen!«
(Konfuzius)

Literatur (Auswahl):

1. Anderson JR (1996) Kognitive Psychologie, 2. Aufl., Heidelberg, Spektrum Akademischer Verlag
2. Bastigkeit M (2000) Lernpsychologie – wie unser Geist tickt. Rettungsdienst 23: 52-56
3. Birkenbihl VF (2007) Stroh im Kopf? – Vom Gehirnbesitzer zum Gehirnbenutzer, München, mvg-Verlag
4. Edelmann W (2000) Lernpsychologie, 6. überarb. Aufl., Weinheim, Psychologie Verlags Union
5. Henke K (2010) A model for memory systems based on processing modes rather than consciousness. Nature Reviews Neuroscience, Juli 2010, doi:10.1038/nrn2850
6. Herold C, Herold M (2010) Selbstorganisiertes Lernen in Schule und Beruf: Gestaltung wirksamer und nachhaltiger Lernumgebungen, Weinheim, Beltz-Verlag
7. Hündorf HP, Lipp R (2003) Der Lehrrettungsassistent, Edewecht, Stumpf + Kossendey Verlag
8. Krapp A, Weidenmann B (Hrsg.) (2001) Pädagogische Psychologie, 4. überarb. Aufl., Weinheim, Beltz-Verlag
9. Oerter R, Montada L (Hrsg.) (1995, 1998) Entwicklungspsychologie, 3. überarb. oder 4. Aufl., Weinheim, Psychologie Verlags Union
10. Rose S (2000) Gehirn, Gedächtnis und Bewusstsein – Eine Reise zum Mittelpunkt des Menschseins, Köln, Bastei Lübbe
11. Rost DH (Hrsg.) (2001) Handwörterbuch Pädagogische Psychologie, 2. überarb. und erweit. Aufl., Weinheim, Psychologie Verlags Union
12. Schermer FJ (1991) Lernen und Gedächtnis, Stuttgart, Kohlhammer-Verlag

Empfehlenswerte Internetseiten:
http://www.lern-psychologie.de/: Interaktive Lernumgebung
http://arbeitsblaetter.stangl-taller.at/LERNEN/: Werner Stangls Arbeitsblätter

3 Handwerkszeug

3.1 Methoden

M. Zengerink

Methoden werden häufig als Werkzeuge beschrieben, um Lerninhalte so abwechslungsreich und interessant wie möglich zu vermitteln und dem Teilnehmer damit schmackhaft zu machen.

Ein vollständigeres Verständnis von Methoden bedeutet aber noch viel mehr. Methoden sind nicht die bunten Fassaden, die ungeliebte Themen verdaubar werden lassen, sondern werden geplant und gezielt eingesetzt, um über organisiertes Lernen Ziele aus einem Curriculum zu erreichen, die in der Rettungsassistentenausbildung vorgegeben sind. Im günstigen Fall kann die Wahl der Vermittlungsform zusätzlich das Selbstverständnis des Lernenden hilfreich beeinflussen.

Unsere Einstellung zum Lernenden ist genauso wenig von der Methodenauswahl abzukoppeln wie von aktuellen Erkenntnissen der Lernpsychologie. Ich gehe in meinen Überlegungen vom Lernenden als aktives Subjekt aus, das sich mit den Themen seines angestrebten Berufes im Rettungsdienst auseinandersetzen möchte, genauso, wie Sie sich mit diesem Buch auseinandersetzen, um neue Erkenntnisse zu gewinnen, die vielleicht in irgendeiner Form nützlich für den Unterricht sind.

Lehrende können ein besonders förderliches Umfeld für die Auseinandersetzung mit dem Lerngegenstand schaffen. Es lohnt sich immer wieder zu versuchen, einen Bezug zur späteren Tätigkeit, zur Praxis herzustellen. Denn es ist die Aufgabe des Lehrenden, die immer wiederkehrende Frage zu beantworten, warum der Lerninhalt denn Bedeutung für den angestrebten Beruf haben soll. Optimalerweise ist der Lernvorgang gleich so zu gestalten, dass theoretische Wissensvermittlung in engen Bezug zur späteren Berufstätigkeit gesetzt wird. Das wird nicht immer sofort möglich sein und erfordert somit einen Vertrauensvorschuss der Teilnehmer. Letztendlich zeigt dies, wie notwendig eine ehrlich-kritische Sicht des Dozenten auf die Rahmenbedingungen des institutionellen Lernens ist.

Wichtiger, als zu motivieren, ist es vor allem, die demotivierenden Faktoren, etwa im organisatorischen Bereich, so weit wie möglich abzustellen.

Beispiel:
In einem Fall herrschte in einem Rettungsassistentenlehrgang Unmut über den hohen Anteil juristischer Inhalte. Die Zeit könne doch viel besser zum Lernen anatomisch-physiologischer Vorgänge genutzt werden. Erst die Diskussion darüber, wie relevant rechtliche Aspekte für die spätere Berufsausübung sein können, sorgte für Entspannung.

Fazit: Beim Planen von Unterricht gibt es ein sehr hilfreiches Fragewort für den Hinterkopf – »Warum?«.

Klar ist aber auch, dass Teilnehmer häufig erst an das eigenverantwortliche Lernen herangeführt werden müssen. Dies ist mit Blick auf die spätere berufliche Verantwortung in einem sich immer schneller verändernden Arbeitsumfeld besonders vonnöten.

Auf den folgenden Seiten werden einige ausgewählte Methoden genauer vorgestellt, deren Umsetzung an der Rettungsdienstschule gerade im Hinblick auf die Vorstellung vom aktiv Lernenden besonders sinnvoll erscheint. Dabei erfüllt diese Auswahl auf keinen Fall den Anspruch an eine Methodensammlung. Hier sei auf die entsprechende Fachliteratur verwiesen. Einige etablierte Methoden, zum Beispiel der Vortrag, bleiben unerwähnt, obwohl dieser, eine angemessene Länge vorausgesetzt, immer noch einen berechtigten Platz in der Wissensvermittlung einnimmt.

Vielleicht kann ich Sie dazu anregen, sich über die eine oder andere Methode genauer zu informieren und sie einfach (wieder) auszuprobieren. Sicher sind Ihnen die meisten Methoden in irgendeiner Form schon bekannt und nur in Ihrem Dozentenalltag verschwunden, oder Sie entdecken einen anregenden, hilfreichen Hinweis zu einer Methode, die Sie schon häufig einsetzen.

3.1.1 Lernen mit allen Sinnen

Sie kennen sicher die Prozentzahlen, die angeben, mit welchen Sinneskanälen welche Merkwirkung erreicht werden kann. Vergessen Sie es! Es gibt hierzu keine genauen, belastbaren Zahlen, weil es unterschiedliche Lerntypen ohne eindeutige Abgrenzung gibt. Niemand gehört in eine bestimmte Schublade »gestopft«. Die Lerntypen sagen vielmehr etwas über Präferenzen und Tendenzen aus.

So gibt es Menschen, die sich am besten etwas merken können, wenn sie es hören. Sie können zum Beispiel perfekt über Podcasts lernen. Ich persönlich kann dabei höchstens entspannen und darüber zuverlässig einschlafen.

Welche Konsequenzen sollte die Kenntnis über verschiedene Lerntypen für den eigenen Unterricht haben? Wir sollten versuchen, für jeden Lerntyp entsprechende Angebote bereit zu halten.

Wenn Sie anschaulich die Umstände eines zu lösenden Falls beschreiben, profitiert davon der akustisch orientierte Lerntyp. Die Einstiegsfolie hingegen wird besser vom visuellen Typ genutzt.

Jetzt könnte man leicht den Fehler begehen und viele Sinne gleichzeitig beanspruchen. Dieser Versuch der Unterstützung wird jedoch in den meisten Fällen misslingen.

Denken Sie an ein einfaches Computer-Lernprogramm. Es ist ein Bild zu sehen, der zu vermittelnde Inhalt wird als Text eingeblendet und gleichzeitig von einem Sprecher vorgelesen. Dabei stellt sich die Frage, was beim Lernenden passiert.

Dieser versucht den Text zu lesen und zu verstehen. Etwas übertrieben formuliert: Er spricht laut mit. Das geschieht unbemerkt und nicht wirklich hörbar.

Wenn der gleiche Text parallel vorgelesen wird, so verwirrt dies, statt zu helfen – mal abgesehen davon, dass der Sprecher nicht die jeweilige Lesegeschwindigkeit kennt. Es wird schwer, mit der Verarbeitung den Input aus den Sinneskanälen zu beherrschen.

Das gleiche Problem tritt häufig beim Einsatz von Präsentationen über einen Beamer auf. Speziell dann, wenn der Referent unsicher ist und den Text der Präsentation einfach nur vorliest.

Die ausgewogene, aber nicht gleichzeitige Nutzung aller möglichen Sinneskanäle ist sinnvoll.

Zum Lesen und Behalten von Text gibt es eine interessante These, die gerade Präsentationen und aktive Whiteboards betrifft. Demnach ist für das Verstehen und Merken von Zusammenhängen das langsame Entstehen der Schrift auf der Tafel förderlich. Ein Phänomen, das in ähnlicher Form beim Schreiben von Lernkarten wahrgenommen werden kann. Auch wenn ich gedruckte Schrift viel lieber und leichter lese als meine hässliche Handschrift, gelingt mir Auswendiglernen mit handgeschriebenen Karteikarten erheblich leichter. Aber dieser Eindruck ist subjektiv und wahrscheinlich auch eine Generationsfrage.

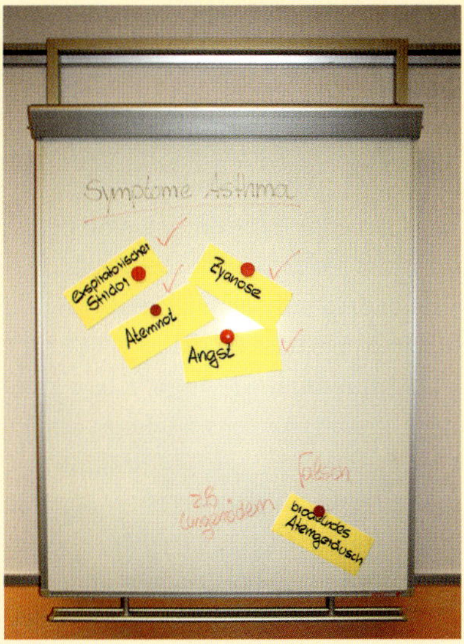

Betrachten Sie die Animationen bei Gelegenheit genauer, die einen physiologi-

ABB. 9 ▶ »Interaktives« Whiteboard

schen Zusammenhang verdeutlichen sollen: Oft wird die Komplexität durch eine Computeranimation unnötig erhöht. So hätten zwei unbewegliche Bilder vermutlich nicht nur für das Verständnis gereicht, sondern wären sogar hilfreicher gewesen.

Die unnötig hohe Komplexität erhält man übrigens auch, wenn Visualisierungen genutzt werden, die nicht für die jeweilige Zielgruppe (vielleicht für Rettungsassistenten statt für Rettungshelfer) erstellt worden sind, aber aus Zeitmangel oftmals dennoch eingesetzt werden.

Dass neben visuellen und akustischen Reizen das eigene Tun für das Lernen besonders förderlich ist, ist hinreichend bekannt. Hier werden nicht nur die eher haptisch geprägten Lerntypen angesprochen. Nützlich ist auch, dass der Teilnehmer selbst aktiv wird, statt passiv zu konsumieren.

Vielleicht ist es möglich, bei den akustischen Angeboten etwas nachzulegen? Zum »Umgang mit Betroffenen« lese ich gerne einen längeren Erfahrungsbericht eines Unfallopfers über die Versorgung an der Einsatzstelle vor.

Etwas vorgelesen zu bekommen ist für die meisten eine abwechslungsreiche, ungewohnte Erfahrung.

Zum Thema »Störungen von Atmung und Kreislauf« lohnt sich die Suche nach passendem Tonmaterial zu Atem- oder Herzschlaggeräuschen.

Beim Realeinsatz spielt die Wahrnehmung von Gerüchen eine meist unerkannte große Rolle. Als Lehrkraft kennen Sie sicher das Gefühl, Prüfungsluft schnuppern zu können, oder? Passende Gerüche lassen sich vielleicht schwerer im Unterricht einsetzen.

3.1.2 Gefühle oder somatische Marker

Vielen Menschen ist wahrscheinlich nicht bewusst, wie sehr Gefühle vermeintlich rationale Überlegungen und Entscheidungen beeinflussen können. Dies gilt besonders für Kaufentscheidungen. Haben Sie schon einmal etwas unbedingt haben wollen? Nehmen wir an, es handelt sich um ein hochpreisiges Smartphone: Nach der »Bauchentscheidung« für das Gerät geht es häufig nur noch darum, die richtigen Argumente gegenüber dem eigenen Gewissen oder gar gegenüber dem Partner zu finden, um den Kauf zu bestätigen. Dabei findet eine faire Abwägung von Fakten wahrscheinlich nicht mehr statt.

Dabei beeinflussen diese Gefühle und Haltungen auch unser Lernverhalten sowie die Entscheidungen im Einsatz. Diese Erkenntnisse sind auch für die Rettungsdienstausbildung zu nutzen.

Somatische Marker sind Zeichen unseres Körpers, die uns signalisieren, wie wir unterbewusst eine Situation bewerten. Diese Bewertung beruht darauf, dass wir in ähnlichen Situationen bestimmte Erfahrungen gesammelt haben. Diese Erfahrungen haben Emotionen ausgelöst. Wenn die Emotionen sehr stark oder häufig genug vorkamen, setzten sie sich in unserem emotionalen Erfahrungsgedächtnis fest und stehen nun für die Bewertung von ähnlichen Situationen zur Verfügung. Als eindrucksvolles Beispiel dienen die mündlichen Prüfungen sowie andere kritische Gespräche, wie etwa Bewerbungsgespräche.

Wenn man schon einige dieser Gespräche und Prüfungssituationen absolviert hat, gibt es zwei unterschiedliche Ausprägungsmöglichkeiten der somatischen Marker. Im positiven Fall haben wir in Prüfungen und Bewerbungsgesprächen nach und nach Erfolge er-

ABB. 10 ▶ Visualisierungen im Unterricht sind für viele Lernende hilfreich

zielt. Jeder starke Triumph hat sich in unser Gedächtnis eingebrannt. Erinnern Sie sich an die bestandene Führerscheinprüfung oder an Ihre letzte Jobzusage? Höchstwahrscheinlich ziemlich genau.

Die Vorbewertung ähnlicher Situationen wird durch diese zurückliegenden Ereignisse positiv beeinflusst.

Wahrscheinlich gehen einige Teilnehmer so mit positiver Anspannung, feuchten Händen und einem mittelstarken Kribbeln in die nächste Prüfungssituation. Anspannung, feuchte Hände und Kribbeln sind die somatischen Marker, die anzeigen, dass eine wichtige Situation bevorsteht, die aber aufgrund der gesammelten Erfahrungen offenbar zu bewältigen ist.

Auf der anderen Seite gibt es Teilnehmer, die schon mit Bauchkrämpfen und zugeschnürter Kehle in die mündliche Prüfung gehen. Die negativen Gefühle sind so stark, dass sie eventuell die Prüfungsleistung verschlechtern oder sogar zu einer vollständigen Blockade führen.

Der erfahrene Rettungsassistent wird das Gefühl oder den siebten Sinn kennen, dass bei einer Patientenversorgung irgendetwas nicht stimmt. In vielen Fällen bewegt ihn dieses Gefühl dazu, die Situation zu reflektieren, und er erkennt, dass anderen Maßnahmen Vorrang gegeben werden muss. Es gibt also hilfreiche somatische Marker und solche, die uns behindern und in die Irre führen.

Für den Lernenden gilt dies genauso. Oft hat er in seiner Schulzeit bestimmte negative Erfahrungen gesammelt und verknüpft mit der Ankündigung einer Einzelarbeit oder Hausaufgabe nur negative Aspekte. Da kann schon die Bezeichnung der Methode eine entsprechende Haltung auslösen. Zwar kennt man nicht immer die Auslöser, jedoch lässt sich die anstehende Aufgabe oftmals im Vorfeld positiv formulieren.

Das hilft jedoch nicht, wenn die an eine Methode geknüpften negativen Erfahrungen unter anderer Bezeichnung wieder gesammelt werden.

Die Gruppenarbeit ist ein passendes Beispiel hierfür. Oft werden für Gruppenarbeiten viel zu lange Bearbeitungszeiten vorgegeben. Als Teilnehmer beschäftigt man sich dann erst gegen Ende mit der eigentlichen Aufgabe. Oft wird auch das Ergebnis bei der Vorstellung im Plenum nicht entsprechend gewürdigt, oder es wird, genauso schlimm, ein schlechtes Arbeitsergebnis aus pädagogischen Gründen schöngeredet. Häufig gibt es noch den Fall, dass die Arbeit an einem Gruppenmitglied hängen bleibt, oder es geschieht, dass andere alles für sich einnehmen und stillere Teilnehmer übergehen. Unter diesen Bedingungen können Sie Gruppenarbeit nennen, wie Sie wollen – es wird derselbe alte Wein in neuen Schläuchen sein.

Als Alternative werden die Konstellationen tatsächlich verändert. Das fängt schon bei der Zeitvorgabe an. Sie können sie eng gestalten und bei Bedarf ein wenig Zeit hinzugeben. Oder die Teilnehmer werden, mehr auf Eigenverantwortung abzielend, gefragt, wie viel Zeit sie nach ihrer Einschätzung realistisch benötigen.

Das Auftreten von Gefühlen kann man bewusst konditionieren und für das eigene Lernen nutzen. So lässt sich eine Duftlampe mit bitte nicht zu dominantem, verdünntem Öl regelmäßig anzünden, wenn es zum konzentrierten Lesen, Lernen oder Arbeiten an den

Schreibtisch geht. Sie werden feststellen, dass der Körper bald aufs Lernen eingestimmt ist, wenn Sie nur die Duftlampe anzünden – vorausgesetzt, Sie waren vorher konsequent.

Wenn sich nun bei Ihnen die gesamte Körperbehaarung aufstellt, nur weil Sie das Wort Duftlampe lesen, dann ist das übrigens ein somatischer Marker. Vielleicht stellen sich auch nur die Haare beim Kollegen auf, der sich das Büro mit Ihnen teilt.

Letztendlich haben Sie die freie Wahl, dieses Zeichen zu übergehen und rational begründet doch den Versuch mit Duftöl zu wagen. Alternativ können Sie sich natürlich auch mit anderen geeigneten Ritualen auf das Lernen bzw. Arbeiten einstimmen.

Im Unterricht helfen deutlich unterscheidbare und immer wiederkehrende Rituale, die jeweils gewünschte Lernstimmung bei den Teilnehmern hervorzurufen.

Wenn die räumlichen Möglichkeiten gegeben sind, lassen sich zusätzlich zur Bestuhlung an den Tischen Stühle im Kreis aufstellen. Schon nach kurzer Zeit werden die Teilnehmer verinnerlicht haben, dass im Stuhlkreis der praktische und aktivere Teil absolviert werden muss.

Auch können Irritationen bewusst eingesetzt werden, um eine starke Wirkung und eine pointierte Wahrnehmung zu verursachen. Nur muss diese Irritation vorsichtig dosiert werden und später in ein positives Erleben geführt werden.

Angenommen, die Teilnehmer eines Rettungsassistentenlehrgangs kommen im zweiten Block zum ersten Lehrgangstag, und die Tür des Unterrichtsraums ist noch verschlossen. Erst als der Lehrgangsleiter kommt, betreten alle gemeinsam den Raum und finden absolutes Chaos vor. Damit ist nicht die häufig anzutreffende Nicht-Vorbereitung gemeint. Die Tische sind überall, nur nicht dort, wo sie hingehören. Der Overheadprojektor steht in der Mitte des Raumes auf dem Boden, überall liegt Pinnwandpapier. Das gesamte Übungsmaterial ist im Raum verteilt.

Nach dem ersten Schreck wird gemeinsam mit dem Lehrgangsleiter aufgeräumt. Vielleicht mit schneller Musik, die den Teilnehmergeschmack so gut wie möglich trifft.

Geschickt umgesetzt dominiert nun das Gefühl, gemeinsam aufzuräumen und die Bedingungen fürs Lernen zu schaffen. Bei der anschließenden Reflexion kommt heraus, dass jeder zum Gelingen der Berufsausbildung beitragen kann.

Zu riskant? Gefühle zu nutzen, funktioniert auch ein paar Nummern kleiner. Überlegen Sie sich überraschende Einstiege, ungewohnte Orte für Ihre Unterrichtseinheiten. Beschreiben Sie Fallbeispiele so, dass man sich hineinfühlen kann. Sie können für die Erklärung von trockenen Sachverhalten ganz bewusst bildliche Beschreibungen nutzen.

Viele Memotechniken machen es sich zunutze, dass Verknüpfungen des auswendig zu Lernenden mit Gerüchen, Gefühlen und Geschichten eindrucksvoll zu behalten sind.

Merken Sie sich das Begriffspaar »Kerze und Tiger«. Wenn Sie sich genau vorstellen, wie der Tiger mit seinen Streifen aussieht, wenn Sie fast hören, wie er vor Schmerzen brüllt und dann noch verbrannte Haare riechen, weil die Kerze unter seinem Schwanz steht, werden Sie bei Kerzen zukünftig viel häufiger an Tiger denken.

3.1.3 Impulstechnik

Bei der Impulstechnik wechseln sich zum Beispiel Vortrag und Diskussion ab. Der Vortrag soll hier den Impuls an die Teilnehmer geben, sich mit einem bestimmten Thema selbstständig auseinanderzusetzen. Dementsprechend muss dieser Vortrag angemessen kurz sein, fünf bis maximal zehn Minuten sind empfehlenswert.

Statt die Dauer des Vortrags auszudehnen, ist es besser, ihn in kleine Themenblöcke zu unterteilen und im Wechsel Kurzreferat und Diskussion einzusetzen, wobei jeweils am Ende der Diskussion eine kurze Zusammenfassung sinnvoll ist. Je nach Thema ist es auch möglich, den Vortrag provokant zu gestalten und damit eine stärkere Anregung auszulösen.

Es muss aber nicht immer ein Vortrag sein, über den der Impuls gegeben wird. Ein passender Film oder Filmausschnitt kann genauso eingesetzt werden, die anschließende Auseinandersetzung mit dem Thema kann variabel gestaltet werden. Selbst wenn Sie sich für eine Diskussion als Methode entscheiden, haben Sie die Wahl zwischen Plenum und kleineren Gruppen. Beim Übergang zur Diskussion können den Teilnehmern anregende Fragen mit auf den Weg gegeben werden. Bewährt haben sich dabei:

- ▶ Was war Ihnen wichtig?
- ▶ Wie sehen Sie das?
- ▶ Was kritisieren Sie?
- ▶ Welches Fallbeispiel würde hier passen?

Der Vorteil beim Einsatz der Impulstechnik liegt darin, dass zunächst Informationen und Anregungen gegeben werden können und anschließend die Verarbeitung stattfindet. Somit wird die didaktische Idee des Wechsels von Ein- und Ausatmung verfolgt. Der Teilnehmer ist auf diese Weise abwechselnd aktiv und passiv. Dass der Referent seinen Stoff kurz und bündig wiedergeben muss, ist in vielen Fällen ein weiterer klarer Vorteil. Eine große Gefahr liegt darin, sich doch von der geplanten Zeiteinteilung abbringen zu lassen.

3.1.4 Exploratives Lernen

Bei dieser Methode wird auf die direkte Stoffvermittlung durch den Dozenten verzichtet. Stattdessen wird ein Umfeld geschaffen, das den Teilnehmer dazu anregt, sich aktiv entdeckend, also explorativ, Wissen zum Beispiel durch Beobachtungen und Experimente anzueignen.

Damit sollen Problemstellungen selbstständig gelöst werden. Wissen, das auf diese Weise erlangt wird, ist im Vergleich zu anderen Methoden, wie ein Referat, weitaus gefestigter. Neben dem reinen Wissenserwerb kann durch diese Methode die eigenverantwortliche Wissensaneignung (Lernkompetenz) in kleinen Teams eingeübt werden.

Nachteil dieser Methode ist ein hoher, vorher oft nicht genau kalkulierbarer Zeitaufwand. Dennoch bieten sich einige Möglichkeiten für die Umsetzung in der Rettungsdienstausbildung.

Beispielsweise könnten physiologische Normwerte (Puls, Atemfrequenz, Blutdruck) in Ruhe sowie unter Belastung gemessen und ausgewertet werden, wobei es hier eher auf die Beobachtung und Auswertung ankommt. Werte, die den verbreiteten Normwerten exakt entsprechen, wird man auf diese Weise nicht erhalten. Ein wenig anspruchsvoller wä-

ABB. 11 ▶ Blutdruckmessung in der Ausbildung

re die Messung des Atemzugvolumens. Hier habe ich im Unterricht interessante und oft erfolgreiche Konstruktionen der Teilnehmer sehen dürfen.

Eine weitere Möglichkeit, erkundendes Lernen zu verwirklichen, ist die Expertenbefragung. Dies stellt eine gute Alternative zum üblichen Referat dar. Dabei ist es sinnvoll, wenn die Teilnehmer ihre Fragen zu einem eingegrenzten Fachgebiet selbst zusammenstellen. Die Umsetzung ist besonders außerhalb der Rettungsdienstschule, zum Beispiel beim Besuch der Feuerwehr oder in den Praktikumsphasen, denkbar. Gerade um außerhalb der Schule eine Zusammenarbeit in Teams und eine gemeinsame Auswertung zu ermöglichen, kann man auf internetbasierte Lernplattformen zurückgreifen.

Man kann die mitgebrachten Smartphones, Laptops und Pads der Teilnehmer sinnvoll nutzen, indem Recherchen im Internet eingeplant werden. Bei dieser Gelegenheit kann gleich die Auswahl verlässlicher Quellen und der kritische Umgang mit Informationen geübt werden.

3.1.5 Skill-Training

Unter Skill-Training wird hier das Eintrainieren bestimmter Fertigkeiten, z.B. der Herz-Lungen-Wiederbelebung, verstanden. Hierbei sind drei Schritte zu beachten. Begonnen wird mit der Demonstration der praktischen Maßnahme, danach soll der Teilnehmer die Maßnahme üben, schließlich wird trainiert:

1. Demonstration
2. Übung
3. Training.

Die erste Schwierigkeit fängt schon bei der Demonstration an. Da der Dozent die zu vermittelnde Fertigkeit ohne großes Nachdenken beherrscht, vergisst er leicht, dass die Komplexität aus Sicht des Teilnehmers viel größer ist, und demonstriert zu schnell, in zu großen Schritten.

Oder er überlässt die Demonstration einem Teilnehmer mit dem Ziel, die Teilnehmeraktivität zu erhöhen. Das kann gut gehen, in vielen Fällen muss aber von der Lehrkraft im Detail nachgearbeitet werden. Lassen Sie sich daher die korrekte Erst-Demonstration einer Maßnahme nicht unbegründet nehmen und achten Sie auf eine Einteilung der Übungen in einzelne, kleinere Teilbereiche, zum Beispiel die getrennte Übung von Druckmassage und Beatmung. Je nach Zielgruppe kann die Unterteilung unterschiedlich ausfallen. Um beim genannten Beispiel zu bleiben: Im Erste-Hilfe-Lehrgang würde man sogar das Aufsuchen des Druckbereichs von der eigentlichen Herzdruckmassage trennen, da keine Vorkenntnisse beim Teilnehmer vorausgesetzt werden können.

Ein Dozentenkollege hat im gleichen Sinne immer wieder vom Lernen in kleinen Schritten gesprochen, man kann schon sagen »gepredigt«, bis er sich bereit erklärt hat, mir

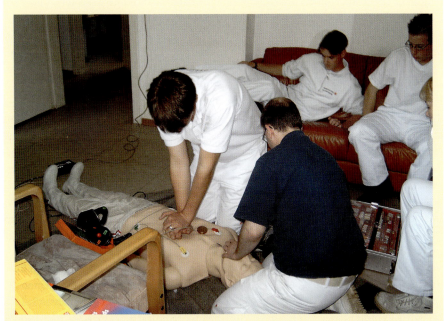

ABB. 12 ▶ HLW-Training in der Ausbildung oder – wie hier – im späteren Rettungswachenalltag

korrektes Nordic Walking beizubringen. Nach einer fünfminütigen mündlichen Einweisung ging es dann schon los auf einen recht frequentierten Waldweg. Der Erfolg war, dass ich mich mit Hilfe der Stöcke vor die Füße entgegenkommender Spaziergänger warf. Mag sein, dass feinmotorische Defizite auf meiner Seite förderlich waren, was vor allem fehlte, war das Üben in kleinen Schritten.

Mein Kollege kommentierte dies mit: »Für mich ist Laufen die natürlichste Sache der Welt!« und bestätigte damit, dass im Privatleben alle professionellen Kenntnisse, zum Beispiel aus der Kommunikationstheorie, über Bord geworfen werden.

Was unterscheidet nun Übung und Training? In der Übungsphase sollte engmaschig auf korrekte Durchführung der Maßnahme geachtet werden. Entsprechend müssen die Korrekturen durch die Lehrkraft erfolgen. Bei der Herzdruckmassage bedeutet das konkret: Sind Drucktiefe, Druckbereich, Entlastung und Frequenz in Ordnung? Erst wenn es hier keinen Handlungsbedarf mehr gibt, wird zum Training übergegangen. Im Unterschied zu vorher liegt der Schwerpunkt im Einbetten der erlernten Maßnahme in Situationen und ihrer Durchführung im Zusammenhang.

Bedingt durch die Teilnehmerzahl ist es dem Dozenten oft nicht möglich, bei allen Teilnehmern jede Maßnahme im Gesamtablauf auf korrekte Durchführung zu überprüfen und die entsprechende Rückmeldung zu geben. Also sind, dem anfangs genannten Bild vom aktiven, selbstverantwortlichen Teilnehmer entsprechend, gegenseitige Rückmeldungen im Team zu fördern. Dies kann durch Laufzettel und Praxisanleitungen geschehen.

Vielleicht geben Sie Ihren Teilnehmern die Aufgabe, in Kleingruppen kurze Video-Tutorials zu erstellen, die dann den Mitschülern zur Verfügung gestellt werden. Für die Veröffentlichung können Sie auf Youtube Videos als privat markiert einstellen. Falls Sie hier Vorbehalte haben, lässt sich eventuell ein geschützter Bereich auf der Homepage oder Lernplattform einrichten, oder Sie stellen die auf Datenträger gespeicherten Sequenzen mit Hilfe eines Laptops zur Verfügung.

3.1.6 Fallbeispiele

Praxisnähe kann sehr erfolgreich erreicht werden, indem Fallbeispiele eingesetzt werden. Für die erfolgversprechende Auswahl der Fallbeispiele gelten einige Regeln. So soll es den Teilnehmern ermöglicht werden, mit dem eigenen Wissen Anknüpfungspunkte zu finden. Das bedeutet zunächst, leichte Beispiele aus dem Teilnehmerkreis oder Beispiele, die zunächst allgemeine und nicht spezielle Maßnahmen voraussetzen, auszuwählen oder Beispiele gemeinsam zu konstruieren. In diesem Zusammenhang können Sie auch gleich darauf achten, realistisch zu bleiben. Ja, die Lebenswirklichkeit hält vieles bereit, was nicht realistisch erscheint, aber dennoch Realität geworden ist. Aber damit muss man ja nicht unbedingt beginnen. Hier ist es unter Umständen nötig, steuernd einzugreifen. Aus methodischer Sicht spricht vieles dafür, den Teilnehmer in die Auswahl einzubeziehen und später sogar eine andere Gruppe die Situation gestalten zu lassen. Denn schon hier findet eine Beschäftigung mit der Szenerie (Setting), den Symptomen und Maßnahmen statt.

Kennen Sie das aus der praktischen Prüfungsvorbereitung für angehende Rettungsassistenten? Sie müssen immer noch bei der Fallbeispielbesprechung auf Wärmeerhalt, Sauerstoffgabe und qualifiziertes Monitoring hinweisen?

Es kann hilfreich sein, bei Bedarf einen Schritt zurück zu gehen und Fallbeispiele auszuwählen, die den Schwerpunkt auf die »Basics« setzen.

Fallbeispiele können im Plenum Schritt für Schritt besprochen werden, alternativ können die entsprechenden Maßnahmen erarbeitet werden.

Wichtig ist, sich bei der Einführung genügend Zeit zu nehmen. Beschreiben Sie genau die Situation einschließlich der Rahmenbedingungen. Was ist mit umstehenden Schaulustigen? Beschreiben Sie so, dass die Teilnehmer sich auch gefühlsmäßig beteiligen können. Visuell kann die Unterstützung durch ein Bild der Situation (Beamer, Overhead-Projektor) erfolgen oder Sie setzen, viel seltener genutzt, Geräusche und Töne ein. Der Notfall kann aber auch von einem Teilnehmer dargestellt werden, wobei auch Kombinationen sinnvoll sein können. Zunächst sollte also per Bild in die Situation eingeführt und anschließend mit dem Teilnehmer als Darsteller fortgefahren werden.

3.1.7   Notfalldarstellung

Was verbinden Sie mit dem Begriff Notfalldarstellung? Wenn Sie nun an aufwendig geschminkte Wunden denken, kann ich Sie wahrscheinlich beruhigen. Es geht nicht darum, 30 Minuten lang zu schminken und in einer Minute diese Wunde wieder abdecken zu lassen. Allein ein roter Kreidefleck am Unterarm kann für die Darstellung einer starken Blutung hilfreich sein, weil nun jeder weiß, von welcher Stelle genau die Rede ist. Außerdem bedeutet Notfalldarstellung auch, die Umgebung der Situation entsprechend zu gestalten. Wenn Sie nicht in der glücklichen Lage sind, immer auf entsprechend gestaltete Übungsräume und Arenen zurückgreifen zu können, kann zum Beispiel ein einfacher Wasserkocher seinen Teil zur Notfallsituation »Verbrühung« beitragen. Notfalldarstellung kann auch bedeuten, dass Sie dem Darsteller ein Stück Stoff, zum Beispiel ein zerknautschtes Dreiecktuch, in die Socke stecken. Schon ist die Sprunggelenkfraktur aufgepeppt. Aber auch das Wundenschminken lässt sich mit den richtigen Materialien und ein wenig Übung in einer Minute machen. Bitte seien Sie beim Mimen der Teilnehmer vorsichtig! Es haben sich schon einige Darsteller in eine echte Hyperventilation gehechelt, weil sie übereifrig waren. Um die Übenden nicht zu überfordern, sollte auf ein »gemäßigtes Drama« hingewirkt werden.

3.1.8   Rollenspiele

Im Gegensatz zur Fallbeispielbesprechung oder einer szenischen Darstellung sind die Teilnehmer bei einem Rollenspiel so eingebunden, dass das eigene Erleben der Situation in den Mittelpunkt gerückt wird. Dazu gehört auch, subjektive Eindrücke der Akteure mit Rückmeldungen aus dem Teilnehmerkreis zu koppeln. Im Rollenspiel geht es nicht mehr um die kleinkarierte Besprechung jedes Details, im Rollenspiel geht es um das große Ganze. Aber gerade weil auch das subjektive Kompetenzgefühl der Agierenden berührt wird, ist die Auswahl der Beispiele sorgsam und geplant vorzunehmen. Hier gelten die gleichen Grundsätze wie beim Thema Fallbeispiele. Ohne Reflexion, ohne Rückmeldungen hat das Rollenspiel nicht viel Sinn. Da hier viele Fehlerquellen versteckt sind, sollten Regeln für die Feedbackrunde eingeführt und auch für alle sichtbar dokumentiert werden. Diese Regeln können folgendermaßen aussehen:

- ▶ Ich spreche direkt an.
- ▶ Ich wiederhole nicht, was schon gesagt wurde.
- ▶ Ich trenne Beobachtung und Wertung.
- ▶ Ich suche Positives.

Für den Rollenspieler sind folgende Sätze hilfreich:

- ▶ Ich rechtfertige mein Tun nicht.
- ▶ Ich verwende von dem Feedback, was mir hilfreich erscheint.

Es sollte deutlich werden, dass Verbesserungsvorschläge alle angehen und besonders vom nächsten Team im nächsten Rollenspiel umgesetzt werden können.

Die Regeln sind vermittelt? Dann kann es ja losgehen. Ein Patient für das erste Beispiel ist meist schnell gefunden, schließlich muss der Patient nicht helfen. Bei den Helfern ist das nicht immer so. Lassen Sie sich aber nicht dazu hinreißen, für die erste Situation die Helfer zu bestimmen. Versetzen Sie sich in die Situation der Teilnehmer. Verdeckt besteht sicherlich die Angst, Fehler zu machen und durch nicht konstruktive Kritik vorgeführt zu werden. Warten Sie deshalb ruhig auf Freiwillige. Später können Sie dafür sorgen, dass jeder die Chance auf ein hilfreiches Feedback erhält. Zu einem gelungenen Rollenspiel können viele verschiedene Faktoren beitragen. Das fängt natürlich bei der Fallauswahl an. Je nachdem wie stark Elemente der Notfalldarstellung eingesetzt werden, müssen viele oder weniger zahlreiche Fakten noch im Vorfeld vermittelt werden. Die realistische Darstellung kann eine kurze Einweisung in die Situation nicht ersetzen, egal wie gut sie auch gestaltet sein sollte. Welche Wetterbedingungen herrschen? Welche Rolle haben die einzelnen Mitspieler? Welches Material steht zur Verfügung? Für die Teilnehmer, die nicht direkt am Rollenspiel beteiligt sind, können Beobachtungsaufgaben verteilt werden. Vielleicht sogar arbeitsteilig mit bestimmten Schwerpunkten. Manchmal bietet es sich auch an, Beobachtungsbögen auszuteilen. Dies ist eine einfache Möglichkeit, um Einfluss auf Beobachtungsschwerpunkte zu nehmen. Im Verlauf des Rollenspiels habe ich einen Kardinalfehler des Dozenten immer wieder beobachten können. Während des Spiels führt eine kurze Nachfrage eines Teilnehmers zur gutgemeinten, geflüsterten Antwort des Dozenten. Daraufhin folgt oft eine weitere Nachfrage. Das weckt das Interesse der Umstehenden, in kürzester Zeit entwickeln sich Nebengespräche. Nach und nach wird dann nicht mehr so genau beobachtet und die Rollenspieler mühen sich vergeblich ab.

Achten Sie deshalb auf Dozenten- und Teilnehmerseite auf eine konzentrierte Durchführung der Rollenspiele und der anschließenden Besprechungen. Sie sollten im Vorfeld auch nicht zu viele Rollenspielsituationen hintereinander einplanen, da sonst die Konzentration zwangsläufig abnimmt. Während der Durchführung eines Rollenspiels gibt es noch einige weitere Stolpersteine. Es kann passieren, dass ein aktiver Helfer in eine Überforderungssituation kommt und nicht weiter weiß. Als Dozent zu unterbrechen und die Lösung einzuwerfen ist vielleicht gut gemeint, aber nicht gut gemacht. Ehrlicher formuliert: Wahrscheinlich gibt es keine schlechtere Lösung. Eine Unterbrechung durch den Dozenten sollte einen sehr guten Grund haben. Dies kann eine Unfallgefahr sein, die während des Rollenspiels entstanden ist und beseitigt werden muss. Für den Fall, dass ein Teilnehmer nicht mehr weiter weiß, gibt es elegantere Lösungen, die aber im Vorfeld bekannt sein müssen. So können Sie die Regel einführen, dass ein Teilnehmer sich von einem hinter ihm stehenden Ersatzspieler auf ein bestimmtes Zeichen hin ablösen lassen kann. Was ich vorher zum Thema Abbruch gesagt habe, gilt natürlich nicht für den Rollenspieler. Er hat jederzeit die Möglichkeit auszusteigen, auch wenn keine Ersatzspielerregelung getroffen wurde. Vielleicht hört sich das übertrieben an und Sie fragen sich, warum hier der Punkt Ausstieg so betont wird. Nun, das hat auf jeden Fall mit der anfangs erwähnten Definition von Rollenspielen zu tun. Bei Rollenspielen spielen Emotionen im Gegensatz zu szenischen Darstellungen, Fallbeispielen oder Skill-Trainings eine große Rolle. Hier stehen Selbstwertgefühl, Stress, Ängste, Erfahrungen im Mittelpunkt. Es kann zu Flashbacks kommen, also zur Erinnerung an nichtbewältigte Traumata. Darauf sollte man als Dozent vorbereitet sein und damit umgehen können. Auf ein rettungsdienstliches Beispiel übertragen heißt das: Wer hochwirksame Medikamente einsetzt, sollte sich vorher mit den möglichen Nebenwirkungen und ihrer Bekämpfung auseinandergesetzt haben.

Zurück zur Durchführung des Rollenspiels. Nicht nur bei der Auswahl der Fälle sollte eine Steigerung des Anspruchs angemessen erfolgen. Auch die Dauer der Situation sollte langsam gesteigert werden. Aber es lohnt sich, auch Beispiele durchzuspielen, die zeitlich einer echten Notfallsituation entsprechen, und nicht einfach aufzuhören, wenn der Teilnehmer signalisiert, dass er mit allen Maßnahmen fertig ist. Wie beim Brainstorming kommen die entscheidenden Phasen bei einem Rollenspiel oftmals dann, wenn die Luft raus zu sein scheint.

Bevor es zur Reflexion geht, sollten Sie nicht für Applaus an die Rollenspieler sorgen. Auch wenn es zunächst komisch wirkt, können Sie anfangs den Beifall gezielt steuern. In unserem Fall ist das anfängliche, bewusste Steuern von Beifall sicher legitim, um erste Hemmungen zu nehmen. Und den Aktiven wird diese Form der Belohnung wahrscheinlich wichtig sein, auch wenn Sie es nicht zeigen oder zugeben können. Was kommt nach dem Beifall? Oft darf der Mime seinen ersten Eindruck wiedergeben. Nachdem er geschildert hat, welche Teile der Versorgung gut und welche verbesserungsfähig waren, können die Helfer eine Selbstreflexion versuchen. Wirklich? Eine unverfälschte Sicht ist nur möglich, wenn niemand sonst schon seinen Kommentar abgegeben hat. Gewährleisten Sie am besten folgende Reihenfolge:

1. Helfer
2. Mime
3. Beobachter
4. Dozent.

Wenn Sie den Helfer um eine Stellungnahme bitten, bleiben Sie mit Ihrer Frage am besten bewusst offen. So geben Sie ihm Gelegenheit, sein Befinden und seinen Eindruck vom Ablauf in Worte zu fassen. Die Einleitung »Wie ist es Dir/Euch ergangen?« ist eine Möglichkeit.

Wirken Sie von Rollenspiel zu Rollenspiel darauf ein, dass die Rückmeldungen der Be-obachter wirklich konstruktiv sind und nicht ständig unwesentliche Details aufgegriffen werden. Bei geschickter Anleitung werden die Rückmeldungen immer qualifizierter und Sie können sich oft den vierten Teil sparen.

Ein häufig zu beobachtender Fehler sind ständige Wiederholungen der gleichen Aus-sage. Dem Problem kann begegnet werden, indem die Hauptakteure zwei Teilnehmer aus dem Plenum auswählen, die ihnen das Feedback geben dürfen. Diese selbstbestimmte Auswahl führt oft auch dazu, dass Feedback besser angenommen werden kann und nicht als Angriff gewertet wird. Da die Auswahl erst nach der Fallsimulation erfolgt, besteht nicht die Gefahr, dass sich andere Teilnehmer passiv zurücklehnen. Die Auswahl kann sicher auch durch Zuwurf von zwei Bällen oder ähnlichem Material unterstützt werden, wenn Sie und Ihre Teilnehmer das mögen.

3.1.9 Videofeedback

Haben Sie schon das Video als Feedbackmöglichkeit genutzt? Bei der Einführung dieser Technik muss besonders sensibel vorgegangen werden. Nicht jeder kann sich vorstellen, unbefangen vor der Kamera zu üben. Das Gefühl, beobachtet und kontrolliert zu werden, verschwindet bei den meisten aber nach kurzer Zeit.

Im einfachsten Fall erhält jeder aktive Teilnehmer die Möglichkeit, sich im Video zu be-trachten. Zeitaufwendiger hingegen ist die Nachbesprechung im Plenum.

3.1.10 Planspiel

Beim Planspiel sollen die Teilnehmer meistens im Rahmen von vorgegebenen Situationen und Rollen Entscheidungen treffen. Hierzu ist dann strategisches Denken nötig. Am geläu-figsten ist in der Rettungsdienstausbildung sicher die Modellbauplatte mit Landschaften, Straßen, Gebäuden und weiterer Infrastruktur, mit deren Hilfe Schadenslagen erörtert und der Material- und Personaleinsatz geübt wird. Meist wird diese Methode jedoch in der Führungskräfteausbildung, zum Beispiel in der Ausbildung zum Organisatorischen Leiter Rettungsdienst (OrgL RD), eingesetzt. Hier muss noch zwischen Übungs- und Prüfungs-planspiel unterschieden werden. Gerade bei Prüfungsplanspielen gibt es häufig Zeitvor-gaben, in denen die verlangten Entscheidungen getroffen werden müssen. Bei Übungs-planspielen kann dies je nach Bedarf variiert werden. Es sind auch Auszeiten zur Klärung von Fragen denkbar. Das Planspiel als Methode kann aber weitaus umfassender definiert werden. So gibt es Planspiele zum Thema Völkerrecht, in denen Schüler die Rollen von Län-der-Vertretern zugesprochen bekommen, um mit Konflikten zwischen diesen Ländern umzugehen. Auch in der Berufsausbildung anderer Branchen werden Planspiele einge-setzt, zum Beispiel um wirtschaftliche oder volkswirtschaftliche Zusammenhänge deut-lich zu machen. Eine Übungsfirma kann so eine Ausgestaltung sein. Mit dem Planspiel können am übersichtlicheren Modell der Wirklichkeit Zusammenhänge eindrucksvoll ver-deutlicht werden. Um dieses Ziel zu erreichen, ist aber eine gute Vorbereitung nötig. Zu dieser Vorbereitung gehört nicht nur der materielle Aufbau. Das Modell muss gestaltet und Einsatzszenarien müssen entwickelt werden. Gerade beim Planspiel ist es wichtig, die geeigneten Ziele zu entwickeln und zu präsentieren.

ABB. 13 ▶ Am geläufigsten in der RD-Ausbildung: Modellbauplatte mit Landschaften, Straßen, Gebäuden und weiterer Infrastruktur

Die eingangs erwähnte Modellbauplatte kann auch durch andere Formen der Wirklichkeitsabbildung ersetzt werden. Mittlerweile gibt es gerade in der digitalen Welt kostspielige und weniger kostspielige Möglichkeiten. Sie können die Abbildungen ähnlich der Modellbauplatte mit der geeigneten Software über Beamer darstellen oder auch webbasiert an Einzelarbeitsplätzen am Computer arbeiten. Einige Elemente des Planspieleinsatzes bei Führungskräften können Sie aber auch bei der grundlegenden Rettungsdienstausbildung einsetzen. Zunächst bietet sich hierzu das Thema »Führungsvorgang« an.

Wenn Sie eine einsatztaktische Besprechung zu einem realen Objekt, zum Beispiel zu einem Gebäude, verlegen, setzen Sie eine weitere interessante Methode, das Geländeplanspiel, ein.

3.1.11 Mega-Code-Training

In den USA entwickelt, soll das Mega-Code-Training durch das Trainieren standardisierter Behandlungsabläufe bei Kreislaufstillständen eine optimale Patientenversorgung sicherstellen. Unterschieden wird das Training der Basismaßnahmen sowie der erweiterten Maßnahmen. Während mit den Basismaßnahmen die Herzdruckmassage, Beatmung und Defibrillation mit Hilfe automatisierter Geräte gemeint sind, beinhalten die erweiterten Maßnahmen Elektrotherapie, Atemwegssicherung und Medikamentengabe. Grundlage für die Ausbildung in Deutschland sind die ERC-Leitlinien (zuletzt aktualisiert

2010). In den Leitlinien wird auch die Frage aufgegriffen, wie die Vermittlung der Kenntnisse und Fertigkeiten zur Reanimation besonders wirksam in Angriff genommen werden kann. Oft gibt es aber noch keine ausreichenden statistischen Belege, die für eine bestimmte Form der Vermittlung sprechen. Das fängt schon bei der Frage an, ob ein relativ einfaches Übungsphantom oder ein besonders hochwertig ausgestattetes Gerät für das Mega-Code-Training eingesetzt werden sollte. Sicher sind hier die Anforderungen höher als an ein Trainingsgerät für die Breitenausbildung. So sollten die verschiedenen Formen der Atemwegssicherung möglich sein. Komplexere Geräte stellen neben der Elektroaktivität am Herzen auch Blutdruck, Puls, Pupillenreaktion und verschiedenste Geräusche (z.B. Herz-, Lungen- und Darmgeräusche) dar. Ob trotz erheblichen organisatorischen und finanziellen Mehraufwandes der Einsatz dieser Hochleistungssimulatoren gerechtfertigt ist, muss im Einzelfall entschieden werden, Vermarktungsaspekte und der Übungsanreiz für die Teilnehmer spielen hier sicher ebenfalls eine Rolle.

Neben der Versorgung von Kreislaufstillständen lassen sich unabhängig vom Mega-Code-Training diverse andere Patienten-Simulatoren einsetzen. Hier sollte genau geprüft werden, in welchen Fällen die Möglichkeiten gegenüber einem Rollenspiel mit Mimen wirklich verbessert werden.

3.1.12 Crew Resource Management (CRM)

Piloten einer A320 meldeten einen Zwischenfall an Bord ihrer Maschine. Diese sei für einen kurzen Zeitraum über Joystick nur schwer steuerbar gewesen. Mit Mühe sei es gelungen, die Kontrolle und eine stabile Fluglage wiederherzustellen. Die anschließende Aufzeichnung ergab: Kapitän und Copilot waren jeweils der Meinung, die Maschine zu steuern. Ohne es zu wissen, versuchten sie die Korrekturbewegungen des anderen zu kompensieren. In der Folge wurden die Bewegungen immer stärker. Da die Elektronik der A320 nur Bewegungen zulässt, die nicht zu einem Strömungsabriss führen, kam es nicht zum Absturz.

Ursache des kritischen Ereignisses? Menschliches Versagen! Und zwar nicht, weil den Piloten fachliches Wissen oder technische Kompetenz fehlte. Grund war eine unzureichende Kommunikation, die eindeutige Information, wer denn die Steuerung übernimmt. Es ist davon auszugehen, dass weit mehr als die Hälfte solcher Zwischenfälle durch diesen menschlichen Faktor verursacht werden. Auch in der präklinischen und klinischen Notfallmedizin wird der Mensch als Hauptfehlerquelle ausgemacht. Es werden Individuen gefunden, die als »Schuldige« die letzte Karte ziehen, den schwarzen Peter. Im Fall der A320 kam es zu einem meldepflichtigen Ereignis, in anderen Situationen kann es zu schweren Unglücken oder zum Tod von Patienten kommen.

Einen Fehler gemacht zu haben, bedeutet aber nicht zwangsläufig, dass der einzelne beteiligte Mensch die individuelle Schuld trägt – auch wenn diese vereinfachte Sichtweise für die dann Unschuldigen einfacher wäre. Häufig führen viele kleine Fehler durch eine unglückliche Verkettung zu gravierenden Folgen. Im Vorfeld führt der gleiche kleine Fehler vielleicht nur zu auffälligen Situationen oder leichten Unfällen, später – durch das unglückliche Zusammentreffen mehrerer Bedingungen – zu Unfällen mit Todesfolge.

Um das wiederholte Auftreten eines Fehlers zu vermeiden, muss also die Ursache gefunden und müssen Sicherungskonzepte eingeführt werden. Es geht nicht darum, einen Schuldigen zu finden. Es geht darum, über Fehler zu sprechen und Lösungen für die Zukunft zu entwickeln. Fehler gehören untrennbar zur menschlichen Existenz und ihrer Entwicklungsgeschichte. Diese Tatsache anzuerkennen ist der erste Schritt, um eine Fehlerkultur aufzubauen.

Technische Fertigkeiten werden zum Beispiel im Skill-Training entwickelt. Genauso sollen die zahlreichen Regelungen für Medizinprodukte unter anderem eine Fehlbedienung und damit Patientengefährdung durch den Anwender verhindern.

CRM-Training setzt in Ergänzung hierzu auf die Verbesserung der organisatorischen Rahmenbedingungen und der Kommunikation im Team. In Simulationen wird menschliches Verhalten gerade in stressigen Einsatzsituationen verdeutlicht, um Lösungswege für mehr Patientensicherheit zu entwickeln. So sollen Fehlerketten gesprengt werden. Ausgehend von einer zeitkritischen Situation in der präklinischen Notfallversorgung können in der Simulation viele hilfreiche Regeln trainiert werden, die sich im CRM-Training für die Luftfahrt bewährt haben. Folgende Beispiele sind zu nennen:

Denke voraus!

Wie lange reicht der Sauerstoffvorrat noch? Wie könnte sich die Situation weiterentwickeln? Was mache ich, wenn die Maßnahme (venöser Zugang, Intubation) nicht gelingt? Um diese Überlegungen zu ermöglichen, sollten die (Führungs-)Rollen klar verteilt sein.

Nutze alle Möglichkeiten!

Es lohnt sich zum Beispiel die Überlegung, einen Ersthelfer in die Reanimation einzubinden, wenn das Rettungsdienst-Team im Moment nur zu zweit ist. Genauso wichtig ist es aber, weitere Ressourcen (Notarzt, Fachdienste) rechtzeitig anzufordern.

Kommuniziere sicher!

Der Führende muss der Reihe nach klare Anordnungen geben, der Ausführende muss deutliche Rückmeldungen abgeben. Jeder im Team darf Einwände und Vorschläge einbringen, ohne hinderliche Diskussionen zu verfolgen.

Nutze alle Informationen!

Hilfreiche Informationen von Angehörigen oder Ersthelfern werden oft überhört oder nicht eingeholt. Wichtig ist, auch zunächst unwichtig erscheinende Informationen wahrzunehmen.

Vermeide Fixierungsfehler!

Es besteht die Gefahr, durch Vorinformationen von den eigentlichen Problemen abgelenkt zu werden. Dies kann durch ein falsches Meldebild oder auch durch eine fehlerhafte Verdachtsdiagnose des übergebenden Teams geschehen. Solche Informationen sind zwar oft hilfreich, aber mit dem nötigen Abstand zu hinterfragen.

Re-Evaluiere!

Gerade dann, wenn die Situation sich zu einer Krise entwickelt und einen unvorhergesehenen Verlauf nimmt, ist es sinnvoll, gedanklich einen Schritt zurückzugehen. Was ist hier das Hauptproblem? Wie verschaffe ich mir etwas mehr Handlungsfreiheit und Zeit? Die 10-10-Regel hilft dabei, sich in solchen Situationen bewusst zehn Sekunden Zeit zur Re-Evaluation für die nächsten zehn Minuten Versorgungszeit zu nehmen.

Als Merkhilfe kann das FORDEC-Schema aus der Luftfahrt übernommen werden:

FORDEC-Schema	
Facts:	Was liegt vor?
Options:	Welche Möglichkeiten haben wir? Wichtig ist es bei dieser Frage nicht, die optimale Möglichkeit zu suchen, da meist schnelles Handeln erforderlich ist. Es geht zunächst darum, Maßnahmen einzuleiten, die zeitlichen Spielraum verschaffen. So steht bei einer bewusstlosen Person die Atemwegsicherung vor der Ursachenforschung.
Risks, Benefits:	Welche Vor- und Nachteile haben die jeweiligen Optionen?
Decision:	Welche Maßnahme wird durchgeführt?
Execution:	Durchführung der gewählten Maßnahme
Check:	Ist die Wirkung wie gedacht? Gibt es Korrekturbedarf?

Wie aus der Fliegerei bekannt, ist es auch in der Rettungsmedizin in manchen Bereichen hilfreich, Checklisten einzuführen. Diese sind aber kein Allheilmittel, und zu häufig eingesetzt, führen sie, wie bei zu vielen und engen Beschreibungen in manchen QM-Handbüchern, zu einer Müdigkeit, sie anzuwenden.

Um die Durchsetzung einer Fehlerkultur zu erleichtern, gibt es verschiedene Instrumente. Ein anonymes Mittel ist das »Critical Incident Reporting System« (CIRS). Mitarbeiter aus Klinik und Rettungsdienst können über einen Fragebogen von Zwischenfällen berichten. Hier sind nicht nur Fälle gemeint, die zur Patientenschädigung geführt haben. Genauso soll über kleinere, möglicherweise kritische Ereignisse berichtet werden. Die gewonnenen Erkenntnisse können genutzt werden, um zukünftige Fehler zu vermeiden.

3.1.13 Erlebnis- und Spielpädagogik

Wenn Spiele richtig eingesetzt werden, verliert der Teilnehmerkreis recht schnell das häufig ausgeprägte Vorurteil, dass diese nur etwas für Kinder seien. Was heißt in diesem Zusammenhang richtig eingesetzt? Es kommt vor allem auf den dosierten Einsatz dieser Methode an. Selbst Spielbegeisterte lassen sich vergraulen, wenn es nur noch von Spiel zu Spiel geht. Zudem sollte der Einsatz zielgerichtet sein, was nicht zwangsläufig bedeutet, dass mit jedem Spiel eine zu erreichende Kompetenz aus dem Curriculum »abgearbeitet« werden soll. Das Ziel kann auch sein, eine aktivierende, auflockernde Phase einzubauen und so ein anschließendes konzentriertes Arbeiten wieder zu ermöglichen. Für den Unterricht an der Rettungsdienstschule können wir uns auf folgende drei Spielformen konzentrieren:

- ▶ Kennenlernspiele
- ▶ Muntermacher
- ▶ Vertrauensspiele.

Auch wenn Spiele zielgerichtet einzusetzen sind, soll eines nicht vernachlässigt werden: der Spaß am gemeinsamen Tun in ungezwungener Atmosphäre. Als Spielleiter brauchen Sie Fingerspitzengefühl und die Fähigkeit, spontan auf Stimmungen und Entwicklungen in der Gruppe zu reagieren. So wie es zahlreiche gute Methodensammlungen gibt, finden sich auch unzählige Spielesammlungen in Büchern und im Internet.

Kennenlernspiele lassen sich meist mit wenig Vorbereitung und Materialaufwand umsetzen. Wie bei den beiden anderen Spielformen kann es sein, dass die Teilnehmer diese nicht sofort begeistert aufnehmen. Eine ähnliche Situation kann man auch erleben, wenn statt des Kennenlernspiels eine einfache Vorstellungsrunde als Methode gewählt wird. Es ist hilfreich, sich die Gründe für eine erste spontane Abwehrhaltung vor Augen zu führen. In einer Anfangssituation bedeutet dies, dass der Teilnehmer in eine für ihn neue Situation kommt, in der er die Lage sondieren möchte und herausfinden will, wer »Freund« und wer »Feind« ist. Er möchte die Bedingungen in der neuen Gruppe abschätzen und einordnen. Je nachdem, ob er schon andere Teilnehmer kennt, wird er sich normalerweise mit Äußerungen zurückhalten. Diese abwartende Haltung prägt die Anfangssituation sehr stark. Seltener gibt es Teilnehmer, die sich anders verhalten. Diese können es manchmal gar nicht abwarten, das Plenum für ihren Auftritt zu nutzen. Entsprechend gibt es auch nicht das einheitliche Verhalten, die einheitliche Entwicklung einer neuen Gruppe. Viele Einflüsse spielen hier eine Rolle. Manchmal ist für den Dozenten gar nicht erkennbar, warum eine Gruppe sich anfangs viel schneller findet als andere Gruppen. Bei den Kennenlernspielen kommen noch spezifische Gründe für eine Abwehrhaltung hinzu: Spiele sind etwas für Kinder und reine Zeitvergeudung. Dieser Gedanke ist fest in vielen Köpfen verankert.

Solange die Widerstände nicht allzu groß sind, können Sie die möglichen Vorbehalte ignorieren und einfach mit einem abwechslungsreichen Kennenlernspiel starten. Sie werden feststellen, dass fast immer alle mitmachen und auch mit Freude dabei sind. Beobachten Sie bei Gelegenheit, wie sich das Gesprächsverhalten nach einem Kennenlernspiel verändert. Wichtig ist, der Kennenlernphase den angemessenen Raum zu geben. Dieser ist bei einer zweitägigen Fortbildung sicher ein anderer als im Rahmen der Ausbildung zum Rettungsassistenten.

Zur Kennenlernsituation gehört noch ein weiterer Aspekt: Namen! Namenspiele können vom Dozenten gezielt eingesetzt werden, um sich selbst die Namen der Teilnehmer gleich zu Beginn merken zu können. Es ist empfehlenswert, bei der Auswahl der Kennenlernspiele nach nicht so stark verbreiteten Exemplaren Ausschau zu halten. Denn wenn die Teilnehmer Seminarerfahrung besitzen, locken unbekannte Spiele zuverlässiger aus der Reserve.

Auch für *Muntermacher*, oft Warming-up-Spiele (Wup) genannt, gilt, dass sie ohne aufwendige Vorbereitung und mit wenig Material umzusetzen sind. Vielleicht möchte ein Teilnehmer eine eigene Idee einbringen? Selbst im Rettungsdienstlehrgang werden Sie oft Teilnehmer finden, die Erfahrung in der Jugendarbeit gesammelt haben und bereit sind, Muntermacher beizusteuern. Wups sollten auf keinen Fall länger als zehn Minuten, besser fünf Minuten andauern, um ihr Ziel nicht zu verfehlen. Das sollten Sie unbedingt vorher mit dem freiwilligen Spielanleiter absprechen. So verhindern Sie, mitten im Geschehen eingreifen zu müssen. Gerade wenn der überwiegende Teil der Gruppe gerne noch weitermachen möchte, ist es gut, aufzuhören. Bei der nächsten Aktivierung sind die Teilnehmer wieder mit Eifer dabei.

Was für die Wups in Bezug auf einfache Durchführung gilt, lässt sich nicht gänzlich auf andere Spielformen übertragen.

Vertrauensspiele verlangen vom Spielleiter mehr Erfahrung und Flexibilität. Das fängt schon mit dem richtigen Zeitpunkt für den Einsatz eines Vertrauensspiels an. Wann sind die Teilnehmer so vertraut, dass das Spiel angemessen ist? Wann wird die Gruppe durch den Einsatz gestärkt? Manchmal entwickelt sich der Spielverlauf anders als erwartet. Gegebenenfalls muss unterbrochen und gegengesteuert werden, Spielregeln bedürfen einer Anpassung. Ein Punkt ist noch besonders wichtig: Achten Sie auf die Sicherheit der Teilnehmer. Man könnte dem natürlich entgegenhalten, dass zur Erlebnispädagogik ein gewisses Maß an Risiko gehöre. Schließlich sei das Abenteuer inbegriffen und Abenteuer gehe nicht ohne Risiko. Wer also die Nebenwirkungen ausschalte, minimiere auch die gewollte Wirkung. Wir können bei dieser Gelegenheit gleich den Begriff Abenteuer unter die Lupe nehmen. Vielleicht verstehen manche zunächst unter Abenteuer den Gang in die Wildnis – wie früher den Naturgewalten ausgesetzt zu sein und sich im ständigen Überlebenskampf zu befinden. Das mag sein. Einige Menschen begeben sich in Survival-Abenteuer oder entsprechende Lehrgänge, um sich selbst in extremen Situation näher zu kommen. Manchmal lesen sie auch nur Bücher mit Survival-Tipps. Abenteuer kann etwas anderes, für unsere Situation Passenderes, bedeuten. Ein Abenteuer kann man erleben, wenn man sein gewohntes Umfeld verlässt, indem man sich auf andere Menschen einlässt und bereit ist, sein eigenes Handeln und seine eigene Haltung kritisch zu reflektieren. Hierzu verlässt man die eigene Wohlfühlzone im Sinne einer Weiterentwicklung.

In dieser abenteuerlichen und nicht immer bequemen Situation kann sich ein Teilnehmer im günstigen Fall und ganz ohne wilde Tiere befinden. Das sind Optionen für gelungene und nachhaltige Lernerfolge. Was bedeutet das für uns konkret? Wir dürfen Vertrauens- und andere Spiele so gestalten, dass unnötige Risiken durch Auswahl, Aufbau oder Anleitung verhindert werden. Bei der Auswahl kommt zum Tragen, wie unser Eindruck von der Gruppe ist. Nehmen die Teilnehmer Sicherheitshinweise konzentriert auf und beachten sie diese? Oder wählen wir gleich ein Spiel mit geringerem Risiko aus? Zu bedenken ist, da wahrscheinlich kein reiner Kurs Erlebnispädagogik gebucht wurde, dass als Richtziel der gut ausgebildete Rettungsassistent oder Rettungssanitäter vorgegeben ist. Das Richtziel ist schwer erreichbar, wenn wir hohe Teilnehmerverluste durch Verletzung in Kauf nehmen. Und die wirklichen Gefahren werden oft unterschätzt. In guten Spielanleitungen gibt es diesbezüglich Hinweise. Es lohnt sich, diese zu beachten.

Oder hätten Sie gedacht, dass es beim Seilziehen schon häufig zu tödlichen Unfällen gekommen ist, weil die Seilstärke nicht zur Anzahl der Teilnehmer an einem Wettstreit gepasst hat?

Beim Vertrauenslauf bilden die Teilnehmer zwei Reihen, die ein Spalier bilden. Die Teilnehmer der beiden Reihen schauen sich jeweils an. Die Breite der Gasse beträgt zwei Armlängen, wobei die Arme hochgehalten werden, um die Gasse zu versperren. Jeder Einzelne erhält die Gelegenheit, durch diese Gasse zu rennen. Er muss aber darauf vertrauen, dass die Arme jeweils kurz vorher den Weg freigeben. Erkennen Sie mögliche Gefahren? Wahrscheinlich entwickelt einer der Läufer den Ehrgeiz, so schnell wie möglich zu rennen, um Mut zu beweisen. Auf der anderen Seite werden die Spaliersteher immer später ihre Arme zur Seite nehmen. Anfangs ist die Konzentration hoch. Ob dies beim 20. Läufer immer noch der Fall ist? Es kommt möglicherweise zum Aufprall – und es ist nicht immer harmlos, in vollem Lauf mit dem Gesicht in Arme zu rennen. Sollte es zu einem solchen Unfall kommen, ist das Ziel des Vertrauenslaufs in weite Ferne gerückt. Also lieber doch darauf verzichten? Dann würden wir der Gruppe die Möglichkeit vorenthalten, das gemeinsame Lernen durch die Gruppenerfahrung zu erleichtern und zu verbessern. Sicher, Gruppenerfahrungen werden auch ohne unser Zutun, aber wahrscheinlich in einem ganz anderen Kompetenzbereich gesammelt.

Es sind nur wenige Punkte zu beachten, um den hier als Beispiel genannten Vertrauenslauf in einen Lauf mit nur noch minimalem Restrisiko zu verwandeln. Es fängt damit an, auf die möglichen Gefahren hinzuweisen. Brillenträger können ihre Gläser vorher in Sicherheit bringen. Und statt die Arme nach oben aus dem Weg zu nehmen, sollten alle ihre Arme nach unten nehmen. Wichtigster Punkt ist jedoch die Konzentration: Es ist illusorisch zu glauben, dass jeder Teilnehmer über die gesamte Spieldauer hinweg die volle Konzentration behält. Eine einfache Regel trägt auch hier zur Risikominimierung bei. Der Läufer muss sich von der Aufmerksamkeit der anderen überzeugen, indem er »Alle fertig?« ruft. Nach der lauten positiven Rückmeldung soll er noch »Ich laufe los!« sagen.

Oft wird die Durchführung einer komplexeren Spielsituation auch in einer noch so guten Spielbeschreibung nicht deutlich. Hier empfiehlt es sich, einem erfahrenen Spielleiter über die Schulter zu schauen.

3.2 Medien

R. Kuhnke

3.2.1 Grundlegendes

Während sich die Methoden mit dem planmäßigen Verfahren zur Wissensvermittlung beschäftigen, sind Medien materielle Hilfsmittel, mit denen Lehrinhalte zu den Teilnehmern transportiert werden sollen. Durch ihren professionellen Einsatz unterstützen sie die Lehrkraft bei der Vermittlung komplexer Sachverhalte. In dem Spruch »Ein Bild sagt mehr als tausend Worte« wird sehr treffend beschrieben, wie ein sinnvoller Medieneinsatz langwierige und komplizierte Erläuterungen überflüssig machen kann. Bereits im 16. Jahrhundert postulierte der Reformpädagoge Johann Amos Comenius (1592–1670) den Einsatz von Anschauungsmaterialien vor der sprachlichen Vermittlung:

»Alles soll wo immer möglich den Sinnen vorgeführt werden, was sichtbar dem Gesicht, was hörbar dem Gehör, was riechbar dem Geruch, was schmeckbar dem Geschmack, was fühlbar dem Tastsinn.«

Das Zitat von Comenius erweitert dabei das übliche Verständnis in Bezug auf das Anschauungsmaterial. Bei ihm beschränkt sich der Einsatz von Anschauungsmaterialien nicht nur auf die visuelle Wissensvermittlung, sondern bedient möglichst alle Sinneskanäle. Wissenschaftliche Untersuchungen zeigen, dass sich Reize summieren und sich dadurch der Behaltenseffekt steigern lässt, wenn mehrere Sinne bei der Wahrnehmung eines Lerninhaltes beteiligt sind.

ABB. 14 ▶ Besonders der Einsatz von anatomischen Modellen bereichert den Unterricht

Neben Anschauungsmaterialien gibt es noch eine Reihe anderer Medien, die bei der Wissensvermittlung unterstützen. Dabei ist die Nutzung von Medien nie reiner Selbstzweck. Der Einsatz verfolgt immer das Ziel, Lehren und Lernen besser und effizienter zu gestalten. Als Wissenschaft beschäftigt sich die Mediendidaktik mit dem sinnvollen und methodischen Einsatz von Medien und ihrer Bedeutung bei der Wissensvermittlung. Das folgende Kapitel erarbeitet Schritt für Schritt den zielgerichteten Einsatz von Medien und veranschaulicht dies anhand von Beispielen aus der Unterrichtspraxis.

Ziele beim Einsatz von Medien im Unterricht:

- ▶ Motivation und Aktivierung
- ▶ nachhaltige Verankerung im Gedächtnis
- ▶ Vereinfachung ansonsten schwer vermittelbarer und/oder abstrakter Lehrinhalte
- ▶ Berücksichtigung unterschiedlicher Lerntypen (akustisch, haptisch, visuell, verbal).

Motivation und Aktivierung

Ein ansonsten langweiliger Vortrag kann durch einen gezielten Einsatz eines Mediums die Aufmerksamkeit der Teilnehmer deutlich erhöhen. Dabei sind es vor allen Dingen die ungewöhnlichen Unterrichtsmittel, welche die Teilnehmer motivieren und aktivieren. Nutzt man z.B. bei der Wiederholung des Herz-Kreislaufsystems ein tierisches Präparat und erläutert unter Zuhilfenahme von Schautafel und Modell die anatomischen Strukturen, kann man sich des Interesses der Teilnehmer gewiss sein.

Da sich bei den Teilnehmern sehr rasch ein Gewöhnungseffekt einstellt, ist die Lehrkraft gut beraten, den Unterricht nicht mit ungewöhnlichen Unterrichtsmitteln zu überfrachten, sondern diese sparsam und zielgerichtet einzusetzen.

Nachhaltige Verankerung im Gedächtnis

Der Einsatz von Medien soll auch immer die nachhaltige Verankerung im Gedächtnis der Teilnehmer fördern. Das Medium dient im besten Fall als Anker und prägt sich im Gedächtnis zusammen mit den vermittelten Inhalten ein. In der Konsequenz bedeutet dies, dass der Teilnehmer beim Gedanken an das Medium die hierzu vermittelten Lerninhalte abrufen kann. Während man in der Regel Medien nutzt, die einen direkten Bezug zum Inhalt haben, kann es auch sinnvoll sein, abstrakte Mittel einzusetzen.

Praxisbeispiel: Nimmt man eine Lupe als Ankerbegriff für die notwendigen diagnostischen Maßnahmen bei der Untersuchung eines Patienten (z.B. Atmung, Puls, Blutdruck, Blutzucker), reicht es, wenn man zum späteren Zeitpunkt die Lupe zeigt, und die Teilnehmer wissen, welche Maßnahmen hierunter zu verstehen sind. Nutzt man das Medium in der beschriebenen Weise, dient es als Anker im Sinne der klassischen Konditionierung.

Vereinfachung ansonsten schwer vermittelbarer und/oder abstrakter Lehrinhalte

Immer dort, wo es gilt, schwierige oder abstrakte Sachverhalte zu erläutern, ist es von großem Vorteil, dies durch den gezielten Einsatz von Medien zu erleichtern. Besonders Modelle und Versuche bieten der Lehrkraft die Möglichkeit, schwierige Inhalte einfach zu vermitteln.

Praxisbeispiel: Bei der Erläuterung der Windkesselfunktion der Aorta nutze ich einen Einmalhandschuh. In den Daumen des Handschuhs mache ich ein kleines Loch. Der Handschuh wird von mir aufgeblasen. Die Schüler sehen, wie sich der Handschuh dehnt. Durch das Loch entweicht nach und nach Luft. Der Handschuh zieht sich langsam zusammen. Die Elastizität des Einmalhandschuhs dient mir als Beispiel für die Dehnbarkeit der Aorta. Im späteren Verlauf dient mir das gleiche Modell, um den diastolischen Blutdruckwert zu erläutern. Anhand der langsam ausströmenden Luft lässt sich sehr gut zeigen, dass der Blutstrom in den Gefäßen zwischen den einzelnen Herzschlägen nicht zum Stillstand kommt.

Vor dem Einsatz eines Modells oder Versuchs muss die Lehrkraft unbedingt kritisch prüfen, ob das verwendete Medium den zu klärenden Sachverhalt wirklich vereinfacht. Tut es das nur unzureichend oder führt es die Teilnehmer gar auf eine falsche Fährte, sollte auf den Einsatz lieber verzichtet werden.

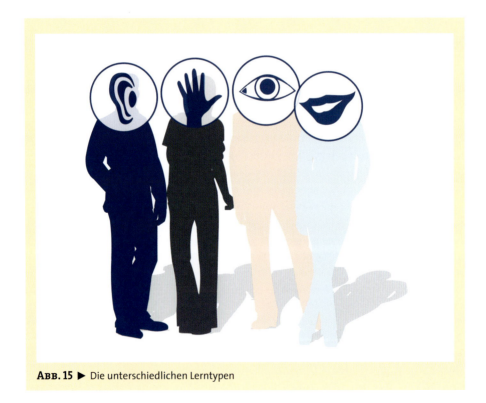

ABB. 15 ▶ Die unterschiedlichen Lerntypen

Berücksichtigung unterschiedlicher Lerntypen (akustisch, haptisch, visuell, verbal)

Die Nutzung der unterschiedlichen Sinneswahrnehmungen und das Wissen in Bezug auf das Vorhandensein der unterschiedlichen Lerntypen machen es notwendig, die eingesetzten Medien möglichst nicht nur eindimensional anzuwenden. Die Lernpsychologen unterscheiden vier Grundtypen (Abb. 15). Diese Grundtypen kommen in den unterschiedlichsten Mischungen und Ausprägungen vor:

- ▶ visuell geprägter Lerntyp (= »Sehtyp«)
- ▶ auditiv geprägter Lerntyp (= »Hörtyp«)
- ▶ haptisch geprägter Lerntyp (= »Fühltyp«)
- ▶ verbal geprägter Lerntyp (= »Gesprächstyp«).

Ein guter Medienmix berücksichtigt dabei immer die heterogene Gruppe unserer Teilnehmer und die Tatsache, dass die Lerntypen in ihrer Reinform nicht vorkommen, sondern immer als Mischform auftreten.

Praxistipp: Ist der Behaltenseffekt bei einem Schaubild (visuell) des Abdomens bereits sehr groß, so kann dieser durch den Einsatz eines Torsos zusätzlich gesteigert werden. Bei der Erläuterung (auditiv) der Verdauungsorgane »weide« ich den Torso Organ für Organ aus. Die besprochenen Organe gehen am Ende reihum und können von den Teilnehmern in kleinen Gruppen inspiziert werden (haptisch). Dabei achte ich darauf, dass für das haptische Erleben und das Gespräch zwischen den Teilnehmern (verbal) genügend Zeit bleibt und ich im Lehrstoff nicht weiter fortschreite. Um einen nachhaltigen Lernerfolg zu gewährleisten, erhalten die Teilnehmer im Vorfeld den Arbeitsauftrag, die Organstrukturen in den Abbildungen im Lehrbuch am Modell zu identifizieren.

Bereits bei der Planung des Unterrichts muss die Lehrkraft kritisch prüfen, ob der Einsatz des Mediums sinnvoll und möglich ist. Die nachfolgenden Anhaltspunkte helfen bei der Entscheidung für, aber auch gegen die Nutzung eines Mediums:

- ▶ Verfügbarkeit
- ▶ Rahmenbedingungen (Zeit, Räumlichkeit, institutionelle Vorgaben)
- ▶ Teilnehmerkreis
- ▶ Methoden
- ▶ Vorlieben, Fähigkeiten und Fertigkeiten der Lehrkraft.

Verfügbarkeit

Bereits zu Beginn der Planung des Unterrichts muss sich die Lehrkraft einen Überblick von den zur Verfügung stehenden Medien verschaffen. Steht ein Medium nicht zur Verfügung, muss nach Alternativen gesucht werden. Während ein Beamer für Präsentationszwecke mittlerweile in allen Bildungseinrichtungen zur Standardausrüstung gehört, sind es häufig die bewährten Medien, die nicht mehr grundsätzlich bereitgestellt werden. Auch wenn geklärt ist, ob vor Ort eine Tafel zur Verfügung steht, weiß man noch nicht, ob es sich dabei um eine grüne Schultafel oder ein Whiteboard, ein Flip-Chart oder eine Pinn-/Plakatwand handelt. Jedes Medium hat direkte Auswirkungen auf die Ausgestaltung des Unterrichts bzw. Vortrags. Eine gute Lehrkraft zeichnet sich dadurch aus, dass sie einen akzeptablen »Notfallplan« in der Tasche hat, wenn ein Medium unerwartet nicht zur Verfügung steht.

Rahmenbedingungen (Zeit, Räumlichkeit, institutionelle Vorgaben)

Neben der Verfügbarkeit sind es auch die Rahmenbedingungen, welche die Medienauswahl beeinflussen. Bei einer Fortbildungsveranstaltung nach Feierabend ist zum Beispiel ein Diavortrag ungeeignet. Die Anstrengungen des Tages in Verbindung mit der dunklen Umgebung machen die Teilnehmer schläfrig, sodass sie selbst einem interessanten Thema nur sehr schwer Aufmerksamkeit widmen können. Teilnehmeraktivierende Methoden in Verbindung mit einer abwechslungsreichen Mediengestaltung, etwa unterschiedliche Anschauungsmaterialien oder interessante Arbeitsblätter, können hier oft Wunder wirken. Neben der Tageszeit haben auch die Räumlichkeit und Vorgaben des Veranstalters (Zeitbudget, Teilnehmerzahl) einen erheblichen Einfluss auf die verwendeten Medien.

Teilnehmerkreis

Nicht jedes Medium spricht jeden Teilnehmer in gleicher Art und Weise an. Neben den oben beschriebenen Lerntypen sind es auch das Alter, die Gruppengröße, das Vorwissen und der soziale Status, welche die Nutzung eines Mediums limitieren oder empfehlenswert machen.

Praxistipp: Bietet es sich in einer kleinen Gruppe zum Beispiel an, die Funktion eines Beatmungsgerätes direkt an einem Intubationstrainer vorzuführen, ist die Nutzung dieses Mediums bei einem großen Plenum nicht angezeigt. Damit hier alle Teilnehmer uneingeschränkten Blickkontakt haben, sollte das Beatmungsgerät besser über den Beamer präsentiert werden. Trickreich ist dabei die Nutzung einer Digitalkamera und die direkte Projektion der Vorführung auf die Leinwand.

Methoden

Verwendete Methode und eingesetzte Medien sind untrennbar miteinander verbunden.

Praxisbeispiel: Entscheidet man sich für ein entwickelndes Lehrgespräch und möchte gemeinsam mit den Teilnehmern einen Algorithmus erarbeiten, bietet sich eine Pinnwand mit bunten Moderationskarten hervorragend an. Nach einer einleitenden Fragestellung werden die Teilnehmerbeiträge gesammelt, geordnet, diskutiert und danach gegebenenfalls neu strukturiert, am Ende wird das Ergebnis durch die Lehrkraft zusammengefasst (Metaplantechnik). Eine vorgefertigte Präsentation ist für diese Unterrichtsmethode zu statisch und verhindert die aktive Auseinandersetzung der Teilnehmer mit der Problemstellung. Vielmehr warten die Teilnehmer auf den nächsten Klick und den Vorschlag des Dozenten.

Betrachtet man das Lehr- und Lernverständnis in den letzten 100 Jahren, wird deutlich, wie sich durch die Veränderung der Rolle des Lehrenden die damit verbundenen Methoden und Medien angepasst haben. Lange gab es, geprägt durch die Methode des Vortrags, neben dem Anschauungsmaterial (Modelle, Präparate), den Schautafeln (Landkarten, bildhafte Darstellungen) lediglich die grüne Schultafel zur Visualisierung des vorgetragenen Textes. In der Folge des Lehrermangels in der Nachkriegszeit fokussierte sich Unterricht häufig auf sogenannte mediengetragene Unterrichtsarrangements. Dabei kamen vor allen Dingen Arbeitsbücher zum Einsatz und Schüler hatten nach einem einführenden Text Arbeitsaufgaben zum Verständnis und Transfer zu bearbeiten. Das Medium Arbeitsbuch entlastete die Lehrkraft. Die traditionelle Rolle bei der Informationsweitergabe kam dem Medium zu und die Rolle des Lehrers beschränkte sich auf die Nachbereitung und Integration des Stoffes. Die sozialen Umwälzungsprozesse in den 70er Jahren und ein verändertes Rollenverständnis von Lehrer zu Schülern hatten auch direkte Auswirkungen auf die angewandten Methoden und dadurch auf die Nutzung von Medien. Ausgehend von neueren kognitivistischen Lerntheorien, bei welchen die aktive Auseinandersetzung mit dem zu vermittelnden Lehrstoff mehr und mehr an Bedeutung gewann, wurde die Nutzung von Medien auch den Schülern zugänglich gemacht. Nach einer rezeptiven Phase (»einatmen«) folgte eine expressive Phase (»ausatmen«), in der die Schüler ihre Ergebnisse auf geeigneten Medien (Flip-Chart, Pinnwand) zusammenfassen und präsentieren konnten. In unserer heutigen Zeit wird Lernen mehr und mehr als aktiver, selbstgesteuerter Prozess (konstruktivistische Lerntheorie) verstanden, in dem die Lehrkraft eine moderierende Rolle von Lehr- und Lernprozessen einnimmt. Die modernen Medien des Web 2.0 eröffnen den Schülern mehr denn je die Chance, Lernen auch außerhalb des geplanten Bildungskontextes zu organisieren. Im Gegensatz zum formalen Lernen im geplanten Bildungskontext vollzieht sich informelles Lernen außerhalb der Institution, in der Freizeit, und entzieht sich somit dem planmäßigen Verfahren zur Wissensvermittlung durch die Lehrkraft. In der Konsequenz bedeutet dies, dass die Lehrkraft den Schülern die Nutzung und den zielgerichteten Einsatz von Medien ermöglichen muss.

Vorlieben, Fähigkeiten und Fertigkeiten der Lehrkraft

Wer Schülern den richtigen Umgang mit Medien vermitteln möchte, sollte diese selbstverständlich kennen und beherrschen. Die hierfür notwendigen Fähig- und Fertigkeiten werden unter dem Begriff Medienkompetenz zusammengefasst. Bei der Vielfalt an zur Verfügung stehenden Medien ist es nicht immer möglich, in der Anwendung jedes Mediums absolut sicher zu sein. Besonders im Bereich der modernen Medien wie Lernplattformen und virtuellen Klassenzimmern lassen sich Wissenslücken und Anwendungsunsicherheiten derzeit noch verzeihen. Die persönlichen Vorlieben für das eine oder andere Medium sollten allerdings nicht dazu führen, die breite Palette an zur Verfügung stehenden Medien ungenutzt zu lassen. Derzeit lässt sich eine überproportionale Fokussierung bei Präsentationen über den Beamer feststellen. Waren es in den 80er Jahren die Overhead-Projektoren, die zu einer Verödung der Medienlandschaft geführt haben, sind es derzeit PowerPoint-Präsentationen, mit denen Schüler drangsaliert werden. Zwar bieten moderne Präsentationstechniken der Lehrkraft vielseitige Möglichkeiten, den Unterricht medial zu bereichern, leider sind jedoch die meisten Präsentationen langatmig, textlich überfrachtet, überanimiert und unstrukturiert. Auch wenn sich durch die Präsentationstechnik über Beamer eine Reihe von Medien (Video, Diaprojektor, Overhead) leicht ersetzen lassen, sind die Regeln für deren Einsatz auch für diese Art der Präsentationen gültig. Dies ist der Grund, warum ich im Folgenden auch vermeintlich »überalterte« Medien darstellen möchte.

Die Erfahrung zeigt, dass viele Referenten nicht mehr über ausreichende Grundkenntnisse in der Anwendung der Standardmedien verfügen und sehr einseitig auf Präsentationen über Beamer fokussiert sind. Dieser Mangel wirkt sich dann auch direkt auf die Nutzung von »hippen« Medien aus. Bei der Vielzahl an zur Verfügung stehenden Medien ist es überaus schwierig, zuerst eine repräsentative Auswahl und danach eine sinnvolle Einteilung vorzunehmen. Die früher gebräuchliche Einteilung nach visuellen, auditiven und audiovisuellen Medien ist aufgrund der fehlenden Beachtung von Anschauungsmaterialien und des Einsatzes moderner Medien bei selbstgesteuerten Lernprozessen nicht geeignet. Auch andere gängige Medienklassifikationen waren nach Meinung der Autoren nicht zielführend. Wir haben uns nach einer Auswahl von bekannten und aktuellen Medien für eine haptische Einteilung entschieden. Handelt es sich bei dem Medium um einen Gegenstand (Hardware) und ist sein Einsatz in der Regel an das formale Lernen innerhalb einer Bildungseinrichtung gebunden, zählen wir ihn zu den bewährten Medien. Ist das Medium hingegen nicht gegenständlich (Software) und dazu geeignet, das Lernen außerhalb einer Bildungseinrichtung zu unterstützen, subsumieren wir es unter den modernen Medien.

3.2.2 Bewährte Medien

Nach wie vor findet die Vermittlung von Wissen in den meisten Fällen noch als formales Lernen innerhalb einer Bildungseinrichtung statt. Für diese Unterrichtsform gibt es ein Repertoire an bewährten und bekannten Medien. Der zielgerichtete Einsatz bewährter Medien innerhalb eines methodisch-didaktisch begründeten Medienmix unterstützt den Lehr-/Lernprozess und soll den Unterricht strukturierter, konkreter, anschaulicher, verständlicher und praxisbezogener machen. Dies ist ohne Frage ein hoher Anspruch, aber ein durchaus anzustrebendes Ziel.

Schautafel, Anschauungsmaterial, Modelle und Versuche, Hörbeispiel, Riech- und Geschmacksprobe

Während es früher in jeder Schule einen großen Fundus an *Schautafeln* gab, den man als Referent nutzen konnte, ist dies heute häufig nicht mehr der Fall. Bei der Vorbereitung des Unterrichts muss die Lehrkraft dann auf elektronisches Bildmaterial zurückgreifen. Dies hat den Nachteil, dass es nur kurzfristig zu sehen ist und mit der nächsten Folie aus der Aufmerksamkeit der Teilnehmer verschwindet. Der Einsatz einer Schautafel ist mehr als nur kurzfristige Darstellung. Bereits beim Betreten des Lehrsaals werden die Schüler mit der vorbereiteten Schautafel auf das Thema des Tages eingestimmt. Im Laufe des Unterrichts hat die Lehrkraft immer wieder Gelegenheit, auf die Schautafel zurückzugreifen und diese für weitere Erläuterungen zu nutzen. Die Schautafel begleitet den Unterricht und erinnert über den gesamten Zeitraum immer an das zu bearbeitende Thema. Die Schauta-

fel dient zum einen als Medium für konkrete Erläuterungen, ist aber andererseits auch
Anker zur nachhaltigen Festigung der Lerninhalte. Meiner Meinung nach können Rettungsdienstschulen auf wesentliche Schautafeln (Atmung, Herz-Kreislauf, Abdomen,
männliche und weibliche Geschlechtsorga-
ne) nicht verzichten und müssen den Lehrkräften diese in ausreichender Anzahl zur
Verfügung stellen. Aber auch die Lehrkräfte
sind gefordert, sich Zeit für die Unterrichts-
vorbereitung zu nehmen und die Medien
bereitzustellen.

Die Gestaltung des Lehrsaals und das
Einsetzen von geeignetem *Anschauungsmaterial* gehört zum Handwerkszeug einer
Lehrkraft. Besonders der Einsatz von anatomischen Modellen bereichert den Unterricht und bietet den haptisch veranlagten Lerntypen die Möglichkeit des »Begrei-
fens«. Damit das anatomische Modell die-

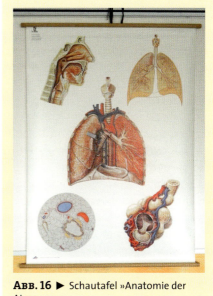

ABB. 16 ▶ Schautafel »Anatomie der
Atemwege«

ses Ziel erreicht, ist es notwendig, darauf zu achten, dass genügend Zeit gegeben wird. Die
Lehrkraft ist aufgefordert, im Unterrichtsverlauf inne zu halten und die notwendigen Zeit-
ressourcen einzuräumen. Um Unruhe zu vermeiden, kann das Inspizieren eines Modells
mit der Bearbeitung eines Arbeitsblattes kombiniert werden.

Neben anatomischen Modellen sind es aber auch reale Gegenstände, mit denen der Unterrichtsraum zum Erfahrungsraum wird. Hat man zum Beispiel das Standardequipment
(Notfallkoffer, Beatmungsgerät, Absaugeinheit und EKG) bei der Besprechung von Krank-
heitsbildern bereitgestellt, haben die Teilnehmer auch immer ein Bild vor sich, wenn die
notwendigen Hilfsmittel zum Einsatz gebracht werden. In den Pausen bietet sich den
Schülern die Chance, sich mit dem Material vertraut zu machen, Dinge in die Hand zu nehmen und im weiteren Unterrichtsverlauf Fragen zu stellen. Die vermeintliche Mehrarbeit
ist gut investiert und in der Regel finden sich immer Freiwillige, die bereit sind, beim Be-
reitstellen und Aufräumen der Unterrichtsmittel mitzuhelfen.

Besonders dort, wo es gilt, schwierige Sachverhalte einfach zu vermitteln, können *Modelle* oder *Versuche* beim Verständnis helfen. Das Modell und der Versuch reduzieren komplexe Zusammenhänge auf das Wesentliche.

*Praxistipp: Die Adhäsionskräfte demonstriere ich mit Hilfe einer Overheadfolie, die ich auf
ein vorher befeuchtetes Fenster aufbringe (Achtung: Um dem Konflikt mit dem Reinigungs-
personal aus dem Weg zu gehen, empfehle ich, die Spuren des Versuchs im Anschluss zu beseitigen). Diffusion erläutere ich, indem ich mit einem Deospray vom Billigdiscounter in einer Ecke des Unterrichtsraumes einen Ort hoher Konzentration von Duftstoffen schaffe und*

diese sich nun langsam im Raum verteilen (Achtung: Da der Duftstoff bis zum Konzentrationsausgleich dem Konzentrationsgefälle folgt, sollte der Ort der hohen Konzentration möglichst weit vom Lehrerpult entfernt sein und sich eine Pause an die Demonstration anschließen). Die elektrische Erregung von Herzmuskelzelle zu Herzmuskelzelle kann hervorragend mit Hilfe einer La-Ola-Welle nachgestellt werden, die sich von Teilnehmer zu Teilnehmer durch den Unterrichtsraum ausbreitet (Tipp: Besonders nach dem Mittagessen bietet sich diese moderate körperliche Aktivität an).

Der Kreativität und dem Spaß der Lehrkraft sind hier keine Grenzen gesetzt. In jedem Fall empfehle ich Mut zum Versuch. Sollte ein Versuch mal nicht gelingen, kann ich Ihnen versichern, dass der Behaltenseffekt bei den Teilnehmern hierunter nicht leidet. Im Gegenteil: Der misslungene Versuch in Verbindung mit dem enttäuschten Gesicht der Lehrkraft hilft, den zu transportierenden Inhalt nachhaltig zu verankern.

Während fast alle Lehrkräfte bei der Frakturen- und Wundlehre zur Veranschaulichung Wundechtaufnahmen zeigen, ergießen wir uns in ausufernden Erörterungen, wenn es gilt, das brodelnde, feinblasige, rasselnde Atemgeräusch beim Lungenödem oder den pfeifenden, giemenden exspiratorischen Stridor beim Asthmaanfall zu beschreiben. Ein *Hörbeispiel* kann hier sehr hilfreich sein. Da wir nur selten die Gelegenheit haben, akustische Beispiele in den Unterrichtsverlauf einzubauen, prägt sich dieses Medium besonders gut ein. Hat man keine Auskultationsbeispiele zur Hand, kann die Lehrkraft sich alternativ im Nachahmen der pathologischen Geräusche versuchen. Meist ist das Ergebnis akustisch nur unbefriedigend, der Klangcharakter aber hilft den Teilnehmern, das Wesentliche des Geräusches zu verstehen. Eine weitere Alternative bieten Simulatoren, die über ein kleines Repertoire an simulierten Geräuschen verfügen. Neben »Husten«, »Würgen« und »Erbrechen« haben praktisch alle Geräte ein »brodelndes« und ein »pfeifendes« Atemgeräusch anzubieten.

Während bei einer Weinprobe auf das olfaktorische und gustatorische Erleben praktisch nicht verzichtet werden kann, kommt der Einsatz von *Riech- und Geschmacksproben* in der rettungsdienstlichen Aus-, Fort- und Weiterbildung praktisch überhaupt nicht vor. Der erfahrene Rettungsassistent kann zwar häufig bereits beim Betreten eines Raumes olfaktorisch erahnen, welches Notfallbild dem Geruch zugrunde liegt – an die Konservierung des Geruchs in Form von Riechproben hat sich meines Wissens, aus verständlichen Gründen, bisher noch niemand gewagt. Dabei ist es dieser leicht eisenhaltige Geruch von frischem Blut, der penetrante säuerlich-bittere Geruch von Erbrochenem, der streng-stechende Ammoniakgeruch von altem Urin und vieles mehr, was man nach einem Einsatz noch für Stunden in der Nase behält. Der Lehrkraft bleibt also nur übrig, durch Beschreibung notfalltypischer Gerüche an bereits vorhandene Erfahrungen der Teilnehmer anzuknüpfen.

Praxistipp: Die einzige Riechprobe, die ich im Unterricht regelmäßig einsetze, ist Aceton (Achtung: Da Aceton gesundheitsschädlich ist, muss den Teilnehmern unbedingt vorgemacht werden, wie die Riechprobe sicher anzuwenden ist → die geöffnete Probe von sich weghalten und sich den Geruch mit der Hand vorsichtig zuwedeln), dessen typischer Geruch als Symp-

tom des Coma diabeticum bei Auftreten einer Ketoazidose festzustellen ist. Meiner Meinung nach beschreibt Aceton das dezente Zusammenspiel von Apfelsäure, Lösungsmittel und Alkohol nur unzureichend, hinterlässt aber bei den Teilnehmern regelmäßig einen nachhaltigen Eindruck. Am Ende bleibt dann noch der Diabetes mellitus (= griech. honigsüßer Durchfluss), bei dem ich die Teilnehmer erraten lasse, wie die alten Griechen diesen wohl festgestellt haben. Es leben die moderne Notfallmedizin und das Blutzuckermessgerät.

Film (Video, DVD) und Diaprojektor

Der *Film* ist als audiovisuelles Medium besonders als Einstieg in ein neues Thema, zur Verdeutlichung von komplexen Sachverhalten oder als Zusammenfassung am Ende eines Lernabschnittes geeignet. Mit Einführung der Videokassetten in den 1980er Jahren sind die 8-mm- und 16-mm-Filme, die man typischerweise über die regionalen Kreisbildstellen bezogen hat, praktisch vollständig verschwunden. Die technischen Entwicklungen in den letzten 20 Jahren waren atemberaubend und haben das Medium Film für alle zugänglich gemacht. Besonders die Digitalisierung des Films hat dazu geführt, dass Filme einfach erstellt, bearbeitet und vervielfältigt werden können. Die letzten Videokassetten verschwinden aus dem Fundus der Schulen und werden derzeit auf DVD überspielt. Die Qualität beim Einsatz von Filmen im Unterricht hat leider nicht mit den technischen Möglichkeiten Schritt gehalten. Bedingt durch die nahezu unbegrenzte Verfügbarkeit von Filmmaterial wurden in den letzten Jahren immer weniger hochwertige Lehrfilme erstellt. Die Lehrkräfte sind mehr denn je gefordert, den Einsatz von Filmen im Unterricht didaktisch zu begründen und sinnvoll in den Lehr- und Lernprozess einzubauen. Im Grunde folgt die Nutzung des Mediums Film der klassischen Vorgehensweise bei der Textbearbeitung: Vorbereiten – Anschauen –Nachbearbeiten. Die übliche Einteilung von Filmen (z.B. Spielfilm, Dokumentation, Lehrfilm) hat einen stark geprägten Bezug zu den dargestellten Inhalten. Für den Einsatz im Unterricht möchte ich eine praktikable Zweckeinteilung vornehmen. Dies bedeutet im Grunde die Beantwortung der Frage »Welchen pädagogischen Plan verfolge ich beim Einsatz des Mediums Film?« Zu nennen sind hier:

- ▶ Impuls
- ▶ Veranschaulichung
- ▶ Zusammenfassung
- ▶ Analyse.

Filme und Filmsequenzen eignen sich sehr gut, um einen *Impuls* für den Einstieg in ein Thema zu geben. Die audiovisuelle Darstellung spricht die Teilnehmer auf unterschiedlichen Wahrnehmungskanälen an und fördert dadurch die Aufmerksamkeit. Dies gelingt besonders dann, wenn der Kurzfilm oder die Filmsequenz mit einem ungewöhnlich starken emotionalen Reiz gekoppelt ist. Besonders tiefgreifend sind emotionale Reize, wenn sie persönliche Betroffenheit erzeugen oder mit dem Humor der Teilnehmer spielen. Der Impulsfilm ist grundsätzlich thematisch an den Unterricht gebunden. Lustige und spaßige Einspieler, die keinen direkten Bezug zum Unterricht haben, sind zur Einleitung in

ABB. 17 ▶ Digitalkamera und Stativ

ABB. 18 ▶ Diaprojektor

ein Thema nicht geeignet und dienen eher der Ablenkung in den Pausen. Ein Impuls schafft immer nur kurze Aufmerksamkeit, nachhaltig fesseln muss die Lehrkraft mit dem darauf folgenden Unterricht. Auf den verschiedensten Internetseiten von YouTube bis Clipfish finden sich praktisch zu allen Themen kurze Filmsequenzen, die zum Einsatz gebracht werden können. Gerade beim Thema »Clips aus dem Internet« sind die Lehrkräfte aufgefordert, durch eine kritische Haltung den grassierenden Voyeurismus nicht zu unterstützen und darauf zu achten, dass die Grenzen des guten Geschmacks nicht überschritten werden. Dies gilt insbesondere für Clips, die von den Teilnehmern »mal eben« in den Unterricht mitgebracht werden. Der grenzenlosen Verfügbarkeit stehen die Urheberrechte entgegen, die in jedem Fall beachtet werden müssen (Tipp: In den meisten Fällen ist das Abspielen kostenfrei erlaubt und lediglich das Herunterladen kostenpflichtig. Ein Internetzugang im Klassenraum kann hier helfen).

Dienen Clips in erster Linie zur Einführung in den Unterricht, so können die von vielen Herstellern angebotenen Produktfilme oder kurze Animationen bei der *Veranschaulichung* im Unterricht helfen. Besonders schwierige Sachverhalte lassen sich durch Animationen oder kurze Filmsequenzen einfach erklären. Der technisch versierte Referent wird sich zweckmäßige Filmausschnitte zusammenstellen und dort, wo es kein geeignetes Material gibt, selbst aktiv werden. Mit geringem technischem Aufwand lassen sich kurze Filmsequenzen heutzutage selbst erstellen. Der zeitliche Aufwand für qualitativ ansprechende Clips sollte allerdings nicht unterschätzt werden. Das Medium Film wird bei der Veranschaulichung allerdings nur unterstützend wirksam. Die Verankerung infolge des haptischen Erlebens durch praktische Demonstrationen und Übungen können auch gute Filmeinspieler nicht ersetzen.

Während sich kurze Filmsequenzen zur Verdeutlichung von Lehrinhalten eignen, kann man für ausführliche *Zusammenfassungen* einen Lehrfilm nutzen. Wird der Lehrfilm am Ende eines Themenblocks eingesetzt, beleuchtet er das bearbeitete Thema aus einem anderen Blickwinkel und nutzt gegebenenfalls zusätzliche Darstellungen zur Erläuterung.

Vor dem Abspielen sollten die Teilnehmer aufgefordert werden, den präsentierten Film kritisch mit den Unterrichtsinhalten abzugleichen. In der folgenden Nachbearbeitung werden aufgeworfene Fragen mit den Teilnehmern besprochen und geklärt. Der Lehrfilm dient quasi als sichtbarer Abschluss der Lerneinheit. Leider sind gute Lehrfilme rar gesät. Betrachten wir zum Beispiel aktuell eine Reihe von aufwendig animierten Filmen zum Thema Anatomie und Physiologie, so sind diese nur selten für den Unterricht geeignet. Der Schwerpunkt liegt mehr auf den besonders aufwendigen Animationen eines Mediendesigners als auf einem medienpädagogisch sinnvoll begründeten Konzept. Möchte man einen solchen Film trotzdem einsetzen, sollte die Lehrkraft an den entsprechenden Stellen den Film kurz stoppen und fehlende Inhalte erläutern oder wesentliche Aussagen für die Nachbesprechung an der Tafel schriftlich festhalten.

Besonders gerne setze ich das Medium Film zur *Analyse* bei Fallbeispielen ein. Die notwendige Technik zur digitalen Videoanalyse ist heutzutage erschwinglich. Ein Stativ, eine Digitalkamera und ein Beamer genügen und Fallbeispiele lassen sich anhand der Videoaufzeichnung nachbesprechen. Da die Methode der digitalen Videoanalyse zeitlich sehr aufwendig ist, muss das Medium sehr dosiert eingesetzt werden.

Praxistipp: Ich nutze die Videoanalyse zum Beispiel bei der Erarbeitung des ALS-Algorithmus in der Ausbildung von Rettungsassistenten. Ein freiwilliges Team bearbeitet ohne vorherige Absprachen eine Situation, in der eine HLW durchgeführt werden muss. In der Nachbesprechung erörtert das Team die aufgetretenen Probleme unter Zuhilfenahme der Videoaufzeichnung. Gemeinsam mit der Gruppe wird danach ein Algorithmus entwickelt, anhand dessen die zuvor analysierten Probleme betrachtet werden. Nun erhält das Team noch einmal Gelegenheit, das Fallbeispiel zu durchlaufen. Durch den erarbeiteten Algorithmus ist das Ergebnis typischerweise deutlich besser. Auch bei dieser Nachbesprechung kommt die Videoaufzeichnung zum Einsatz. Die folgenden Übungsdurchläufe werden, um Zeit zu sparen, nicht mehr mit Hilfe von Aufzeichnungen analysiert.

Ist die Projektion von Dias tot? Beantwortet man diese Frage ganz nüchtern, kommt man zum Schluss, dass der *Diaprojektor* als Medium ausgedient hat. Mittels Präsentation über Beamer lassen sich Bilder und Bild-/Textinhalte einfacher und schneller erstellen und vorführen. Moderne Hochleistungsbeamer sind in der Lage, auch bei Tageslicht qualitativ hochwertige Bilder zu projizieren und machen eine zusätzliche Verdunklung nicht mehr notwendig. Leider bringt der technische Fortschritt nicht nur Segen. Während früher in die Erstellung von Diavorträgen viel Zeit investiert wurde, werden heute viele Präsentationen im Zug zum nächsten Termin gezaubert. Nicht selten leidet hierbei die Qualität. Was bleibt, ist die Frage, was mit unserem liebgewonnenen Bildmaterial und den alten Diavorträgen geschehen soll – auch hier hat die Technik eine Lösung parat. Ebenso wie Filme lassen sich Dias digitalisieren und können danach in Präsentationen über den Beamer eingesetzt werden. Entweder kauft man sich hierfür die entsprechende Hard- und Software, oder man wendet sich an den nächsten Fotoshop (Anmerkung: 50 Dias lassen sich schon für 13,- Euro digitalisieren). Wer möchte, kann das Medium natürlich nach wie vor im Unterricht einsetzen. Das »Retroerlebnis« sorgt bei den Schülern gelegentlich für erhöhte Aufmerksamkeit.

Arbeitsblatt, Lernprogramm

Das *Arbeitsblatt* ist als Medium im Unterricht fast vergessen. Historisch gesehen kommt es aus der Arbeitsmittelbewegung der Reformpädagogik und dient als Hilfsmittel in der Motivations-, Erarbeitungs- und Übungsphase des Unterrichts. Grundsätzlich gelten für die Gestaltung von Arbeitsblättern ähnliche ästhetische Anforderungen wie bei der Gestaltung von Tafelanschrieben und Overhead-Folien bzw. Präsentationen. In jedem Fall ist bei der Gestaltung auf eine übersichtliche und themenbezogene Darstellung zu achten. Klaus W. Döring unterscheidet drei Gruppen von Arbeitsblättern:

- ▶ Arbeitsanweisung
- ▶ Aufgabenblatt
- ▶ Informationsblatt.

Die *Arbeitsanweisung* ist ein Arbeitsblatt, auf dem die Lehrkraft Arbeitsaufträge ausformuliert, mit deren Hilfe die Teilnehmer eine Hilfestellung zum strukturierten Selbstlernen erhalten. Sie wird vor allen Dingen dann eingesetzt, wenn es gilt, die Teilnehmer in eine Selbstlernphase zu entlassen. Neben einer möglichst exakten Beschreibung des Arbeitsauftrages sollte die Arbeitsanweisung auch Angaben zu den einzusetzenden Arbeitsmaterialien enthalten. Ich nutze die Arbeitsanweisung gerne am Ende einer Unterrichtssequenz als Hausaufgabe zur Wiederholung und Vorbereitung auf die nächste Unterrichtseinheit. Bei der Bearbeitung prüfen die Teilnehmer, ob sie die Inhalte des Unterrichts verstanden haben, und setzen sich bereits mit den Themen der folgenden Unterrichtseinheit auseinander.

Eine Arbeitsanweisung am Ende eines Tages zum Thema »Der Patient mit Störung der Atmung« könnte zum Beispiel wie in Abb. 19 dargestellt aussehen.

Zusammen mit der Arbeitsanweisung erhalten die Teilnehmer einen verbindlichen Termin, bis wann diese bearbeitet werden soll. Es ist zwingend erforderlich, den Arbeitsauftrag in der nächsten Unterrichtseinheit gemeinsam mit den Teilnehmern zu bespre-

Der Patient mit Atemstörung
Arbeitsanweisung:

1.) Bitte lesen Sie in Ihrem Lehrbuch LPN San das Kapitel 15.2 »Respiratorische Notfälle« (Seite 335-344) zur Wiederholung des heutigen Tages durch. Gleichen Sie den Text im Lehrbuch mit den Notizen des Tages ab. Notieren Sie, falls erforderlich, entstehende Fragen zur Klärung in der nächsten Unterrichtseinheit.

2.) Bitte lesen Sie in Ihrem Lehrbuch LPN San die Ausführungen zum Notfallbild Asthma bronchiale (Kapitel 15.2.1, Seite 337-339) durch und fassen Sie stichwortartig die wesentlichen Ursachen, Symptome und Maßnahmen des Rettungssanitäters zusammen.

ABB. 19 ▶ Arbeitsanweisung »Patient mit Atemstörung«

chen. Um die Verbindlichkeit des Arbeitsauftrages zu unterstreichen, werden bei der Nachbesprechung Teilnehmer, die sich mit dem Arbeitsauftrag beschäftigt haben, unterstützt. Teilnehmer, die sich nicht mit dem Thema beschäftigt haben, erhalten keine besondere Fürsorge. Eine fehlende Bearbeitung des Arbeitsauftrages muss dem Teilnehmer schmerzlich klar machen, dass er gegebenenfalls dem Unterricht nicht mehr in gleicher Art und Weise folgen kann. Es ist absolut statthaft, die Teilnehmer direkt darauf anzusprechen, ob die Arbeitsanweisung bearbeitet worden ist. Sollten viele Schüler die Hausaufgabe nicht erledigt haben, muss die Lehrkraft kritisch prüfen, ob die gestellte Aufgabe zu umfangreich war, die tägliche Belastung der Schüler zu hoch ist oder ob die Verbindlichkeit beim Austeilen der Arbeitsanweisung deutlich gemacht wurde.

Abweichend von der Arbeitsanweisung dient das klassische *Aufgabenblatt* der konkreten Fragestellung. Die Arbeitsanweisung ist besonders geeignet, um am Ende einer Unterrichtseinheit den Lernstand zu ermitteln oder als begleitendes Medium während des Unterrichts. Bei der Ermittlung des Lernstandes helfen die gestellten Fragen den Teilnehmern, sich selbst einzuschätzen. Habe ich die Inhalte des Unterrichts verstanden und verinnerlicht? Welche Inhalte muss ich mir noch einmal anschauen? Wo liegen die Schwerpunkte? Dies sind nur einige Fragen, bei denen ein Arbeitsblatt den Teilnehmern helfen kann. Gerne nutze ich auch ein Arbeitsblatt als morgendlichen Einstieg zur Wiederholung der Inhalte des vergangenen Unterrichts. Die investierte Zeit von 10–15 Minuten (Bearbeitung und Nachbesprechung) ist gut angelegt. Tauchen die gestellten Fragen in einem Abschlusstest wieder auf, dienen die Arbeitsaufträge auch als Motivation für das Lernen außerhalb des geplanten Bildungskontextes.

Ein Aufgabenblatt als Wiederholung des Themas »Der Patient mit Störung der Atmung« könnte zum Beispiel wie in Abb. 20 dargestellt aussehen.

Bei dem dargestellten Aufgabenblatt wurden unterschiedliche Fragetypen verwendet. Bevorzugt sollten Fragetypen eingesetzt werden, die auch in einem Abschlusstest Verwendung finden. Um die Aufgabenblätter möglichst abwechslungsreich zu gestalten, können auch Lückentexte oder Kreuzworträtsel (Tipp: Zur Erstellung von Kreuzworträtseln gibt es günstige Computerprogramme, die bei der ansonsten aufwendigen Erstellung helfen) mit thematischem Bezug erstellt werden. Außer zur Lernstandermittlung nutze ich das Arbeitsblatt auch gerne zur Unterstützung des entwickelnden Lehrgesprächs.

Ein Aufgabenblatt zur Unterstützung des Lehrgesprächs zum Thema »Der Patient mit Störung der Atmung« könnte zum Beispiel wie in Abb. 21 dargestellt aussehen.

Die letzte Art des Arbeitsblatts ist das sogenannte *Informationsblatt*. Das Informationsblatt ist entweder eine Zusammenfassung/ein Extrakt von den zu vermittelnden Lerninhalten oder es handelt sich um ein umfangreiches Lernskript im Fließtextformat zum Unterricht. Bei der mittlerweile üblichen Unart, die präsentierte Präsentation mit Notizmöglichkeit als Skript am Ende des Unterrichts an die Teilnehmer auszugeben, handelt es sich nicht um ein Informationsblatt. Dieser »lieblose« Ausdruck ist in der Regel weder eine gelungene Zusammenfassung der wesentlichen Inhalte des Unterrichts, noch liest er sich wie ein gut gestaltetes Skript. Auch wenn die Teilnehmer am Ende eines Vortrags einen Ausdruck der eingesetzten Präsentation sehr nachdrücklich einfordern, stehe ich auf dem

Der Patient mit Atemstörung

Aufgabenblatt:

1.) Beantworten Sie nachfolgende Frage und begründen Sie Ihre Antwort: Handelt es sich beim Asthma bronchiale um eine Perfusions-, Diffusions- oder Ventilationsstörung?

_____

_____

_____

2.) Welche der nachfolgenden Aussagen zum Notfallbild akutes Bolusgeschehen sind richtig?
1. Bei einem akuten Bolusgeschehen kommt es zu einer plötzlichen Verlegung der Atemwege mit lebensbedrohlichem Sauerstoffmangel.
2. Die engste Stelle der Atemwege befindet sich bei Erwachsenen und Kindern im Bereich der Stimmbänder.
3. Zu den Erste-Hilfe-Maßnahmen gehören Schläge zwischen die Schulterblätter und die Anwendung des sogenannten Heimlich Handgriffs.
4. Wird ein Fremdkörper als »Ultima Ratio« durch den Notarzt über die Bifurkation geschoben, landet dieser typischerweise in der linken Lunge.
5. Solange der Fremdkörper nicht erfolgreich entfernt worden ist, kann auf die Herzdruckmassage im Rahmen der HLW verzichtet werden.

A. 1 und 3 sind richtig.
B. 1, 2 und 3 sind richtig.
C. 1, 3 und 4 sind richtig.
D. 1, 3 und 5 sind richtig.
E. Alle Antworten sind richtig.

3.) Sie haben eine 2-Liter-Flasche Sauerstoff, der angezeigte Druck beträgt 120 bar, in der Flasche soll ein Restdruck von 20 bar verbleiben, Ihr Patient erhält 5 Liter Sauerstoff/Min. über eine Nasenbrille. Wie lange können Sie Ihren Patienten versorgen, bis der Sauerstoff gewechselt werden muss?

Antworten:

zu 1.) Ventilationsstörung. Bedingt durch die Verlegung im Bereich der Alveolen (Brochospasmus, Hypersekretion, ödematöses Anschwellen der Bronchialschleimhaut) kann die sauerstoffarme Luft in den Alveolen nicht mehr ausreichend abgeatmet werden, sauerstoffreiche Luft kann nur unzureichend eingeatmet werden, durch die Störung der Lungenbelüftung kommt es zum akuten Sauerstoffmangel.

zu 2.) A ist richtig.

zu 3.) Nach 40 Minuten muss die Flasche gewechselt werden.

ABB. 20 ▶ Aufgabenblatt »Patient mit Atemstörung«

Standpunkt, dass ich entweder ein gut gestaltetes Informationsblatt habe oder Verweise auf die zugrunde liegenden Bücher und Publikationen.

Die Beispiele machen deutlich, wie unterschiedlich und vielseitig die Anwendungsmöglichkeiten von Arbeitsblättern sein können. Die Erstellung eines guten Arbeitsblattes ist allerdings überaus aufwendig – lohnt sich aber. Der didaktische Wert von Arbeitsblättern ist wissenschaftlich gut belegt und motiviert dazu, diese im Unterricht regelmäßig einzusetzen.

Passen *Lernprogramme* zum Thema Arbeitsblatt? Um diese Frage zu klären, müssen die Wurzeln der Lernprogramme, die Programmierten Instruktionen von B.F. Skinner aus den 1960er Jahren, betrachtet werden. Der Grundgedanke von Skinner war, dass der Mensch dadurch lernt, dass er das Ergebnis seines Handelns prüft und danach sein weiteres Handeln von diesem Ergebnis abhängig macht. Beim Lehrmodell des operativen Lernens werden die Lehrinhalte in kurze, übersichtliche Lernabschnitte unterteilt, an deren Ende eine Verständnisfrage steht. Die Lernabschnitte sind so gestaltet, dass die Fragen in 95% der Fälle durch die Lernenden richtig beantwortet werden können. Ziel dieser positiven Bestärkung ist es, die Motivation des Lernenden über den Lernzeitraum aufrechtzuerhalten. Da in den 1970er Jahren die ersten CBT-Programme (Computer Based Training) an den technischen Voraussetzungen scheiterten, wurde dieses Lernformat bis in die 1990er Jahre hinein in erster Linie als Buchform (Beispiel: EKG-Interpretation – ein programmierter Kurs) angeboten. Seit Ende der 1990er Jahre stehen auch Privatpersonen günstige und leistungsstarke PCs zur Verfügung. Mit dieser Wende gab es eine Rückbesinnung auf die Erfahrungen aus den ersten CBT-Programmen und es entstanden auf dieser Grundlage so-

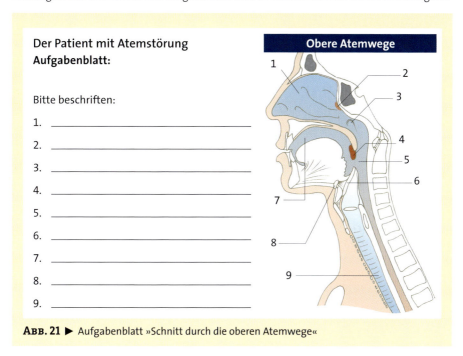

Der Patient mit Atemstörung Aufgabenblatt:

Obere Atemwege

Bitte beschriften:

1. _____
2. _____
3. _____
4. _____
5. _____
6. _____
7. _____
8. _____
9. _____

ABB. 21 ▶ Aufgabenblatt »Schnitt durch die oberen Atemwege«

genannte E-Learning-Angebote. Heutige Lernprogramme sind aufwendig gestaltet und die Lerninhalte werden multimedial und sehr abwechslungsreich präsentiert. Ob als Computerprogramm oder in Buchform – in beiden Fällen handelt es sich praktisch um ein Arbeitsbuch zum Selbststudium. Da die Erstellung sehr aufwendig ist, wird der »durchschnittliche« Referent dieses Medium nicht selbst erstellen, sondern existierende Angebote nutzen. Der Einsatz von Lernprogrammen bietet sich vor allem als Ergänzung zum Unterricht außerhalb des Lehrsaals an. Ob die Teilnehmer das Lernprogramm auf einer Lernplattform im Internet nutzen oder ob Sie eine CD erhalten, ist dabei unerheblich. Ziel ist es, mit dem modernen Medium einen zusätzlichen Lernanreiz zu schaffen. Im Kapitel »Moderne Medien« werden wir auf aktuelle Entwicklungen in der Ausgestaltung von computerunterstütztem Lernen eingehen.

Kreidetafel, Whiteboard, Papiertafel (Pinn- oder Plakatwand, Flip-Chart)
Die Tafel ist wohl das am längsten genutzte Medium zur Visualisierung von Lernprozessen. Publikationen zum sachgerechten Einsatz von Tafeln im Unterricht bemängeln bereits seit Anfang der 1990er Jahre die nachlässige Verwendung und die fehlenden Grundkenntnisse im Umgang mit diesem Medium. Durch die Möglichkeiten moderner Medien, insbesondere durch Präsentationen über Beamer, hat sich dieser Eindruck in den letzten Jahren verstärkt. Nur wenige Lehrkräfte nutzen konsequent die Vorteile der Tafel in ihrem Unterricht. Häufig wird die Tafel als Notizblock missbraucht, und nach einem strukturierten Tafelbild sucht man vergebens. Zwar kann man trefflich darüber diskutieren, ob die Tafel in der heutigen Form zukunftsfähig sein wird, aber die aktuellen Innovationen im Bereich der interaktiven Whiteboards zeigen die Notwendigkeit von geeigneten Medien zur flexiblen Visualisierung. Da mit dem interaktiven Whiteboard nahezu alle klassischen Medien zur Visualisierung nachgeahmt werden können und es sich zusätzlich mit Präsentationen über Beamer und dem World Wide Web verbinden lässt, haben wir diesem Medium ein eigenes Kapitel gewidmet.

Ob Kreidetafel, Whiteboard, Papiertafel (Flip-Chart, Plakatwand) oder interaktives Whiteboard – die Regeln für die Verwendung bleiben nahezu identisch. Die Tafel dient der Lehrkraft in erster Linie zur didaktisch begründeten Visualisierung der Inhalte des Unterrichts. Dabei ist es ein unschlagbarer Vorteil aller Tafeln, dass Teilnehmerbeiträge spontan bei der Visualisierung berücksichtigt werden können. Mit wenig Aufwand lässt sich die Tafel zur Darstellung von

- ▶ Übersichten und Zusammenfassungen,
- ▶ Begriffserläuterungen und Gliederungen sowie
- ▶ einfachen Zeichnungen und Schaubildern

verwenden. Für ausufernde Texte und detailreiche oder bildliche Darstellungen ist die Tafel weniger gut geeignet. Für längere Texte eignet sich ein Informationsblatt, komplizierte Darstellungen oder Bilder lassen sich besser mittels Schautafel, Overhead oder Beamerpräsentation darstellen. Tafeln dienen der Übersicht und Zusammenfassung von Unterrichtsinhalten. Der Tafelanschrieb ist ein Extrakt aus dem Unterricht und beschränkt sich auf Kernaussagen. Für die Teilnehmer bietet der Anschrieb auch immer Orientierung. Was hat von den besprochenen Inhalten eine besondere Bedeutung? Wann muss ich besonders aufmerksam sein? Auch wenn ich in meinem Unterricht den Tafelanschrieb als Angebot deklariere, von dem die Schüler Gebrauch machen können oder auch nicht, kommt es nur sehr selten vor, dass Teilnehmer auf ein Mitschreiben verzichten. Ich möchte alle Referenten einmal auffordern, sich am Ende des Tages die Notizen eines Teilnehmers zum Unterricht zeigen zu lassen. Aus den mitgeschriebenen Inhalten zusammen mit den ausgeteilten Arbeitsunterlagen und dem Lehrbuch muss sich ein nachvollziehbares Bild darstellen. Ein Schüler, der am Unterricht nicht teilgenommen hat, sollte durch die Notizen in der Lage sein, sich die wesentlichen Inhalte des Tages zu erschließen. Funktioniert dies nicht, sollten wir unseren Unterricht kritisch überdenken.

Eine notwendige Überlegung während der Vorbereitung eines Unterrichts beschäftigt sich mit der Frage, welche Inhalte wichtig sind und aus diesem Grund visualisiert werden müssen. Danach ist zu klären, in welcher Form die Darstellung auf der Tafel gestaltet werden kann. Es empfiehlt sich, jedes geplante Tafelbild im Vorfeld auf einem DIN-A4-Blatt (quer) zu entwerfen und der Unterrichtsskizze beizulegen (Erinnerung: Die Unterrichtsskizze ist eine Unterrichtsplanung, in der neben stichwortartigen Gedanken zum Inhalt die gewählte Methode und die einzusetzenden Medien vermerkt sind. Sie dient dem Referenten gleichsam als »roter Faden« für den Unterricht). Bei der Gestaltung des Tafelanschriebs sollten Sie die zu wählende Schriftgröße beachten. Neben einem sauberen Schriftbild ist die Schriftgröße entscheidend für die Qualität des Tafelbildes. Am besten ist es, wenn Sie selbst überprüfen, ob Sie den Anschrieb aus der letzten Reihe noch problemlos lesen können. Da die Lehrkraft beim Tafelanschrieb den Blickkontakt mit den Teilnehmern verliert und das Anschreiben zeitaufwendig ist, kommt es mitunter zu Unruhe bei den Teilnehmern. Ist diese allerdings in einem vernünftigen Rahmen, können die leisen Gespräche untereinander den Unterrichtsverlauf sogar fördern. Häufig unterhalten sich Schüler über zuvor präsentierte und besprochene Themen. Besonders die verbal veranlagten Lerntypen profitieren von diesen kurzen Lernpausen. Andere Teilnehmer nutzen die Gelegenheit und schweifen ein wenig ab, bevor sie sich wieder konzentriert dem Unterricht widmen. Steht die Lehrkraft mit dem Rücken zu den Teilnehmern, sollten weitere Erläuterungen unterbleiben. Erst wenn wieder Sichtkontakt zu den Teilnehmern hergestellt worden ist, geht der Unterricht weiter. Die Teilnehmer müssen allerdings genügend Zeit haben, das Tafelbild abzuschreiben. Viele empfinden den zeitlich aufwendigen Anschrieb als störend und führen dies als einen wesentlichen Nachteil der Tafel an. Ich persönlich halte gerade dies für die Stärke des Mediums. Zum einen überlege ich mir bereits im Vorfeld, welche Dinge ich visualisieren möchte, Unwichtiges fällt wegen des zusätzlichen Zeitaufwands weg. Zum anderen werde ich durch das Medium gebremst und passe mich mehr dem Lerntempo meiner Schüler an. Wer glaubt, dass man bei Präsentationen über den Beamer schneller ist, unterschätzt das Bedürfnis der Teilnehmer, die präsentierten Inhalte mitzuschreiben. Ein übliches Bild bei Präsentationen ist der »gelangweilte« Referent, der auf den letzten Teilnehmer wartet, um endlich weiterklicken zu können.

Besonders gerne setze ich das Flip-Chart für *Begriffserläuterungen und Gliederungen* ein. Wird im Unterricht ein Begriff oder ein Fremdwort neu eingeführt und er muss den

Teilnehmern erklärt werden, nutze ich das Flip-Chart für eine kurze Erläuterung. Den Schülern empfehle ich, am rechten Blattrand ihrer Notizen Platz für Begriffserläuterungen einzuplanen. Am Ende des Tages können sie sich dadurch in kürzester Zeit einen Überblick von neu eingeführten Begriffen und Fremdwörtern verschaffen. Besonders Gliederungen und Einteilungen helfen den Teilnehmern, den präsentierten Stoff zu verarbeiten. Häufig erschließen sich wesentliche Inhalte für die Teilnehmer erst nach einer visualisierten Gliederung. Die Tafel dient auch als Medium für einfache Zeichnungen und Schaubilder. Die standhafte Weigerung von Referenten, das Medium Tafel einzusetzen, wird meist mit einem fürchterlichen Schriftbild oder der vermeintlichen Unfähigkeit für Freihandzeichnungen begründet. Beim Schriftbild hilft wirklich nur das nachhaltige Üben. Nutzt man allerdings konsequent die Druckschrift und zeichnet man in der Vorbereitung dünne Hilfslinien für ein gerades Schriftbild an die Tafel, wirkt dies meist schon Wunder. Stimmen dann noch die präsentierten Inhalte, sind die Teilnehmer auch mit einer weniger hübschen Schrift zufrieden. Bei Zeichnungen empfehle ich das Vorzeichnen. Dünne Hilfslinien helfen bei den Proportionen. Anspruchsvolle Zeichnungen habe ich als Vorlage auf einer Folie und kann diese vor Unterrichtsbeginn an die Tafel projizieren. Während ich bei Kreidetafeln mit dünnen Kreidestrichen vorzeichne, nutze ich bei Papiertafeln einen Kugelschreiber oder Bleistift. Da die dünnen Linien für die Teilnehmer kaum zu sehen sind, hinterlässt es einen nachhaltigen Eindruck, wenn der Referent mal eben eine Zeichnung aus dem Handgelenk schüttelt. Die nachfolgenden Gestaltungsregeln sollten Sie bei Ihrem Tafelanschrieb beachten.

In den Klassenzimmern der Regelschulen ist es nach wie vor die klassisch grüne *Kreidetafel*, die man hauptsächlich antrifft. Für mich ist die Kreidetafel nach wie vor der »Rolls-

Allgemeine Regeln für die Tafelgestaltung:	
Schriftgröße:	Die Schrift sollte von jeder Stelle im Unterrichtsraum gut zu lesen sein. Als Orientierung gilt: nicht kleiner als 4 cm (Kleinbuchstaben) bzw. 8 cm (Großbuchstaben)
Schriftstärke:	Die Sichtbarkeit ist bei einer breiten Schriftstärke besser, breite Stifte mit keilförmigem Zuschnitt verwenden (Whiteboard-Marker = 1–5 mm, Flip-Chart oder Plakatwandmarker 2–7 mm, 4–12 mm)
Schriftbild:	Druckschrift ist besser zu lesen, Groß- und Kleinbuchstaben verwenden, gerade Schrift (ggf. mit Hilfslinien arbeiten), Buchstaben eng zusammenschreiben (Wortblöcke bilden)
Schriftfarbe:	Maximal drei Farben verwenden, Farben Bedeutungen zuweisen, deutlicher Farbkontrast zum Hintergrund
Gestaltung:	Jedes Tafelbild erhält eine Überschrift (Titel), für den Text gilt »weniger ist oft mehr«, Wichtiges optisch hervorheben
Struktur:	Tafelbild im Vorfeld planen, Tafelanschrieb schrittweise aufbauen, von links oben nach rechts unten

Royce« unter den klassischen Tafeln. Mit Hilfe der vielfarbigen Kreiden lassen sich hervorragende Schaubilder entwickeln und auch bunte Flächen sind mit der langen Seite der Kreide leicht auszumalen. Ein weiterer Vorteil ist, dass Fehler an einer Kreidetafel sehr leicht zu löschen und zu korrigieren sind. Zugegeben: Das Arbeiten an der Kreidetafel ist nicht wirklich sauber und erfordert eine gute Planung und einige Hilfsmittel. Neben Kreide benötigt man einen Tafellappen (trocken), einen Schwamm (nass) und möglichst einen Fensterabzieher. Will man dem Kreidestaub entgehen, empfiehlt

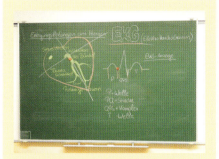

ABB. 22 ▶ Kreidetafel »Herz mit Erregungsleitungsbahnen, EKG und Beschreibung von P-QRS-T«

es sich, das alte Tafelbild mit einem nassen Schwamm zu löschen und die Tafel mit dem Fensterabzieher zu trocknen. Auch danach muss man wenigsten 2–3 Minuten für das Nachtrocknen der Tafel einplanen. Auf eine nasse Kreidetafel schreiben? Das kann man am besten gleich wieder vergessen. Ist die Tafel noch feucht, kann die eingesetzte Kreide von den Schülern nicht erkannt werden, trocknet sie dann endlich und wird, oh Wunder, sichtbar, ist die Tafel im Nachhinein nur schwer zu reinigen. Das einzige Mittel besteht darin, eine Pause einzulegen oder auf ein anderes Medium zu wechseln.

Die Rettung ist das *Whiteboard*. Der weiße Tafelhintergrund ist für die Teilnehmer angenehmer als der dunkle, grünliche Hintergrund einer Kreidetafel. Auch lässt sich das Whiteboard sehr viel einfacher wieder reinigen und ist danach gleich wieder einsetzbar. Vorausgesetzt, man hat auch wirklich den »Non-Permanent«-Stift benutzt und sich die Tafel nicht versehentlich mit einem »Permanent«-Stift verhunzt. Bei diesem Missgeschick helfen anfangs noch alkoholische Lösungsmittel. Später benötigt man zur Entfernung der Spuren spezielle Reinigungsmittel (Tipp: Bei lediglich kleinen Strichen löst man mit einem »Non-Permanent«-Stift die »permanenten« Reste an und kann diese danach problemlos abwischen). Ein weiterer Nachteil des Whiteboards besteht darin, dass große Flächen nicht ausgemalt werden können. Alternativ können die Flächen farblich schraffiert werden. Sowohl an der Kreidetafel als auch an Whiteboards haften Magnete. Für die Lehrkraft bieten sich dadurch eine Reihe von zusätzlichen Möglichkeiten. Ähnlich wie früher in der Fahrschule lassen sich zum Beispiel kleine Unfallszenarien an der Tafel nachstellen und durch die Teilnehmer bearbeiten. Bunte Karten können als Fahrzeuge genutzt werden, die Straßen und die Umgebung werden mit Stiften vorgezeichnet. Eine weitere Möglichkeit eröffnet sich dadurch, das Tafelbild mit Moderationskarten zu erweitern.

Ob Kreidetafel oder Whiteboard, beide Medien haben den Nachteil, dass die präsentierten Inhalte nach dem Reinigen der Tafel nicht mehr zur Verfügung stehen (Tipp: Da mittlerweile jedes Handy über eine Digitalkamera verfügt, können besonders gelungene Tafelbilder auch abfotografiert und versendet werden). Bei *Papiertafeln* bleibt Geschriebenes erhalten und es kann zu einem späteren Zeitpunkt darauf zurückgegriffen werden. Bei Lehrgängen über mehrere Tage bietet es sich an, immer wieder verwendete Kernaus-

ABB. 23 ▶ Pinnwand beschriftet: »obere und untere Atemwege«

ABB. 24 ▶ Flip-Chart »Lernziele: Patient mit Atemstörung«

sagen (z.B. Diagnostischer Block oder Standardmaßnahmen) auf einer Papiertafel zu fixieren und danach im Unterrichtsraum aufzuhängen. Jederzeit können die Referenten nun auf das Tafelbild zurückgreifen und es aktiv in den Unterrichtsverlauf einbeziehen. Die Wiederholung und ständige Präsenz sorgt dafür, dass sich die Inhalte bei den Teilnehmern nachhaltig verankern. Liegen Ausbildungsabschnitte weit auseinander, kann das erarbeitete Papier von der Lehrkraft aufbewahrt werden und dient dann als Einstieg im nächsten Ausbildungsabschnitt. Gerade Referenten, die bei spontanen Zeichnungen Probleme haben, können ein Plakat einmalig gestalten und es danach im Unterricht immer wieder verwenden. »Papiertafeln vergessen nicht« – hat man sich verschrieben, bleibt der Fehler (Tipp: Mit einem Stück Papier und Klebstoff lässt sich der Fehler überkleben und beseitigen).

Eine sehr flexible Form der Papiertafel sind *Pinn- oder Plakatwände*. Außer den oben beschriebenen Vorteilen bieten diese Tafeln zusammen mit Pinn-Nadeln und Moderationskarten vielseitige Möglichkeiten, im Unterricht eingesetzt zu werden. Im Grunde können sie wie die zuvor beschriebenen Whiteboards genutzt werden (Tipp: Möchte man große Flächen farblich hinterlegen, kann man hierzu herkömmliche farbige Kreide nutzen).

Eine besondere Art der Papiertafel ist das *Flip-Chart*. Leider bietet es im Gegensatz zu den restlichen Tafeln relativ wenig Platz für Text. Ich nutze das Flip-Chart gerne zur Gliederung der Lernziele als Einstieg in den Unterricht. Die Übersicht bleibt den ganzen Tag über zu sehen. Haben wir ein Thema bearbeitet, hake ich dieses bei den Lernzielen ab. Die Teilnehmer können so den Lernfortschritt einfach verfolgen.

Flip-Charts bieten sich auch zur Visualisierung von nicht geplanten Exkursen im Unterricht an. So können zum Beispiel Fremdwörter und ihre Übersetzung aufgeschrieben oder es kann eine einfache Grafik zum besseren Verständnis skizziert werden. Durch unterschiedliche Tafeln werden Inhalt und Exkurs auch optisch klar voneinander getrennt. Besonders gut geeignet sind Flip-Charts bei Gruppenarbeiten zur Präsentation der Arbeitsergebnisse. Die Lehrkraft kann zu diesem Zweck schon Flips für die einzelnen Gruppen vorbereitet haben. Bei unterschiedlichen Arbeitsaufträgen finden sich auf den Flips die individuellen Aufgabenstellungen. Aufgrund der Größe bietet sich das Flip-Chart für kurze und prägnante Texte und Zeichnungen an.

Overhead-Projektor, Episkop

Noch in den 1990er Jahren war der *Overhead-Projektor* (Arbeitsprojektor, Tageslichtschreiber) als modernes Medium im Unterrichtsraum nicht wegzudenken. Durch den zunehmenden Einsatz von Präsentationen über den Beamer ist das Medium mehr und mehr verdrängt worden und heute beinahe bedeutungslos. Aber eben nur beinahe. Während statische Bild- und Bild-/Textpräsentationen mittlerweile fast ausschließlich über den Beamer erfolgen, bietet der Overhead-Projektor den Vorteil, dass sich die Foliengestaltung dem dynamischen Unterrichtsverlauf individuell anpassen kann. Meiner Meinung nach bleiben für das bewährte Medium nach wie vor zwei Einsatzmöglichkeiten bestehen:

▶ Tafel
▶ Bearbeitung von Arbeitsblättern.

Bei der herkömmlichen Tafel (Kreidetafel, Whiteboard, Papiertafel) muss der Referent für den Tafelanschrieb den Teilnehmern den Rücken zuwenden. Nutzt er hingegen einen Overheadprojektor als *Tafel*, besteht ständig Sichtkontakt. Durch das identische Format (DIN A4) von Schreibblock und Overheadfolie ist es für die Teilnehmer einfacher mitzuschreiben. Das Tafelbild kann praktisch eins zu eins übertragen werden.

Für das Aufbringen der Informationen empfiehlt es sich, Permanent-Stifte zu verwenden. Die Folien können dann zu einem späteren Zeitpunkt erneut eingesetzt werden. Diesen Vorteil bieten außer der Folie nur Papiertafeln. Möchte man den Vorgang für kurze Zeit unterbrechen, zum Beispiel für eine Vorführung oder einen kurzen Exkurs, wird der Projektor einfach ausgeschal-

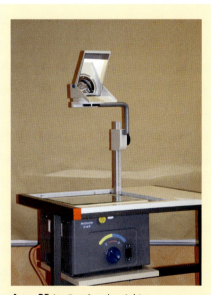

ABB. 25 ▶ Overheadprojektor

Allgemeine Regeln für die Foliengestaltung:	
Schriftgröße:	Die Schrift sollte von jeder Stelle im Unterrichtsraum gut zu lesen sein. Als Orientierung gilt: Großbuchstaben nicht kleiner als 0,8 cm (24 pt)
Schriftstärke:	S = 0,4 mm und F = 0,7 mm für Linien bei Zeichnungen, M = 1,0 mm für Text, B > 1,3 mm für Überschrift und zum Ausfüllen von Flächen
Schriftbild:	Druckschrift ist besser zu lesen, Groß- und Kleinbuchstaben verwenden, gerade Schrift (ggf. mit Hilfslinien arbeiten), Buchstaben eng zusammenschreiben (Wortblöcke bilden)
Schriftfarbe:	Maximal drei Farben verwenden, Farben Bedeutungen zuweisen (z.B. schwarz = Text, rot = unterstreichen und hervorheben, grün = Zusatzinformation)
Gestaltung:	Jede Folie erhält eine Überschrift (Titel), für den Text gilt »weniger ist oft mehr«, Wichtiges optisch hervorheben
Struktur:	Text im Vorfeld planen, Folie schrittweise aufbauen, von links oben nach rechts unten

tet und der Referent hat die ungeteilte Aufmerksamkeit der Teilnehmer, da das Tafelbild nicht vom aktuellen Geschehen ablenkt.

Nach wie vor nutze ich den Overhead-Projektor zur *Bearbeitung von Arbeitsblättern* in meinem Unterricht. Wenn es zum Beispiel gilt, anatomische Strukturen zu erarbeiten, erhalten die Teilnehmer ein Aufgabenblatt mit einer anatomischen Zeichnung ohne Beschriftung. Gemeinsam mit den Teilnehmern erarbeiten wir dann Schritt für Schritt die fehlende Beschriftung. Eine vorgefertigte Präsentation über Beamer ist mir hierbei zu statisch. Durch die Vorgabe der Reihenfolgen können individuelle Teilnehmerbeiträge nicht ausreichend berücksichtigt werden. Die Folie eröffnet mir die Chance, die Reihenfolge, aber auch den genauen Text zu variieren. Wird der Fachbegriff »Trachea« genannt, notiere ich diesen, fällt der deutsche Begriff »Luftröhre«, notiere ich diesen ebenfalls, wird irrtümlich die »Speiseröhre« genannt, stelle ich den Fehler richtig und notiere die Nennung an der richtigen Stelle. Neben der Beschriftung der Bilder können auch Lückentexte oder Kreuzworträtsel als Aufgabenblatt am Overhead-Projektor bearbeitet werden (Tipp: Möchte man die Folie häufiger verwenden, nutzt man für die Beschriftung Non-Permanent-Stifte oder man legt über die Präsentationsfolie eine leere Folie).

Außer zur Bearbeitung eines Arbeitsblattes eignet sich der Overhead-Projektor auch für die Ergebnispräsentationen bei Gruppenarbeiten. Die ausgeteilten Folien sind klein und handlich und können zusammen mit ein paar Stiften von den Teilnehmern gut bearbeitet werden. Durch den Overhead-Projektor lassen sich die Folien bei der Nachbesprechung für alle sichtbar an die Wand projizieren.

Die statische Folie als visuelle Unterstützung von Vorträgen und besondere Folientechniken wie die Abdeck- oder Overlaytechnik lasse ich bewusst unbeachtet. Für diese Art der Präsentation ist der Beamer deutlich besser geeignet.

Präsentation über Beamer

Sicherlich haben Sie schon bemerkt, dass ich es in den bisherigen Ausführungen zu den Medien vermieden habe, den Begriff PowerPoint-Präsentation zu verwenden. Das hat seinen Grund. Der üblicherweise für diese Form von Vorträgen verwendete Name wird in diesem Fall fest an ein Produkt eines Herstellers geknüpft. Völlig außer Acht bleibt in diesem Zusammenhang die Existenz einer Reihe ähnlicher Produkte anderer Hersteller. Neben der Software PowerPoint des Herstellers Microsoft für die Anwendung unter Windows bzw. Mac OS gibt es natürlich noch eine Reihe anderer Software-Produkte (z.B. Keynote für Apple), die für die Erstellung von Präsentationen über Beamer mindestens ebenso geeignet erscheinen. Aufgrund des hohen Verbreitungsgrades des Microsoft-Produkts werde ich im Folgenden diesem Umstand Rechnung tragen und die Begriffe »PowerPoint-Präsentation« oder »ppt« verwenden, wenn ich allgemein von Präsentationen über Beamer spreche.

Bevor Sie mich als Feind der PowerPoint-Präsentation abstempeln, möchte ich die Chance nutzen und das hohe Lied auf dieses moderne Medium singen. Richtig angewandt bietet die Präsentation über Beamer dem Referenten ungeahnte Möglichkeiten, den Unterricht oder den Vortrag um ein Vielfaches ansprechender zu gestalten, als dies früher der Fall war.

Grundsätzlich lassen sich hier zwei Präsentationsarten unterscheiden:

▶ Vortragspräsentation
▶ Unterrichtsunterstützende Präsentation.

Bei der *Vortragspräsentation* unterstützt die ppt als Hilfsmittel die Methode des Vortrags. Gerade bei Referaten (Methode mit vollständig ausgearbeitetem Text) und Vorträgen (Methode mit stichpunktartiger Ausarbeitung als roter Faden für eine freie Rede) vor größerem Publikum gehört es zum guten Ton, den vorgetragenen Text mittels einer PowerPoint-Präsentation zu untermalen. Dabei werden wesentliche Aussagen, wichtige Grafiken oder erklärende Bilder visualisiert und das Auditorium kann dem vorgetragenen Text dadurch leichter folgen. Zudem lassen sich die Inhalte leichter verankern. Eine Vortragspräsentation ist in der Regel zeitlich begrenzt und sollte in keinem Fall länger als 45 Minuten dauern. Bei Kongressen ist der Vortrag typischerweise auf 20 Minuten plus 10 Minuten für Fragen und Diskussion begrenzt.

Während bei der Vortragspräsentation die ppt den gesamten Vortrag begleitet, wird sie bei der *unterrichtsunterstützenden Präsentation* nur zeitweise und kurzfristig eingesetzt. Die Präsentation unterstützt dabei die rezeptiven Unterrichtsphasen (aufnehmende Lerntätigkeit) und dient in erster Linie als Ersatz für bewährte Medien wie Overhead-, Film- oder Diaprojektor. Zur nachhaltigen Verankerung der präsentierten Inhalte schließt an die rezeptive Unterrichtsphase eine expressive Unterrichtsphase (ausdrückende, verarbeitende Lerntätigkeit) an.

Sinnvoll eingesetzt lassen sich mit Hilfe der Software PowerPoint übersichtliche und gut strukturierte »Folien« erstellen. Leider hält die professionelle Umsetzung nicht mit den technischen Möglichkeiten Schritt und zeigt eine Reihe von Anwendungsfehlern, die dem Medium PowerPoint nicht gerecht werden. Ich möchte nun auf die häufigsten Fehler eingehen und Lösungsmöglichkeiten für eine optimierte Umsetzung aufzeigen:

- ▶ Medienfehler
- ▶ Eindimensionalität
- ▶ Übervisualisierung
- ▶ Gestaltungsfehler.

Medien und somit auch die PowerPoint-Präsentation sind lediglich materielle Hilfsmittel, mit denen Lerninhalte zu den Teilnehmern transportiert werden sollen. Der Einsatz eines Mediums wird dabei immer durch die gewählte Methode bestimmt. Das heißt, im ersten Schritt der Unterrichtsplanung entscheidet sich der Referent für eine geeignete Methode und erst dann für ein materielles Hilfsmittel, sprich Medium. Gerade diesem Umstand, dem möglichen *Medienfehler*, wird beim Einsatz von PowerPoint-Präsentationen oft keine Beachtung geschenkt. Häufig entscheiden sich Referenten erst für das Medium PowerPoint und wählen danach, mehr oder weniger bewusst, die Methode aus. Heraus kommt dabei ein Vortrag oder im besten Fall ein lehrerzentriertes Lehrgespräch, mit dem sich nur unzureichend ein teilnehmeraktivierender Unterricht gestalten lässt. Selbst interessierte Schüler sind nach 2 bis 3 Stunden Vortragspräsentation ermüdet und kaum noch in der Lage, sich zu konzentrieren. Folgt man allerdings konsequent der Prämisse »erst die Auswahl der Methode und danach die Suche nach einem geeigneten Medium«, werden die schlimmsten Fehler bereits in der Vorbereitung vermieden. Ein Beispiel soll dies verdeutlichen. Eine Lehrkraft entscheidet sich im Rahmen des Unterrichts, die Symptome des Herzinfarkts gemeinsam mit den Teilnehmern in Form eines flexiblen Lehrgesprächs zu erarbeiten und die Ergebnisse direkt zu visualisieren. Da bei der PowerPoint-Präsentation die Folien im Vorfeld vorbereitet werden müssen, kann weder auf Besonderheiten der Wortwahl (z.B. linksseitiger Brustschmerz anstatt linksthorakaler Schmerz) noch auf die Reihenfolge der Teilnehmerbeiträge individuell eingegangen werden. Das Medium ppt ist sehr statisch und unflexibel und deshalb für die Umsetzung mit der gewählten Methode weniger geeignet. Eine Tafel, ein Flip-Chart oder eine Pinnwand bietet hier die notwendige Flexibilität, die im Vorfeld nicht planbaren Teilnehmerbeiträge individuell zu berücksichtigen.

Mit einem Wechsel der Methoden ändern sich auch automatisch die Medien und der Fehler der *Eindimensionalität* des Unterrichts ist schon fast gebannt. Ein gesunder Medien- und Methodenmix bietet den Lernenden die notwendige Abwechslung und erhöht die Aufmerksamkeit. Auch hier ist darauf zu achten, dass die Methode das Medium bestimmt und nicht umgekehrt. Es ist für mich immer ein Warnsignal, wenn ich einem Referenten begegne und er mir auf meine Frage, welche Materialien und Medien er für den Unterricht benötigt, voller Stolz einen USB-Stick entgegenstreckt und sagt: »Ich habe alles dabei.« Bei einem »gesunden« Methodenwechsel ist es praktisch ausgeschlossen, lediglich eine ppt als Medium einzusetzen.

Praxisbeispiel: Das nachfolgende Beispiel für eine Unterrichtssequenz soll dies verdeutlichen. Ein erfahrener Referent bereitet einen Unterricht für angehende Rettungssanitäter zum

Thema Frakturen vor. Als Einstieg in den Unterricht wird in einer kleinen Filmsequenz ein Treppensturz dargestellt. Hierzu nutzt die Lehrkraft einen in die ppt eingebundenen Film. Danach werden die Teilnehmer in einem Lehrgespräch aufgefordert zu überlegen, welche Symptome bei einer Fraktur auftreten könnten. Die Teilnehmerbeiträge werden auf Moderationskarten geschrieben und an der Pinnwand gesammelt. Im Anschluss werden die gesammelten Beiträge gemeinsam mit den Teilnehmern nach sicheren und unsicheren Frakturzeichen geordnet. Unterstützt wird diese Methode durch Bilder von sicheren und unsicheren Frakturzeichen, die wieder in die ppt eingebunden sind. Überlegen Sie sich einmal, wie ein Unterricht mit einem attraktiven Medien- und Methodenmix weitergehen könnte. Durch die Abwechslung der eingesetzten Methoden kommt es automatisch zu einem vieldimensionalen Medieneinsatz.

Was in den 1980er- und 1990er Jahren die Folien-Präsentationen über den Overheadprojektor waren, sind heute die PowerPoint-Präsentationen über den Beamer. Diese Feststellung ist keineswegs positiv gemeint und Bedarf einer kritischen und differenzierten Auseinandersetzung mit dem Medium Beamer.

Beginnen wir mit dem kritischen Diskurs in Sachen Folienpräsentation und ziehen wir danach Parallelen zu der Anwendung von aktuellen PowerPoint-Präsentationen. Nach dem anfänglichen Enthusiasmus über die Chancen und Möglichkeiten der Folienpräsentation wurde Ende der 1990er Jahre Kritik an der *Übervisualisierung* durch dieses Medium laut. Ein schönes Beispiel hierfür waren die umfangreichen Foliensätze im Bereich der Ersten Hilfe. Der Ausbilder verkam mehr und mehr zum Folienwechsler. Die Bemerkung »Mehr als 10 Folien pro Minute sind ein Film« stellt hier sehr ironisch die Problematik der Anwendung des Mediums Overheadprojektor dar. Zwar waren die Folien aufwendig gestaltet und qualitativ sehr anspruchsvoll, doch wurden die Ausbilder dazu verleitet, Dinge, die besser demonstriert werden sollten, anhand der Folien umständlich zu erläutern. Die praktische Übung kam dabei viel zu kurz. Unter dem Motto »weniger ist oft mehr« setzte sich langsam eine Rückbesinnung auf einen sparsamen Umgang mit Folien zugunsten eines handlungsorientierten und teilnehmeraktivierenden Unterrichts durch. Fast zeitgleich wurde diese positive Entwicklung durch die Möglichkeiten der Präsentation mittels Beamer gebremst. War bisher die Erstellung von attraktiven Folien und Foliensätzen technisch sehr aufwendig, konnte der einzelne Referent mit PowerPoint nun plötzlich mit relativ geringem Aufwand grafisch ansprechende Präsentationen erstellen. Auf den ersten Blick ergibt sich hierdurch eine Reihe von Chancen. Da der Referent in der Gestaltung nicht mehr auf vorgefertigte Foliensätze angewiesen ist, kann er sich die Folien problemlos passend auf die Unterrichtssituation zuschneiden. Durch die Individualisierung bei der Foliengestaltung lassen sich die Inhalte zielgruppenorientiert aufbereiten und geben der Präsentation eine eigene Note. Bilder, Hörbeispiele und Videosequenzen lassen sich einfach in die Präsentation einbinden und helfen dadurch, den Unterricht zu veranschaulichen. Aber auf den zweiten Blick leiden die meisten Präsentationen unter ihrer mangelhaften Umsetzung. Ein besonderes Problem stellt in diesem Zusammenhang das Bedürfnis der Referenten nach Vollständigkeit und Lückenlosigkeit dar. Die Folge sind Präsentationen, die zu umfangreich und textlich deutlich überfrachtet sind. Viele Referenten visualisieren praktisch den gesamten Vortrag und nutzen die Präsentation gleichsam als roten Faden und Unterrichtsskizze. Jede Aussage als Spiegelstrich, jede Erzählung als Bild, und am Ende dient der Ausdruck der Präsentation als Handout für die Teilnehmer. Dass sich die Struktur und der Inhalt einer Präsentation massiv von der eines Arbeitsblattes bzw. eines Teilnehmerskriptes unterscheiden, ist in diesem Zusammenhang das kleinste Problem. Viel entscheidender ist, dass die Teilnehmer aufgrund der Übervisualisierung große Schwierigkeiten haben, wichtige von unwichtigen Aussagen zu trennen. Aus dieser Misere hilft nur eine konsequente Reduktion visualisierter Inhalte und eine Fokussierung auf die wesentlichen Unterrichtsziele. Es ist die Aufgabe der Referenten und Lehrer, in der Vorbereitung Kernaussagen herauszuarbeiten und diese im Unterricht für alle kenntlich und nachhaltig zu verankern. Bei Vortragspräsentationen und Impulsvorträgen gilt max. 1 Folie in 2–3 Minuten und für unterrichtsunterstützende Präsentationen max. 1 Folie in 10–15 Minuten als angemessen.

Neben den technischen Möglichkeiten ist es auch die veränderte Lehr- und Lernkultur, die Lehrkräfte dazu verleitet, möglichst die kompletten Inhalte in Präsentationen zu verpacken. Lehrkräfte sehen sich häufig mit der Kritik von Teilnehmern konfrontiert, die behaupten, der eine oder andere Sachverhalt sei im Unterricht nicht behandelt worden. Da ist es natürlich verlockend, auf eine Folie der Präsentation zu verweisen, in der sich der Sachverhalt wiederfindet. Dieses Sicherheitsdenken ist allerdings nicht zielführend und hilft weder dem Schüler noch der Lehrkraft. Beide – Schüler und Lehrer – müssen ihr Rollenverhalten kritisch überprüfen und zu einer partnerschaftlichen Lehr- und Lernkultur zurückfinden. Die Schüler müssen wieder lernen, Verantwortung für das eigene Lernen zu übernehmen und dort, wo der Unterricht Fragen aufwirft, nachzufragen oder diese Lücke durch Eigeninitiative zu schließen. Die Lehrkräfte müssen die Schüler wieder verstärkt in den Unterricht mit einbeziehen und die Selbstlernkompetenz der Teilnehmer aktiv fördern. Es ist ihre Aufgabe, durch regelmäßige Lernstandermittlung zu überprüfen, ob der Wissenstransfer erfolgreich war oder ob hier noch zusätzliche Unterstützung notwendig ist.

Sind die zu visualisierenden Inhalte auf ein vernünftiges Maß »eingedampft«, kann eigentlich nichts mehr schief gehen – weit gefehlt. Sicher kann sich jeder an eine besonders grässliche PowerPoint-Präsentation erinnern. Ein beißend greller Hintergrund, bunter Text, unterschiedlichste Schriftarten, jeder Spiegelstrich anders animiert, alles »klatscht«, »pfeift« und »quiekt« – kurz und gut: Alles, was die Software hergibt, wird in der Präsentation verwurstet. Am Ende wissen die Teilnehmer zwar über die technischen Möglichkeiten von PowerPoint Bescheid, aber an die Inhalte kann sich kaum jemand erinnern. Um solche *Gestaltungsfehler* in Ihren Präsentationen zu vermeiden, möchte ich im Folgenden auf wesentliche Gestaltungsregeln im Umgang mit Präsentationen über Beamer eingehen:

- ▶ Hintergrund
- ▶ Rahmen
- ▶ Text
- ▶ Grafische Objekte
- ▶ Aufbau
- ▶ Animationen.

Grundsätzlich handelt es sich beim Erstellen von Präsentationen um einen kreativen Prozess. Bei allen Tipps und Tricks zur Gestaltung darf aus diesem Grund die Individualität des Vortragenden nicht vergessen werden. Dies gilt besonders vor dem Hintergrund, dass das ästhetische Empfinden durchaus großen Unterschieden unterworfen ist. Die folgenden Empfehlungen gründen vorwiegend auf deskriptiven Theorien der Gestaltgesetze und Untersuchungen aus dem Bereich der Werbepsychologie. Daraus ableitend lässt sich annehmen, dass hierdurch eine breite Masse des Geschmacks getroffen wird und negative Empfindungen weitestgehend vermieden werden.

Beginnen wir mit der Gestaltung des *Hintergrunds*. Auch wenn moderne Hochleistungsbeamer bei Tageslicht eine akzeptable Qualität abliefern, sind helle, neutrale und unaufdringliche Hintergrundfarben (z.B. Weiß, Hellgrau, Hellblau) mit maximalem Kontrast zur Textfarbe (z.B. Schwarz, Dunkelblau) für den Betrachter am besten zu lesen. Dunkle Hintergrundfarben machen eine Verdunklung der Räume notwendig und sind aus diesem Grund nur bei Vortragspräsentationen zu empfehlen. Bei unterrichtsbegleitenden Präsentationen über einen Unterrichtstag ist eine ständige Verdunklung hinderlich und führt zum raschen Ermüden der Teilnehmer. Will man ganz sicher gehen, so nutzt man am besten das unspektakuläre Weiß als Folienhintergrund. Zur besseren Lesbarkeit sollten Sie auf aufwendige Farbverläufe oder Bilder als »Wasserzeichen« im Hintergrund gänzlich verzichten.

Nachdem wir unseren Hintergrund gestaltet haben, steht als nächstes die Entscheidung für oder gegen einen *Rahmen* an. Verwendet man einen Rahmen, erfährt die Folie eine deutlich erkennbare Gliederung in den organisatorischen Rahmen- und den eigentlichen Informationsbereich. Im Rahmenbereich finden sich unter anderem Angaben zum Vortragstitel, Erstellungsdatum, Namen des Autors sowie zur Foliennummerierung und ggf. ein Firmenlogo. Da der Platz auf einer Präsentationsfolie sehr begrenzt ist, entscheiden sich immer mehr Referenten zugunsten eines größeren Informationsbereiches gegen die Verwendung eines Rahmens (Abb. 26). Für die organisatorischen Informationen wird dann die Einstiegsfolie genutzt.

Möchten Sie trotzdem einen Rahmen einsetzen, haben Sie die Auswahl zwischen vier verschiedenen Rahmentypen: Überschriftsbalken, Halbrahmen, Vollrahmen und angedeuteter Rahmen (Abb. 27). Außer der praktischen Überlegung hinsichtlich des notwendigen Raumes im Informationsbereich entscheidet am Ende die persönliche Vorliebe für einen bestimmten Rahmentyp.

Nach der Wahl des Rahmentyps muss dieser farblich gestaltet werden. Dabei kommen dunkle, unauffällige Farben (Blau, Grau bis Schwarz) oder Ton-in-Ton-Gestaltungen mit dem Hintergrund zur Anwendung. Nutzt man eine mit der Hintergrundfarbe auslaufende Rahmengestaltung, wirkt der Rahmen nicht so dominant (Abb. 28).

Grundsätzlich darf die Gestaltung des Rahmens nicht vom eigentlichen Inhalt ablenken und sollte aus diesem Grund auch während der Präsentation nicht verändert werden. Die gelungene Kombination von Hintergrund und Rahmen gibt dem Betrachter die notwendige Orientierung und lenkt dessen Aufmerksamkeit auf den Informationsbereich und damit auf den eigentlichen *Text*. Damit der Text gut gelesen werden kann, muss die gewählte Textfarbe einen maximalen Kontrast zur Hintergrundfarbe haben. Den größten

ABB. 26 ▶ Folie ohne Rahmen

farblichen Kontrast bieten hierbei ein wei-ßer Hintergrund und eine schwarze Schrift. Die Verwendung von Rot erhöht wegen der Warnwirkung kurzzeitig die Aufmerksam-keit. Da der Effekt bei zu häufiger Anwen-dung schnell verloren geht, sollte er spar-sam eingesetzt werden und besonders wichtigen Aussagen vorbehalten bleiben. Dort, wo sich Textpassagen abheben, kön-nen auch die Textoptionen »fett«, »kursiv« oder »unterstreichen« genutzt werden. Die aufwendige Gestaltung von ausgefallenen Textformaten und Grafiken kann in diesem

Zusammenhang nicht empfohlen werden. Untersuchungen belegen, dass diese vom Be-trachter häufig ignoriert werden.

Bei der Schriftart haben sich serifenlose Schriften (ohne Endstriche) mit konstanter Strichstärke (z.B. Arial, Verdana) bei Präsentationen durchgesetzt. Diese lassen sich auch bei geringerer Auflösung und großer Entfernung zur Projektionsfläche gut lesen. Schriften mit Serifen (Endstrichen) und unterschiedlichen Strichstärken (z.B. Times) eignen sich für

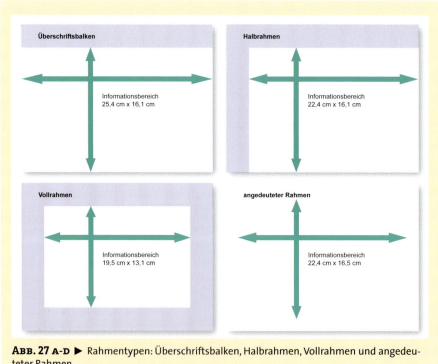

ABB. 27 A-D ▶ Rahmentypen: Überschriftsbalken, Halbrahmen, Vollrahmen und angedeu-teter Rahmen

Präsentationen weniger und finden ihre Anwendung besonders bei längeren Texten mit breiten Zeilen. Da ein Wechsel der Schriftarten vom Betrachter als unruhig empfunden wird, sollten verschiedene Schriftarten nicht miteinander kombiniert und die einmal gewählte Schriftart innerhalb einer Präsentation nicht gewechselt werden.

Ob ein Text gut gelesen werden kann, ist im Wesentlichen auch von der Schriftgröße abhängig. Da die Projektionsflächen in ihrer Größe variieren, gilt, dass der Text von jeder Stelle des Raumes gut gelesen werden kann. Als Orientierung gilt eine ideale Schriftgröße von 24 pt – in jedem Fall sollten 16 pt nicht unterschritten werden.

Hält man sich an diese Vorgaben, limitiert sich hierüber auch automatisch die Menge des präsentierten Textes. Der Text ist immer nur ein Extrakt des gesprochenen Wortes und reduziert sich auf die Kernaussagen. Die besten Ergebnisse erzielt man, wenn pro Folie maximal 6–8 Zeilen verwendet werden und der Text stichpunktartig zusammenfasst und nicht als Fließtext präsentiert wird. Diese Empfehlung fußt auf Untersuchungen von George Miller, die belegen, dass Menschen lediglich 5 bis 9 Informationen gleichzeitig verarbeiten können. Bei grafischen Informationen liegt die Grenze bei maximal 3 gleichzeitig präsentierten Informationen.

Wo der Text an seine Grenzen stößt, kann es helfen, einen Sachverhalt mit einem *grafischen Objekt* zu veranschaulichen. Bei den grafischen Objekten lassen sich Lebensbilder (Fotos, fotorealistische Darstellungen oder Zeichnungen) von Sachbildern (Diagramme) unterscheiden. Das Zitat »Ein Bild sagt mehr als tausend Worte« begleitet uns in diesem Kapitel immer wieder, verliert aber deswegen nicht an Bedeutung. Da Bilder eine stark emotionale Wirkung haben und kritiklos von der rechte Hemisphäre des Gehirns aufgenommen werden, erfahren sie eine nachhaltige Verankerung und prägen sich deutlich einfacher als Textinhalte im Gedächtnis. Untersuchungen zeigen, dass sich besonders farbige, detailreiche Fotos mit hohem Assoziationsgehalt einprägen. Ein besonderes Beispiel sind in diesem Zusammenhang Fotos von erkrankten oder verletzten Patienten bzw. Wundechtaufnahmen. Jeder Teilnehmer wird sich an das Foto einer »Fehlstellung« als sicheres Frakturzeichen erinnern können. Beim Einsatz von Bildern ist es dabei nicht notwendig, alle Facetten einer Erkrankung oder Verletzung darzustellen. Vielmehr dient das Bild, quasi als Stichwortverzeichnis, zum Auffinden der abgelegten Information. Beim erwähnten Beispiel der sicheren Frakturzeichen sind dies neben der »Fehlstellung« die »abnormale Beweglichkeit«, die »Krepitation« und die »sichtbaren Knochenteile«, die direkt mit dem Bild verknüpft werden. Gerade im Rettungsdienst halte ich es für unumgänglich, dass Teilnehmer bereits am Anfang ihrer Ausbildung das eine oder andere »sprechende« Foto zu Gesicht bekommen. Dabei muss das ausgewählte Bild immer einen direkten Bezug zum Thema haben, der dargestellte

ABB. 28 ▶ Transparent auslaufender Halbrahmen

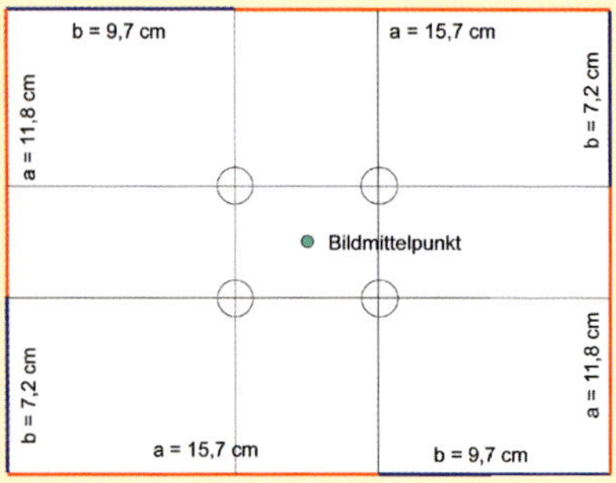

ABB. 29 ▶ Einteilung einer Folie bei einem Präsentationsformat 25,4 cm x 19,05 cm (Goldener Schnitt)

Sachverhalt muss eindeutig erkennbar und die Qualität des Fotos muss akzeptabel sein. Im Gegensatz zu Bildern prägen sich Zeichnungen oder Cliparts deutlich schlechter ein und sollten aus diesem Grund zurückhaltend eingesetzt werden. Eine Ausnahme sind Cartoons, die durch ihre witzige, komische oder skurrile Darstellung stark emotional geprägt sind.

Sind es bei den Lebensbildern die Emotionen, die angesprochen werden, so ist es bei Sachbildern der plötzliche Erkenntnisgewinn (»Aha-Effekt«), der sich einstellen soll. Diagramme sind für diesen Zweck besonders gut geeignet. Es lassen sich dabei Kreisdiagramme (z.B. Darstellung von Anteilen), Balken- und Säulendiagramme (z.B. Darstellung mehrerer Werte einer Variablen, Rankings) sowie Kurvendiagramme (z.B. Darstellung von Abhängigkeiten und Korrelationen bei mehr als einer Variablen) voneinander unterscheiden. Für alle Diagrammarten gilt, dass die zu transportierende Information klar und eindeutig für den Teilnehmer zu erkennen ist. Der Referent unterstützt dies, indem er jedes Diagramm für alle verständlich erläutert.

Nachdem wir uns mit den Einzelelementen wie Hintergrund, Rahmen, Text und grafischen Objekten beschäftigt haben, gilt es nun, diese zu einem ansprechenden Gesamtbild zu arrangieren. Beim *Aufbau* einer Folie helfen uns dabei der Goldene Schnitt, die Blickfolge sowie einige für die Präsentation abgeleitete Regeln aus der Gestalttheorie.

Bereits in der griechischen Antike war der Goldene Schnitt Inbegriff von Ästhetik und Harmonie. Das als Ideal angesehene proportionale Verhältnis zweier Strecken fand vor allem in der bildenden Kunst und der Architektur seine Anwendung.

Definition »Goldener Schnitt«:

Zwei Strecken stehen im Verhältnis des Goldenen Schnittes, wenn sich die größere (a) zur kleineren Strecke (b) so verhält, wie die Summe aus beiden (a + b) zur größeren (a).

Betrachtet man Bilder aus der Renaissance, z.B. von Leonardo da Vinci oder Albrecht Dürer, sind diese häufig nach diesem Prinzip gestaltet. Das zentrale Objekt wandert aus der eigentlichen Bildmitte nach links oben. Für die Gestaltung einer Präsentationsfolie bedeutet dies eine Einteilung des Informationsbereiches (ohne Rahmen) durch Linien im Verhältnis 1:1,6. Die daraus entstehenden Schnittpunkte sind besonders für die Positionierung wichtiger Informationen geeignet.

Bedingt durch das Lesen und Schreiben orientieren wir uns in der westlichen Welt meist von links nach rechts und von oben nach unten. Beim Betrachten von Bildern, Webseiten und Präsentationen kommt dieser Gewohnheit eine besondere Bedeutung zu. Da hier der Zwang des Zeilensprungs fehlt, ergibt sich als bevorzugte Blickfolge die Diagonale von links oben nach rechts unten (Abb. 30). Zusammen mit dem Goldenen Schnitt eignet sich für die Positionierung von wichtigen Informationen daher am ehesten der Schnittpunkt in der linken oberen Ecke. Weitere oder darauf aufbauende Informationen werden im Verlauf der Diagonalen platziert.

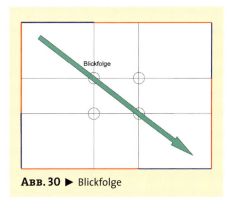

ABB. 30 ▶ Blickfolge

Bei der Foliengestaltung sind es außer den grafischen Regeln inhaltliche Regeln aus den Gestaltgesetzen, denen wir Beachtung schenken müssen. Die Theorie der Gestaltgesetze beschreibt dabei Zusammenhänge, die der Mensch von sich aus berücksichtigt. Aus diesem Grund werden die nachfolgenden Regeln bei der Gestaltung einer Folie praktisch automatisch beachtet:

- ▶ Elemente, die zusammengehören, sollten dicht beieinander liegen.
- ▶ Elemente, die keinen direkten Bezug zueinander haben, sollten einen größeren Abstand haben.
- ▶ Inhaltliche Trennungen von Elementen werden durch die Verwendung eines Rahmens optisch unterstützt.

Erst am Ende der Foliengestaltung sollte man sich dem Thema *Animation* zuwenden. Neben optischen Animationen (Bewegung, Einblendung, Ausblendung) bietet PowerPoint auch eine Reihe von akustischen Effekten (Töne) zur Untermalung der Präsentationen. Wie bei allen Maßnahmen zur Wirkungssteigerung sollten auch diese sparsam und zielgerichtet eingesetzt werden. Eine Ausnahme sind Folienübergänge. Diese werden in der Regel vom Betrachter als angenehm empfunden. Bei der Auswahl sollte man sich für eine ruhige Variante (z.B. »über Schwarz blenden«, »direkt über Schwarz«, »auflösen«) entscheiden und diese während der gesamten Präsentation beibehalten.

Auch benutzerdefinierte Animationen einzelner Inhalte können, wenn sie zur Steigerung der Übersichtlichkeit beitragen, empfohlen werden. Ein Beispiel sind Spiegelstrichaufzählungen, die – aufbauend mit dem Vortrag – einzeln eingeblendet werden. Die Aufmerksamkeit des Betrachters wird hier automatisch auf den frisch eingeblendeten Text fokussiert. Unterstützen kann man diesen Effekt, wenn der be-

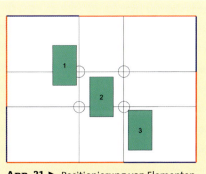

ABB. 31 ▶ Positionierung von Elementen entlang der Blickfolge

Allgemeine Regeln für die Gestaltung von Präsentationen:	
Hintergrund:	Bei Tageslicht möglichst helle Hintergrundfarben verwenden (z.B. Weiß), nur in abgedunkelten Räumen sind dunkle Hintergrundfarben statthaft. Keine aufwendigen Farbverläufe oder »Wasserzeichen« als Hintergrund.
Rahmen:	Möglichst zurückhaltende Rahmengestaltung. Der Rahmen enthält z.B. Informationen zu Titel, Erstellungsdatum, Name und Nummer der Folie.
Schriftart:	Serifenlose Schriften (z.B. Arial, Verdana) verwenden.
Schriftgröße:	Die Schrift sollte von jeder Stelle im Unterrichtsraum gut zu lesen sein. Als Orientierung gilt: Schriftgrad 24 pt verwenden, in jedem Fall nicht kleiner als 16 pt.
Schriftfarbe:	Maximaler Kontrast zur Farbe des Hintergrunds (z.B. Hintergrund = Weiß, Schrift = Schwarz). Hervorhebung des Textes mit Textoptionen (fett, kursiv, unterstreichen), Textoptionen Bedeutungen zuweisen (z.B. Überschrift = fett, Zitate = kursiv). Nur bei besonderen Hervorhebungen zweite Textfarbe (z.B. Merke = Rot) verwenden.
Optische Objekte:	»Ein Bild sagt mehr als tausend Worte«. Realistische Bilder mit hohem Emotionsgehalt prägen sich besser ein und helfen bei der nachhaltigen Verknüpfung.
Aufbau:	Schrittweiser Aufbau von links oben nach rechts unten.
Animationen:	Sparsamer Umgang mit Animationen. Überblendungen bei Folienübergängen verwenden.

reits besprochene Text mit Einblendung des frischen Textes in der Farbintensität zurückgenommen wird (z.B. Schwarz – Dunkelgrau). Wie bei den Folienübergängen sollte auch bei den benutzerdefinierten Animationen durchgehend nur ein Effekt eingesetzt werden.

Dort, wo es notwendig ist, die besondere Aufmerksamkeit der Betrachter zu gewinnen, ist es zulässig, Elemente besonders hervorzuheben. Dies kann durch ungewöhnliche Einblendungen, Bewegungen oder akustische Effekte erfolgen. Meiner Meinung nach sollten diese besonderen Effekte aber auf maximal einen pro Präsentation begrenzt sein.

Nach all diesen Überlegungen stellt sich die Frage nach der perfekten Präsentation. Selbst bei Beachtung aller Regeln ist die Gestaltung einer Präsentation auch immer Geschmackssache des Einzelnen. Nicht selten wird die Gestaltungsfreiheit durch bestehende Vorgaben des Arbeitgebers eingeschränkt und die Verwendung eines Folienmusters mit entsprechenden Vorgaben zur verwendeten Schriftgröße und Farbgestaltung ist verbindlich. Nach wie vor ist es allerdings der Referent, der durch seine Präsenz, Mimik, Gestik und Stimmvariationen die Präsentation mit Leben füllt. Auch wenig optimal gestaltete Präsentationen können für die Teilnehmer zum Erlebnis werden, wenn nur der Referent in der Lage ist, die Teilnehmer zu fesseln und mitzureißen. Dies gilt allerdings auch umgekehrt.

Interaktives Whiteboard

Das interaktive Whiteboard (digitales Whiteboard, interactive whiteboad, IWB, interaktive Weißwandtafel) ist eine moderne Weiterentwicklung der bewährten Wandtafel. Auf den ersten Blick erscheint es wie ein herkömmliches Whiteboard mit einem Beamer. Das Whiteboard dient als Projektionsfläche und kann wie ein Touchscreen bedient werden. Je nach Hersteller geschieht dies entweder mit Hilfe eines Zweifoliensystems, das auf Druck reagiert (z.B. SMART Board) oder einer Tafel, die mit magnetischen Folienstiften (z.B. Activboard) bedient wird. Es erlaubt das Interagieren sowie die Projektion, das Kreieren und Speichern von digitalen Inhalten.

Neben den herkömmlichen Funktionen einer Tafel verfügt das interaktive Whiteboard noch über eine Reihe von Möglichkeiten, den Unterricht attraktiver zu gestalten. Dem Anwender stehen nachfolgende Anwendungsbereiche zur Verfügung:

- ▶ Nutzung als Tafel
- ▶ Visualisierung und Bedienung vorhandener Software
- ▶ zusätzliche Softwareoptionen.

Bei der *Nutzung als Tafel* lassen sich die Standardmöglichkeiten herkömmlicher Tafeln einfach und schnell nachahmen. Texte lassen sich in der gewohnten Weise als geschriebene Texte erfassen und danach weiterverarbeiten. Wie bei der herkömmlichen Tafel können die Texte geändert oder gelöscht und mit unterschiedlichen Schriftfarben versehen werden. Zusätzlich lassen sich Textbausteine an der Tafel verschieben und wie bei einer Pinn- oder Magnetwand neu ordnen. Lehrkräfte, die ein Problem mit einem leserlichen Schriftbild haben, nutzen bei der Texterfassung eine einblendbare Tastatur oder lassen den handgeschriebenen Text schnell und einfach mit Hilfe einer Texterkennung umwandeln. Ist der Text in den hinteren Lehrsaalreihen nicht lesbar, lassen sich die Textbausteine problemlos vergrößern und bei Bedarf natürlich auch verkleinern. Sehr leicht können zudem Grafiken und Bilder in das Tafelbild einfügt werden. Die Bedienung ist intuitiv und folgt dabei den Optionen moderner Smartphones und Tablet-Computer. Die Lehrkräfte können mit Hilfe der mitgelieferten Software Tafelbilder unabhängig vom interaktiven Whiteboard zu Hause am PC vorbereiten. Die vorbereiteten Tafelbilder werden dann im Unterricht bearbeitet und weiterentwickelt. Die Ergebnisse können abgespeichert werden und es besteht zu jedem Zeitpunkt im Unterricht die Chance, auf ältere Notizen zurückzugreifen. Der Clou: Am Ende des Unterrichts lassen sich die Tafelbilder per E-Mail an die Teilnehmer versenden.

Bei der *Visualisierung und Bedienung vorhandener Software* (z.B. Word, PowerPoint, Excel, Internet) hat sich die Lehrkraft bislang darauf beschränkt, die Funktionen vom Lehrerrechner aus über den Beamer zu präsentieren. Für die Teilnehmer ist diese Lehrsituation sehr anstrengend. Konzentrieren sie sich auf die Präsentation an der Leinwand, fehlt der direkte Augenkontakt zur Lehrkraft, folgen sie der Mimik und Gestik der Lehrkraft, verpassen sie die vorgeführten Aktionen an der Leinwand. Durch Nutzung des interaktiven Whiteboards hat die Lehrkraft die Möglichkeit, die Funktionen direkt an der Tafel zu zeigen. Durch die Aktionen an der Tafel wird der Unterricht belebt und die Teilnehmer haben es leichter, den einzelnen Schritten zu folgen.

Derzeit liefern sich die Hersteller einen Wettstreit bei *zusätzlichen Softwareoptionen* für den Einsatz im Unterricht. Für die rettungsdienstlichen Ausbildungen sind es vor allem Anwendungen im Bereich der Anatomie und Physiologie, die den Unterricht bereichern können. Neben praktischen Anwendungen gibt es, ähnlich wie bei den Apps für Smartphones, eine Menge an überflüssigen Softwareangeboten. Am Ende ist es die Lehrkraft, die darüber entscheidet, welche Software oder Anwendung für den Unterricht geeignet ist.

Auch wenn ein interaktives Whiteboard aktuell noch nicht überall verfügbar ist, ist es gleichwohl sinnvoll, sich frühzeitig mit diesem Medium zu beschäftigen. Im Internet findet man eine Reihe von Links und Kurzfilmen, die den Umgang mit dem interaktiven Whiteboard und die technischen Möglichkeiten zeigen. Eine Studie aus dem Jahr 2008 belegt, dass das interaktive Whiteboard sich zunehmender Beliebtheit erfreut und langsam, aber sicher Einzug in die deutschen Klassenzimmer hält. Auch wenn die Zahlen in Deutschland im Ländervergleich noch eher bescheiden anmuten, rechnen die Hersteller in den nächsten Jahren mit enormen Wachstumsraten. Auch dort, wo ein interaktives Whiteboard zur Verfügung steht, wird das volle Potenzial derzeit noch selten genutzt. Künftig könnten die Lehrkräfte die im Unterricht erstellten Tafelbilder auf einem separaten Bereich einer Lernplattform ablegen und die Schüler hätten zu jedem Zeitpunkt Zugriff auf alle Aufschriebe im Unterricht. Die Vision macht deutlich, dass das interaktive Whiteboard nicht isoliert zu sehen ist, sondern Bestandteil eines didaktisch durchdachten Netzwerkes werden muss.

3.2.3 Moderne Medien

Auch wenn die Vermittlung von Wissen aktuell noch in bewährter Weise innerhalb einer Bildungseinrichtung stattfindet, wächst der Bedarf der zeitlichen und örtlichen Flexibilisierung von Bildungsangeboten. Voraussetzung für den Einsatz der meisten bewährten Medien (Hardware) ist aber die Präsenz von Lehrkraft und Teilnehmern. Moderne Medien (Software) machen es möglich, formales Lernen auch außerhalb der Bildungseinrichtungen nachhaltiger zu organisieren und durchzuführen. Weiterhin unterstützen sie das informelle Lernen durch Bereitstellung von Informationen und Wissen. Da es sich bei den modernen Medien nicht mehr um materielle Hilfsmittel im klassischen Sinn handelt, ist die Trennschärfe zwischen Medien und Methode nicht mehr so deutlich, aber dennoch vorhanden. Auch moderne Medien wie Chat, Lernplattform oder virtuelles Klassenzimmer sind nur Hilfsmittel, mit denen Lerninhalte transportiert werden. Durch ihre Kombination entstehen Lernarrangements, die zur planmäßigen Wissensvermittlung dienen. Diese planmäßigen Verfahren sind die Methode. Werden moderne Medien in einer Bildungsmaßnahme eingesetzt, spricht man übergreifend von E-Learning.

Exkurs E-Learning:
Während in den 70er Jahren erste Überlegungen zum Einsatz von CBT-Programmen (Computer Based Learning) an den technischen Voraussetzungen scheiterten, wurde der Gedanke in der 90er Jahren erneut aufgegriffen. Besonders die rasanten Entwicklungen neuer Informations- und Kommunikationstechniken beflügelten die hohen Erwartungen an E-Lear-

ning. Neben den Möglichkeiten einer zeitlichen und örtlichen Flexibilisierung des Lernens, wurden auch Zeit- und Kostenersparnis als Argumente für die Nutzung von E-Learning angeführt. Bereits erste Erfahrungen zeigten eine gleichermaßen geringe Akzeptanz von Lehrenden und Lernenden. Während die Lernenden die starre Konzeption der Lernprogramme ohne echte Möglichkeiten von Interaktion kritisierten, waren die Lehrenden mit der aufwendigen Erstellung und Pflege der Lernprogramme überfordert.

Ausgelöst durch diese Erkenntnisse wurden schon sehr früh kombinierte Ausbildungsformate entwickelt. Werden E-Learning und Präsenzunterricht kombiniert, spricht man von Blended learning (integriertes Lernen, hybrides Lernen). Durch die didaktisch sinnvolle Mischung lassen sich die jeweiligen Vorteile verstärken und die Nachteile kompensieren. Zusätzliche Medien im Bereich des E-Learning wie Chatfunktion, Foren und virtuelle Klassenzimmer (Virtuell Classroom = VC) verbessern die Interaktion der Teilnehmer untereinander und fördern die Bildung von sozialen Netzwerken. Durch den Einsatz von modernen Content Management Systemen (CMS) kann der Lerninhalt gut strukturiert und einfach und schnell dem individuellen Lernbedarf der Teilnehmer angepasst werden. Da sich die Gestaltung und Betreuung von Lehr- und Lernprozessen im Internet von der Gestaltung von Präsenzunterricht deutlich unterscheidet, benötigen die Lehrkräfte neben ihrer fachlichen und pädagogischen Qualifikation Kompetenzen im Umgang und der Nutzung moderner Medien.

Bereits beim Verfassen dieses Beitrages zu den modernen (modern = zeitgemäß, dem aktuellen Stand der Technik entsprechend, lat. modernus = neuzeitlich) Medien entwickeln diese sich weiter und Medien, die heute noch en vogue erscheinen, gehören morgen vielleicht schon zum alten Eisen.

Internet

Noch vor wenigen Jahren bestand das Internet hauptsächlich aus statischen HTML-Seiten, die den Nutzern zur Verfügung gestellt wurden. Mit der neuen Generation des Webs, dem Web 2.0, entwickelt es sich zusehends zu einem sozialen Netzwerk mit interaktiven und kollaborativen Elementen. Mit dieser Entwicklung verbunden ist eine geänderte Wahrnehmung des Internet. Die Nutzer sind nicht nur Konsumenten, sondern auch Produzenten, sie erstellen, bearbeiten und verteilen Inhalte. Dabei nutzen sie interaktive Anwendungen wie Foren, Blogs und Wikis. Diese Anwendungen können zum einen als eine Ergänzung des Präsenzunterrichts außerhalb des formalen Rahmens der Bildungseinrichtung genutzt werden, zum anderen lassen sich damit Online-Maßnahmen betreuen und steuern. Die folgende Auswahl beschreibt solche digitalen Anwendungen im Internet und ihre Nutzung innerhalb einer Bildungsmaßnahme:

- ▶ E-Mail
- ▶ Chat
- ▶ Webforen
- ▶ Blogs und Tweets
- ▶ Wiki
- ▶ Suchmaschinen.

Die *E-Mail* (electronic mail = elektronische Post) hat die Kommunikation per Brief fast vollständig verdrängt. Über Verteilerlisten lässt sich der Internetdienst hervorragend zur schnellen und einfachen Informationsweitergabe nutzen. Gerade Bildungsmaßnahmen, die in zeitlich versetzten Blöcken organisiert sind, profitieren von diesem Kommunikationsmittel. Durch regelmäßige Mitteilungen und die Möglichkeit, Fragen an die Lehrkraft zu stellen, lassen sich die Teilnehmer auch in den Zeiten zwischen den Präsenzen stark an die Bildungsmaßnahme binden. Für die Diskussion von Sachverhalten eignet sich das asynchrone Medium nicht. Werden mehrere E-Mails in einer Gruppe versandt und entsteht danach ein reger Austausch, verliert man rasch die Übersicht, wer sich zu welchem Thema geäußert hat.

Besser geeignet ist der *Chat* (engl. chat = plaudern, sich unterhalten). In Echtzeit (synchron) können Teilnehmer über ein Thema diskutieren. Je nach System gibt es die Möglichkeit des Text-, Audio- oder Videochats. Möchte die Lehrkraft diesen Internetdienst für ihren Unterricht nutzen, empfiehlt es sich, feste Termine mit den Teilnehmern zu vereinbaren. Die Termine dienen dann als Sprechstunde zur Klärung offener Fragen der Teilnehmer oder zur Ermittlung des Lernfortschritts in Selbstlernphasen.

Bei einem organisierten Chat obliegt der Lehrkraft die Rolle des Moderators. Durch Vorgabe eines Problems oder einer Fragestellung kommt die Diskussion schnell in Gang. Die Herausforderung für die Lehrkraft ist die Steuerung des Lernprozesses. Gruppengrößen von mehr als fünf Teilnehmern sind für den Chat wenig geeignet. Schnell verliert die Lehrkraft bei größeren Gruppen die Übersicht und entstehende Diskussionen lassen sich nicht mehr lenken.

Neben dem organisierten Vorgehen kann der Chat auch unorganisiert genutzt werden. Den Teilnehmern von Onlinestudiengängen dient der Chat dann als Pausenraum, in dem auch private Dinge ausgetauscht werden können. Teilnehmer von Onlinestudiengängen schätzen neben der örtlichen auch die zeitliche Flexibilisierung. Häufig können fixe Termine für einen Chat dann nicht von allen Teilnehmern wahrgenommen werden. Die Lehrkraft muss in diesem Fall entweder für ein ausreichendes Angebot an Terminen sorgen oder auf ein anderes Medium zurückgreifen.

Möchte man sich asynchron mit den Teilnehmern über ein Problem, einen Gedanken oder eine Frage austauschen, empfehlen sich *Webforen* (lat. forum = Platz). In diesem Zusammenhang sind ebenfalls die Begriffe Newsgroup und Boards gebräuchlich. In den Funktionalitäten ähnlich, unterscheiden sie sich nur unwesentlich in ihrer Darstellung des Kommunikationsverlaufs. Alle Internetforen bietet die Möglichkeit, sich zeitversetzt zu einem Thema (Thread, Topic) zu äußern und einen Beitrag zu posten. Die Mitglieder des Forums erhalten automatisch eine Benachrichtigung, wenn neue Beiträge eingestellt wurden, und können sich dann dazu äußern. Dadurch, dass die Beiträge eine chronologische und zeitliche Ordnung erhalten, ist dieses Medium für Diskussionen und Austausch deutlich besser geeignet als das Versenden von Sammel-E-Mails. Wie bei den Chats muss sich die Lehrkraft bei den Foren entscheiden, ob diese organisiert oder als freier Raum zum Austausch der Teilnehmer untereinander dienen sollen. Nutzt man Internetforen in einer Lernplattform, lassen sich verschiedene Foren als Räume deklarieren, aus deren Bezeichnung ersichtlich wird, wie sie genutzt werden sollen – z.B. »Pausenraum«, »Arbeitsraum zum Thema Schock«. Besonders dann, wenn Teilnehmer in der Anwendung moderner Medien noch wenig Erfahrung mitbringen, ist es wichtig, den Austausch in den Foren durch gezielte Ansprache zu fördern.

Mit den Webforen artverwandt ist der *Blog*. Er unterscheidet sich im Wesentlichen dadurch, dass er mehr privat und personalisiert ist als der Austausch auf Foren. Typischerweise gibt ein Nutzer in einer Art Tagebuch Einblick in seine Gedanken und sein Leben. Beobachter können an den Einträgen teilhaben und sich mit eigenen Beiträgen an den Blogger wenden. Besonders populär wurden Blogs durch ihre Nutzung als Instrument zur Kritik an politischen Systemen und zur Dokumentation von Menschenrechtsverletzungen. Unter »Mikroblogging« versteht man *Tweets* (engl. tweet = zwitschern), die Internetdienste wie Twitter und Facebook anbieten. Der wesentliche Unterschied zum Blog ist deren Zeichenbeschränkung (ca. 140 Zeichen pro Tweet). Für den Unterricht sind Blogs und Tweets nicht geeignet. Interessant sind sie zur Gruppenbildung bei Onlinestudiengängen. Die Teilnehmer gewähren durch ihre Einträge den anderen Gruppenmitgliedern Einblick in ihr Privatleben und fördern damit die Entstehung von sozialen Netzwerken.

Viele Lernplattformen bieten außer Funktionen wie Foren und Chat auch die Option eines eigenen *Wikis* (hawaiianisch wiki = schnell). Bei einem Wiki können Inhalte von Benutzern nicht nur gelesen, sondern auch online über einen Browser geändert und ergänzt werden. Das wohl bekannteste Wiki ist der Internetdienst Wikipedia, der als freie Enzyklopädie eines der meistgenutzten Nachschlagewerke im Internet ist. Wird ein Wiki innerhalb einer Bildungseinrichtung oder eines Lehrgangs aufgebaut, kann über Jahre ein »mächtiges« Nachschlagewerk entstehen. Teilnehmer und Lehrkräfte können dieses Medium dann gezielt zur Bearbeitung von Gruppenaufgaben oder zum Nachschlagen nutzen. Die Einführung eines Wikis dient dem Wissensmanagement in einer Bildungseinrichtung mit dem Ziel, vorhandenes Wissen transparent zu machen, Prozesse zu optimieren und Fehler zu vermeiden. Bei der Einführung ist es wichtig, die Zuständigkeit für ein Wiki klar zu regeln und eine Lehrkraft mit der Betreuung zu beauftragen.

Aufgrund der Fülle an Dokumenten, die im Internet zur Verfügung stehen, sind geeignete *Suchmaschinen* (Google, Bing, Yahoo) zur gezielten Recherche im Netz unverzichtbar. Nach Eingabe eines Suchbegriffs liefert die Suchmaschine eine geordnete Auswahl an Verweisen auf Dokumente und Internetseiten. Gerade bei Gruppen- und Einzelaufgaben kommt das Medium als Rechercheinstrument zum Einsatz. Die Nutzung des Internet gehört heute zu den Grundfertigkeiten und muss deshalb fester Bestandteil des Settings von Bildungsmaßnahmen sein. Mit Hilfe eines leistungsstarken WLAN-Netzwerkes und des Einsatzes von mobilen Tablet PC können Teilnehmer künftig in die Lage versetzt werden, die Funktionen des Internet auch im Präsenzunterricht zu nutzen.

Lernplattformen

Eine Lernplattform bzw. ein LMS (Learning Management System) oder auch CMS (Content Management System) ist ein komplexes Softwarepaket, mit dem sich Bildungsprozesse beim Online-Lernen unterstützen und organisieren lassen. Es verbindet die im Vorfeld beschriebenen Anwendungen wie Chat, Foren und Wikis mit der Bereitstellung von Lerninhalten. Eine Lernplattform bietet den Rahmen, in dem sich Bildungsprozesse abspielen. Am besten lässt sich die Lernplattform mit einem Schulgebäude vergleichen. Damit hier Bildung stattfinden kann, stellt die Schule verschiedene Funktionalitäten zur Verfügung, z.b. den Pausenhof zur Kommunikation der Teilnehmer untereinander (= Chat), ein schwarzes Brett für aktuelle Aushänge (= Foren, Newsgroups, Boards), ein Sekretariat (= Kurs- und Teilnehmerverwaltung) oder eine Bibliothek (= [Lern-]Inhalte in Form von Dokumenten, Filmen, Arbeitsaufträgen). Genau wie in einer Schule lässt sich der Zugang auf die Lernplattform und zu den einzelnen Anwendungen mittels Rollen- und Rechtevergabe einfach regeln und begrenzen. Neben den oben aufgeführten Anwendungen bieten die meisten CMS Werkzeuge zur einfachen Erstellung, Auswertung und Verwaltung von Lernerfolgskontrollen, Terminplanung und zusätzliche Lernwerkzeuge wie Notizbuch und Kalender an. Es ist die Aufgabe der Lehrkraft, den Bildungsprozess der Lernenden innerhalb der Lernplattform zu gestalten und zu betreuen. Tele-Tutoring unterscheidet sich wesentlich von der herkömmlichen Lehrtätigkeit im Lehrsaal mit dem Erfordernis einer hohen Kompetenz im Umgang mit den modernen Medien und einem gewissen Maß an didaktischem und methodischem Geschick. Die notwendigen Kompetenzen können sich interessierte Lehrkräfte in Weiterbildungsmaßnahmen zum Teletutor aneignen.

Virtuelle Klassenzimmer

Ist das CMS das Schulgebäude, in dem Bildungsprozesse stattfinden, so handelt es sich beim Virtual Classroom (VC), wie der Name schon sagt, um das Klassenzimmer, in dem Unterricht stattfindet. Auch wenn manche CMS einen VC als Tool mit anbieten, enthalten diese Lernplattformen meist noch nicht alle notwendigen Funktionalitäten. Ein guter VC stellt dem Teletutor ähnliche Möglichkeiten wie ein herkömmliches Klassenzimmer zur Verfügung:

- ▶ Kommunikationsinstrumente
- ▶ visuelle, auditive und audiovisuelle Unterrichtsmittel.

Als *Kommunikationsinstrumente* im virtuellen Klassenzimmer dienen das Headset (Kopfhörer und Mikrofon) und der Chat. Da die akustischen Signale zuerst über den Server des VC und danach an die Rechner der Teilnehmer geschickt werden, kommt es, je nach Belastung des Netzes, zu zeitlichen Verzögerungen bei der Übermittlung. Bei Übertragungsschwierigkeiten sollte auf eine zusätzliche Bildübertragung aufgrund der begrenzten Bandbreiten verzichtet werden. Alternativ können die Teilnehmer ein Profil (Avatar) von sich einstellen. Dieses Tool personalisiert die sterile Lernumgebung. Grundsätzlich empfiehlt es sich, die Sprachrechte gezielt durch den Teletutor an die Teilnehmer vergeben zu lassen. Ist der Teilnehmer mit seinen Ausführungen am Ende, signalisiert er dies (z.B. »Mikrofon zurück«). Um den fehlenden Sichtkontakt auszugleichen, steht den Teilnehmern eine Reihe von Emoticons (Zeichen) zur Verfügung. Sie dienen der einfachen und schnellen Kommunikation. Neben Emoticons für Wortmeldungen (z.B. Hand) werden häufig weitere Emoticons (z.B. Smiley lachend = geht gut, Smiley grimmig = geht schlecht, Kaffeetasse = kurze Pause) zur Verfügung gestellt. Im Vorfeld bespricht der Teletutor den Einsatz und die Bedeutung der Emoticons – dies beugt Missverständnissen vor. Über eine zusätzliche

Chatfunktion können sich Teilnehmer direkt an die Klasse wenden. Dies wird besonders bei Störungen der Akustik notwendig. Der Chat im VC ist mit Zwischenrufen und Tuscheln im Unterricht vergleichbar. Es ist Aufgabe des Teletutors, für »Ordnung« im VC zu sorgen.

Im VC lassen sich umfangreiche *visuelle, auditive und audiovisuelle Unterrichtsmittel* einsetzen. Neben Tafel- bzw. Whiteboardfunktionen können PowerPoint-Präsentationen, aber auch kleine Filme und Bildbeiträge gezeigt werden. Mit der Tafelfunktion lassen sich Inhalte gemeinsam mit den Teilnehmern erarbeiten, Arbeitsblätter vorbereiten, Teilnehmerbeiträge sammeln und clustern, Grafiken beschriften und Lerninhalte schriftlich fixieren. Eine weitere Funktion ist das sogenannte Application Sharing. Hierbei handelt es sich um ein Tool, das es dem Teletutor erlaubt, alles, was er an seinem Rechner durchführt, am Teilnehmerbildschirm sichtbar zu machen. Besonders spannend ist dies bei Anwendungen (z.B. Word, Excel, PowerPoint) und Internetrecherchen. Hier können die Teilnehmer »live« die Schritte des Teletutors beobachten. Auch Teilnehmer haben die Möglichkeit, ihre Bildschirminhalte zu präsentieren und können sich bei auftretenden Problemen direkt vom Teletutor helfen lassen.

Während die Nutzung des VC dem traditionellen Präsenzunterricht sehr nahe kommt, sind die Anforderungen an den Teletutor ungleich umfangreicher. Er muss alle Instrumente der Kommunikation im Blick haben (Chat, Emoticons), zurückhaltende Teilnehmer immer wieder in den Lernprozess einbeziehen, technische Probleme bewältigen und alle Applikationen sicher beherrschen. Sowohl Teletutor als auch Teilnehmer sind mit diesem Medium nicht länger als 1½ Stunden pro Sitzung und Tag belastbar. Ein traditioneller Präsenzunterricht lässt sich also nicht eins zu eins in einen Unterricht im virtuellen Klassenzimmer überführen. Das Medium unterstützt moderierte Selbstlernanteile und eignet sich zur gemeinsamen Bearbeitung von handlungsrelevanten Aufgabenstellungen. Die ideale Gruppengröße sollte dabei 10 Teilnehmer nicht überschreiten. Für eine lehrerzentrierte Vermittlung großer Stoffmengen müssen andere Medien genutzt werden.

Ob bewährte oder moderne Medien: Ihr geplanter Einsatz im Unterricht verfolgt das Ziel, Lerninhalte zu transportieren. Neben der Verfügbarkeit sind es vor allen Dingen individuelle Medienkompetenzen und die Vorlieben der Lehrkraft, die die Nutzung eines Mediums limitieren. Unabhängig davon sind die Lehrkräfte aufgefordert, sich mit den zur Verfügung stehenden Medien vertraut zu machen. Nur derjenige, der das gesamte Repertoire an Medien kennt, ist in der Lage, diese in einem gesunden Medien- und Methodenmix im Unterricht einzusetzen.

Literatur:
1. Döhring KW, Ritter-Mamczek B (2001) Lehren und Trainieren in der Weiterbildung – ein praxisorientierter Leitfaden, 8. Aufl., Weinheim, Beltz Deutscher Studienverlag
2. Döhring KW (1995) Lehren in der Weiterbildung – ein Dozentenleitfaden, 5. Aufl., Weinheim, Deutscher Studienverlag
3. Dobler G (2010) Der Weg zum erfolgreichen Ausbilder, 7., überarb. Aufl., Edewecht, Stumpf + Kossendey
4. Wiepcke C (2008) Computergestützte Lernkonzepte und deren Entwicklung in der Weiterbildung, Hamburg
5. Birkenbihl M (2001) Train the Trainer, 16. Aufl., Landsberg, Verlag moderne industrie
6. Deutsches Rotes Kreuz (1994) Erwachsenengerechte Unterrichtsgestaltung – ein illustriertes Handbuch für die Aus- und Weiterbildung, 1. Aufl., Verlag und Vertriebsgesellschaft des DRK, Landesverband Westfalen-Lippe
7. Johanniter-Unfall-Hilfe (2006) Schritt für Schritt – pädagogisch fit, 1. Aufl., Johanniter Bildungswerk

8. Rabe A (2009) Erfolgreich präsentieren – Tipps und Hinweise für Lehrgangsteilnehmer/innen zur Praktischen Prüfung AII, http://www.krefeld.de – Studieninstitut Niederrhein

9. Goldner R (2010) Gestaltung von Power-Point-Folien, Version 1.5 – http://www.powerpointrhetorik.de/

10. Ballin D, Brater M (1996) Handlungsorientiert lernen mit Multimedia. Lernarrangements planen, entwickeln und einsetzen, Nürnberg, BW Bildung und Wissen Verlag und Software

11. Zottmann J, Dillenbourg P (2007) Computerunterstütztes kooperatives Lernen – e-teaching, F. Fischer – http://www.e-teaching.org

12. Kuhnke R, Enke K (2010) Lernfeldorientierte Rettungsdienstausbildung: Ein Weg zu mehr Handlungskompetenz. RETTUNGSDIENST 33: 32-35

13. Karutz H (Hrsg.) (2011) Nofallpädagogik – Konzepte und Ideen, Edewecht, Stumpf + Kossendey

4 Handeln und Lernen – Lernfeldorientierte Rettungsdienstausbildung

4.1 Lernfeldansatz versus traditionelle Fächerorientierung

K. Enke

Heutzutage ist es unstreitig, dass in einer Berufsausbildung nicht das vollständige, für den Beruf erforderliche Wissen und Bewältigungsmuster für ein ganzes Berufsleben vermittelt werden können, weil die Entwicklung unserer Gesellschaft hin zu einer modernen Dienstleistungs- und Informationsgesellschaft einen sich ständig beschleunigenden Wissenszuwachs mit sich bringt. Dementsprechend hängt der berufliche und persönliche Erfolg des Individuums von seiner Adaptationsbereitschaft in Bezug auf die sich verändernden beruflichen und gesellschaftlichen Bedingungen und Anforderungsstrukturen ab. Damit diese Anforderungen erfüllt werden, muss die Fähigkeit zum *lebenslangen/lebensbegleitenden Lernen* in der beruflichen Bildung und damit auch im Rettungsdienst gefördert werden.

Bildungsauftrag

Die Berufsschule hat zum Ziel:

▶ eine Berufsfähigkeit zu vermitteln, die Fachkompetenz mit allgemeinen Fähigkeiten humaner und sozialer Art verbindet,

▶ berufliche Flexibilität zur Bewältigung der sich wandelnden Anforderungen in Arbeitswelt und Gesellschaft auch im Hinblick auf das Zusammenwachsen Europas zu entwickeln,

▶ die Bereitschaft zur beruflichen Fort- und Weiterbildung zu wecken,

▶ die Fähigkeit und Bereitschaft zu fördern, bei der individuellen Lebensgestaltung und im öffentlichen Leben verantwortungsbewusst zu handeln.

Beschluss der Kultusministerkonferenz vom 14./15.3.1991

Hinzu kommt die lerntheoretische Erkenntnis, dass theoretisches Wissen nur schwer in die Berufspraxis übertragen werden kann, wenn es nicht im Zusammenhang mit praxisorientierten Aufgabenstellungen, die nur durch Handlungen gelöst werden können, erworben wird. Besonders problematisch ist der Transfer der in der schulischen Ausbildung erworbenen Kenntnisse und Fertigkeiten auf die im Berufsleben herrschenden komplexen Handlungssituationen. Ein handlungsorientiertes Lernkonzept unterscheidet sich also von dem Konzept des »Lernens auf Vorrat« vor allem dadurch, dass dem Handeln nicht erst bei der Anwendung im Beruf, sondern bereits beim Wissenserwerb eine entscheidende Rolle zukommt (REETZ UND SEND 1995).

In den letzten Jahren wurde deshalb auch innerhalb der rettungsdienstlichen Berufsausbildung die Kritik am bisherigen fachsystematischen Ausbildungskonzept immer lauter:

1. Kritisiert wird vor allem der ungenügende Theorie-Praxis-Transfer des in der Rettungsschule erworbenen Wissens. Durch den an den jeweiligen Fachsystematiken (zum Beispiel naturwissenschaftliche Grundlagen, allgemeine und spezielle Notfallmedizin, Berufs- und Staatsbürgerkunde) orientierten schulischen Unterricht werden die Lernenden nur unzureichend befähigt, die theoretischen Sachverhalte auf neue, oftmals komplexe berufliche Handlungssituationen anzuwenden.

2. An den meisten Rettungsdienstschulen dominiert noch der Frontalunterricht. Diese Unterrichtsmethode dient den Lernenden oft nur zum schnellen Wissenskonsum und befähigt daher nur unzureichend zur selbstständigen Erarbeitung von komplexeren Zusammenhängen. Da sich aber die beruflichen Anforderungen und Erkenntnisse in der Notfallmedizin immer schneller wandeln, muss auch das Rettungsfachpersonal in der Lage sein, sich die erforderlichen Kenntnisse und Fertigkeiten später selbstständig anzueignen, um den beruflichen Ansprüchen zu genügen. Hierzu ist nicht nur *Know-How*, sondern auch das *Know-How-to-Know* erforderlich.

3. Durch die bisherige, oftmals mangelhafte Handlungsorientierung besteht eine mehr oder minder große Diskrepanz (»Theorie-Praxis-Schere«) zwischen den Lernorten Rettungsschule, Lehrrettungswache und Klinik, sodass die Auszubildenden oftmals mit unterschiedlichen Vorstellungen konfrontiert und dadurch irritiert werden. Hier setzt das Lernfeldkonzept an, indem es die bisherige Fachsystematik des Unterrichts zugunsten einer durch das Berufsfeld definierten Handlungssystematik aufbricht.

Das Ziel der Berufsausbildung im Rettungsdienst besteht darin, dass die Auszubildenden sich die erforderlichen Kenntnisse, Fertigkeiten und Kompetenzen problemorientiert und selbstständig aneignen. Daher ist es auch im Rahmen der anstehenden Novellierung des Rettungsassistentengesetzes geboten, die Ausbildungsinhalte handlungs- und lernfeldorientiert auf den Erwerb *umfassender Handlungskompetenzen* auszurichten.

Gibt es einen Unterschied zwischen Kompetenz und Qualifikation?

Der Begriff Kompetenz ist weiter gefasst: Mit ihm werden die erworbenen Fähigkeiten und Fertigkeiten als Merkmal der Persönlichkeit definiert. Während Kompetenz den Lernerfolg im Hinblick auf die Dispositionen des Einzelnen bezeichnet (zum Beispiel einen Pkw sicher zu fahren), wird unter Qualifikation der Lernerfolg im Hinblick auf seine Verwertbarkeit, das heißt aus der Sicht der Nachfrage verstanden (beispielsweise der Besitz eines Führerscheins).

Kompetenzen schließen Fertigkeiten, Wissen und Qualifikationen ein, lassen sich aber nicht nur darauf reduzieren. Bei Kompetenzen kommt etwas hinzu, was die Handlungsfähigkeit in offenen, unsicheren, komplexen Situationen, wie sie oft auch im Rettungsdienst existieren, erst ermöglicht. Ohne diese Handlungsfähigkeit der Mitarbeiter kann kein modernes Unternehmen, keine Organisation und selbstverständlich auch kein Rettungsdienst existieren. Deshalb hat der Kompetenzbegriff in den letzten Jahren einen europaweiten Siegeszug angetreten. Auch der Europäische Qualifikationsrahmen EQR (European Qualification Framework – EQF), der Bildung europaweit vergleichbar machen soll, ist nicht darauf ausgerichtet, Lerninhalte und Curricula *(learning inputs)* miteinander zu vergleichen. Hingegen misst er die sich als Kompetenzen manifestierenden Lernergebnisse *(learning outcomes)* als das, was der Lernende weiß und versteht und in der Lage ist zu tun *(action outcomes)* (Kommission der Europäischen Gemeinschaften 2006).

Dabei werden *Kenntnisse* als Gesamtheiten von Fakten, Grundsätzen, Theorien und Praktiken in einem Lern- und Arbeitsbereich charakterisiert, *Fertigkeiten* als kognitive (logische, intuitive und kreative) und praktische (geschicklichkeitsbasierte, methodische, materialbewusste) Handlungspotenziale aufgefasst. Unter *Kompetenz* ist die Fähigkeit und Bereitschaft zu verstehen, Kenntnisse, Fertigkeiten sowie persönliche, soziale und methodische Fähigkeiten in Arbeits- oder Lernsituationen und für die berufliche und persönliche Entwicklung zu nutzen. Kompetenz wird in diesem Sinne als Handlungskompetenz verstanden (Deutscher Qualifikationsrahmen für lebenslanges Lernen, DQR – siehe www. deutscherqualifikationsrahmen.de).

Wichtiger als das Erlernen von Fakten, die, wie wir wissen, schnell nach Ausbildungsende vergessen werden und oftmals nach kurzer Zeit veraltet sind, ist die Fähigkeit, durch bereits in Ausbildung erworbene Handlungskompetenz im späteren beruflichen Alltag zu bestehen, selbstorganisiert zu handeln und zum »lebenslangen Lernen« bereit und fähig zu sein.

Die Kultusministerkonferenz (KMK) der Länder definierte im Jahr 2004 die *Handlungskompetenz* folgendermaßen: »*Diese wird verstanden als die Bereitschaft und Fähigkeit des Einzelnen, sich in beruflichen, gesellschaftlichen und privaten Situationen sachgerecht, durchdacht sowie individuell und sozial verantwortlich zu verhalten. Handlungskompetenz entfaltet sich in den Dimensionen von Fachkompetenz, Personalkompetenz und Sozialkompetenz.*«

Fachkompetenz bezeichnet die Bereitschaft und Befähigung, auf der Grundlage fachlichen Wissens und Könnens Aufgaben und Probleme zielorientiert, sachgerecht, methodengeleitet und selbstständig zu lösen und das Ergebnis zu beurteilen.

Personalkompetenz bezeichnet die Bereitschaft und Befähigung, als individuelle Persönlichkeit die Entwicklungschancen, Anforderungen und Einschränkungen in Familie, Beruf und öffentlichem Leben zu klären, zu durchdenken und zu beurteilen, eigene Begabungen zu entfalten sowie Lebenspläne zu fassen und fortzuentwickeln. Sie umfasst Eigenschaften wie Selbstständigkeit, Kritikfähigkeit, Selbstvertrauen, Zuverlässigkeit, Verantwortungs- und Pflichtbewusstsein. Zu ihr gehören insbesondere auch die Entwicklung durchdachter Wertvorstellungen und die selbst bestimmte Bindung an Werte.

Sozialkompetenz bezeichnet die Bereitschaft und Befähigung, soziale Beziehungen zu leben und zu gestalten, Zuwendungen und Spannungen zu erfassen und zu verstehen sowie sich mit Anderen rational und verantwortungsbewusst auseinander zu setzen und zu verständigen. Hierzu gehört insbesondere auch die Entwicklung sozialer Verantwortung und Solidarität.

Bestandteil sowohl von Fachkompetenz als auch von Personalkompetenz und Sozialkompetenz ist die *Methodenkompetenz* (Abb. 32). Diese bezeichnet die Bereitschaft und Befähigung zu zielgerichtetem, planmäßigem Vorgehen bei der Bearbeitung von Aufgaben und Problemen.

4.1.1 Einführung in das Lernfeldkonzept

Die neueren Rahmenlehrpläne der bundesdeutschen Kultusministerkonferenz (KMK) für die duale Berufsausbildung sind bereits seit 1996 nach sogenannten Lernfeldern handlungsorientiert strukturiert. In Berufsfachschulen wie auch in den Schulen des Gesundheitswesens gewinnt der Lernfeldansatz in den letzten Jahren zunehmend an Bedeutung. Zeitgleich hat auch der Bundesgesetzgeber mit den Gesetzen über die Berufe in der Gesundheits-, Kranken- und Altenpflege diese Entwicklung aufgegriffen und diese Berufsausbildungen lernfeldorientiert ausgerichtet.

Das Konzept der Handlungsorientierung ist dabei nicht erst durch das Lernfeldkonzept entstanden, vielmehr werden im deutschsprachigen Raum unterschiedliche Vorstellungen von handlungsorientiertem Unterricht bereits seit mehr als 20 Jahren diskutiert und verfolgt. Handlungsorientierung ist daher auch nicht zwingend an die curriculare Struktur eines Lernfeldes gebunden.

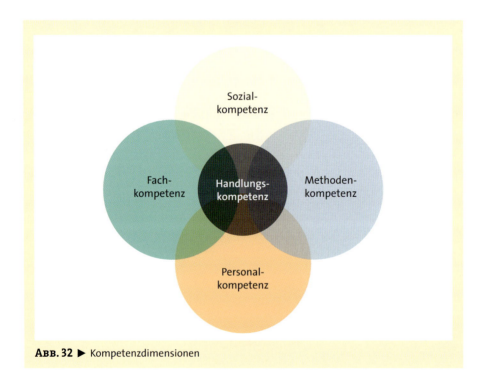

ABB. 32 ▶ Kompetenzdimensionen

Das Lernfeldkonzept folgt der Handlungsorientierung, indem es die Vermittlung von Handlungskompetenz unterstützt und sich an konkreten beruflichen Handlungssituationen orientiert. Es setzt hierdurch auf der schulischen (curricularen) Ebene die geforderte Handlungsorientierung um. Theoretische Inhalte werden also praxisorientiert sowie problem- und situationsbezogen vermittelt.

Die Abbildung 33 soll diesen *Perspektivenwechsel der beruflichen Bildung* verdeutlichen: Ausgangspunkt des »traditionellen« Unterrichts an einer Rettungsdienstschule sind die klassischen Fächer, wie zum Beispiel Anatomie/Physiologie und Rechtskunde. Zum Verständnis der oft trockenen Theorie werden möglichst viele Beispiele aus der Praxis herangezogen, um die Theorie fachbezogen zu vermitteln.

Ausgangspunkt für den lernfeld- und handlungsorientierten Unterricht sind die beruflichen Handlungsfelder und konkreten Handlungssituationen. Hieraus wird aus am Berufsalltag orientierten Anforderungen abgeleitet, welche theoretischen Inhalte in welchem Zusammenhang vermittelt werden.

Die zukünftigen Rahmenlehrpläne für die Rettungsdienstausbildung sollten deshalb den Erwerb von Handlungskompetenz in den Mittelpunkt des Unterrichts stellen. Sie

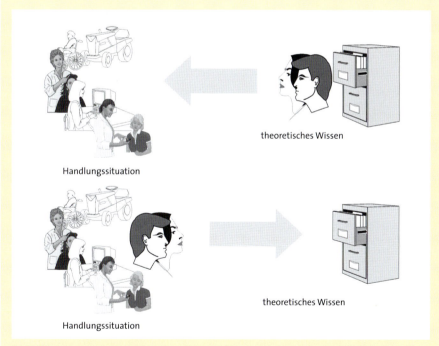

theoretisches Wissen

Handlungssituation

theoretisches Wissen

Handlungssituation

ABB. 33 ▶ Perspektivenwechsel in der beruflichen Bildung: traditionelles (oben) und lernfeldorientiertes (unten) Unterrichtskonzept (nach: Niedersächsisches Kultusministerium [Hrsg.]: Materialien für Lernfelder für die Berufe des Bereichs der Humandienstleistungen sowie für die Berufsfelder Ernährung und Hauswirtschaft, Agrarwirtschaft und Körperpflege [März 2001]) müssen das Prinzip der Handlungsorientierung unterstützen, neben den nötigen fachbe-zogenen Inhalten verstärkt sozial-kommunikative und selbstreflexive Aspekte in die Aus-bildung einbeziehen und sich nicht fachsystematisch (Input), sondern handlungssyste-matisch am Erwerb von Handlungskompetenz (Outcome) orientieren. Dadurch kommt es zu einem stärkeren Berufsbezug in der Ausbildung an der Rettungsschule, mit besse-ren Anpassungsmöglichkeiten an die ständigen Veränderungen in der beruflichen Praxis. Dies wird auch durch die offenere Form des Unterrichts ermöglicht, in der die Inhalte ei-nen exemplarischen Charakter haben.

Orientierungspunkte für handlungsorientierten Unterricht:

▶ Didaktische Bezugspunkte für den Unterricht sind aus dem Berufsalltag abgeleitete Situationen, die für die Berufsausübung bedeutsam sind (Lernen für Handeln).

▶ Den Ausgangspunkt des Lernens bilden Handlungen, möglichst selbst ausgeführt oder aber gedanklich nachvollzogen (Lernen durch Handeln).

▶ Handlungen müssen von den Lernenden möglichst selbstständig geplant, durchge-führt, überprüft, ggf. korrigiert und schließlich bewertet werden (Modell der voll-ständigen Handlung).

▶ Handlungen sollen ein ganzheitliches Erfassen der beruflichen Realität fördern, z.B. technische, sicherheitstechnische, ökonomische, rechtliche, ökologische und soziale Aspekte einbeziehen.

▶ Handlungen müssen in die Erfahrungen der Lernenden integriert und in Bezug auf ihre gesellschaftlichen Auswirkungen reflektiert werden.

▶ Handlungen sollen auch soziale Prozesse, z.B. der Interessenerklärung oder der Kon-fliktbewältigung, einbeziehen.

Nach: Nds. Kultusministerium (Hrsg.): Materialien für Lernfelder für die Berufe des Bereichs der Humandienst-leistungen sowie für die Berufsfelder Ernährung und Hauswirtschaft, Agrarwirtschaft und Körperpflege (März 2001)

4.1.2 Umsetzung der Lernfeldorientierung im Rettungsdienst auf Bundes- und Länderebene

Lernfeldorientierung in der Rettungssanitäterausbildung

Der von den Bundesländern besetzte Ausschuss Rettungswesen hat im Rahmen seiner ak-tuellen Empfehlungen für die Ausbildung von Rettungssanitäterinnen und Rettungssa-nitätern den handlungsorientierten Lernfeldansatz nunmehr auch in der Rettungssani-täterausbildung etabliert. Die in der 83. Sitzung im September 2008 beschlossenen Empfeh-lungen ersetzen das sogenannte »520-Stunden-Programm« von 1977 zur Ausbildung von Rettungssanitätern. Die Empfehlungen enthalten die Grundlagen für eine neue, bundes-weit einheitliche theoretische und praktische Rettungssanitäterausbildung und richten sich an alle Einrichtungen, die eine Rettungssanitäterausbildung durchführen sowie an die Länder, die für den Erlass von Rechtsvorschriften für die Rettungssanitäterausbildung zuständig sind. Die Ausbildungsinhalte sind auch hier nicht mehr stoffbezogen, sondern handlungsorientiert definiert. Über Ausbildungsziele und Handlungskompetenzen wird festgelegt, was eine Rettungssanitäterin/ein Rettungssanitäter nach Beendigung der Ausbildung können muss.

Thematische Einheiten bilden Ausbildungsziele, die sich auf komplexe Anforderungen und Aufgabenstellungen von Rettungssanitäterinnen und Rettungssanitätern beziehen. Sie schließen konkrete Handlungen ebenso ein wie auch nicht direkt erschließbare innere Prozesse, z.B. Einstellungen, Bewertungen und Haltungen, die zur Personalkompetenz gezählt werden. Das fachwissenschaftliche Grundlagen- und Überblickswissen ist grundsätzlich in die tätigkeitsbezogenen Handlungszusammenhänge eingebettet. Die in den Empfehlungen aufgeführten Inhalte sind nicht abschließend beschrieben und stellen das Minimum der Ausbildungsinhalte dar.

Themen und Kompetenzen werden unter Berücksichtigung der Ausbildungsziele weitestgehend an leitsymptomorientierten Notfallsituationen vermittelt (siehe nachfolgendes Beispiel). Dabei werden altersspezifische Besonderheiten aus Pädiatrie und Geriatrie unter die jeweiligen Notfallbilder subsumiert.

Auszug aus den Empfehlungen für die Ausbildung von Rettungssanitäterinnen und Rettungssanitätern, Kapitel 6, Handlungskompetenzen:

[6.4] »Der Patient mit Herz- und Kreislaufstörungen« (Ausbildungsziele 1 bis 6)

Erweiterung der Fachkompetenz um die Bedeutung des Herz-Kreislaufsystems beim kranken und gesunden Menschen.

Zu erwerbende Handlungskompetenzen:

▶ Kardiozirkulatorische Notfallsituationen erkennen und versorgen (insbesondere Akutes Koronarsyndrom, Schock, Lungenembolie, hypertensive Erkrankungen, akute Rhythmusstörungen, Herz-Kreislaufstillstand)

▶ Anatomisches, physiologisches und pathophysiologisches Basiswissen fallbezogen anwenden

▶ Untersuchungstechniken (insbesondere RR, EKG, Puls) anwenden, Symptome erkennen und einem Krankheitsbild zuordnen

▶ Maßnahmen zur Sicherung der Kreislauffunktion beherrschen (insbesondere AED, Thoraxkompression, Lagerungsarten).

Lernfeldorientierung in der Rettungsassistentenausbildung

In den vergangenen Jahren wurde auf Länderebene, auch für die Gesundheitsfachberufe außerhalb des dualen Systems, die Einführung von lernfeldorientierten Rahmenrichtlinien (RRL) sukzessive umgesetzt. Das niedersächsische Kultusministerium hat daher, trotz der seitens des Bundesgesetzgebers im RettAssG definierten Fachsystematik, die modernen berufspädagogischen Entwicklungen auch in den Bildungsgang »Rettungsassistentin/Rettungsassistent« einfließen lassen, um zur Steigerung der Ausbildungsqualität in diesem wichtigen Berufsfeld beizutragen. 2008 wurden die »Rahmenrichtlinien für die Ausbildung Rettungsassistentin/Rettungsassistent« durch Vertreter der Rettungsdienstschulen von DRK, JUH und MHD, privater Schulträger und der Berufsfeuerwehr Hannover unter Moderation des Niedersächsischen Landesamtes für Lehrerbildung und Schulentwicklung (NiLS) fertig gestellt und seitens des niedersächsischen Kultusministeriums veröffentlicht. Von Vorteil war, dass die Arbeitsgruppe auf bestehenden Richtlinien vergleichbarer Bildungsgänge, wie der Alten- Gesundheits- und Krankenpflege, sowie der gemeinsamen »Ausbildungsgrundlage der Rettungsorganisationen und der Berufsfeuerwehren« (Ausschuss Rettungswesen, 1999) aufbauen konnte. Die Richtlinien folgen dem Lernfeldkonzept und sind daher relativ offen gestaltet. Sie geben nur einen Rahmen vor, den die Schulen durch ein eigenes Curriculum ausfüllen müssen. Dieses Vorgehen ermöglicht es den Ausbildungsträgern, regionale Gegebenheiten zu berücksichtigen und individuelle Schwerpunkte zu setzen, gewährleistet dabei aber trotzdem einen landesweiten einheitlichen Standard.

In Rahmenlehrplänen werden die Ziele und Inhalte des Berufsschulunterrichtes durch Lernfelder strukturiert. Diese haben nicht nur eine Gliederungsfunktion, sondern ermöglichen, dass aktuelle Entwicklungen in Beruf und Gesellschaft in die Ausbildung aufgenommen und in die Berufsausbildung integriert werden. Diese über das Formale hinausgehenden Aspekte sind gemeint, wenn von Lernfeldorientierung bzw. vom Lernfeldansatz gesprochen wird. Ausgangspunkt des lernfeldorientierten Unterrichts sind konkrete berufliche Aufgaben und Handlungsabläufe. Dabei steht exemplarisches Lernen in durch die Lehrkraft ausgewählten Lernsituationen im Vordergrund. Die erworbenen Kompetenzen sollen Schülerinnen und Schüler befähigen, sich tagtäglich im Berufsleben auf neue Situationen einzustellen und diese erfolgreich zu bewältigen. Dazu müssen theoretische Inhalte und die berufliche Praxis aufeinander abgestimmt vermittelt werden.

4.1.3   Begriffsklärungen – die einzelnen »Lernfeld-Bausteine«

Baustein I: Handlungssituationen

Der Beruf der Rettungsassistentin/des Rettungsassistenten wird durch eine Vielzahl unterschiedlicher beruflicher Aufgabenstellungen und Handlungsabläufe charakterisiert. Bei der Erstellung von Lernfeldern (in der Regel geschieht dies durch Rahmenrichtlinienkommissionen des Bundes oder der Länder) werden zunächst die relevanten beruflichen Tätigkeiten, sogenannte *Handlungssituationen*, aus der Ausbildungs- und Berufsrealität identifiziert und dargestellt. Anknüpfend an die Arbeitspraxis des Rettungsassistenten sind dies vielfältige berufstypische Arbeitssituationen, zum Beispiel die Versorgung des akuten Koronarsyndroms, die psychische Betreuung von Angehörigen oder die Durchführung eines Infektionstransportes. Die Vielzahl der real auftretenden Handlungssituationen macht es notwendig, diese auf ihre Relevanz für den Beruf, ihre Zukunftsbedeutung, ihre Gemeinsamkeiten sowie ihre Exemplarik zu untersuchen und dann zu strukturieren.

Baustein II: Handlungsfelder

Die so abgeleiteten und strukturierten Handlungssituationen werden als berufliche *Handlungsfelder* zusammengefasst und so gebündelt. Diese können auch als Aufgabenkomplexe mit beruflichen, gesellschaftlichen und individuellen Problemstellungen verstanden werden, sie gehen daher über reine Arbeitsprozesse hinaus und sind für die zukünftige Entwicklung des jeweiligen Berufes relevant. Ziel der Berufsausbildung, also das Ausbildungsziel, ist es daher, die Lernenden zur Bewältigung dieser komplexen Handlungsfelder zu befähigen.

Ausbildungsziel Rettungsassistentin/Rettungsassistent:

In der Ausbildung werden entsprechend dem allgemein anerkannten Stand notfallmedizinischer, naturwissenschaftlicher und weiterer bezugswissenschaftlicher Erkenntnisse fachliche, personale, soziale und methodische Kompetenzen zur verantwortlichen Tätigkeit und Mitwirkung insbesondere bei der Erkennung, Versorgung und Verhütung von Notfällen erworben. In diesem Rahmen umfasst die Tätigkeit der Rettungsassistentinnen und Rettungsassistenten den kurativen Aspekt und die Einbeziehung präventiver Maßnahmen zur Wiedererlangung, Verbesserung, Erhaltung und Förderung der physischen und psychischen Gesundheit der anvertrauten Notfallpatienten und sonstigen Hilfsbedürftigen. Dabei sind deren individuelle Notfall- und Lebenssituation in allen Lebensphasen sowie ihre Selbstständigkeit und Selbstbestimmung zu berücksichtigen. Die Ausbildung umfasst ebenfalls relevante notfallmedizinische Tätigkeiten in Arbeitsfeldern sonstiger Einrichtungen des Gesundheitswesens. Die Ausbildung befähigt dazu, bestimmte Aufgaben eigenverantwortlich oder im Rahmen der Mitwirkung auszuführen und interdisziplinär mit anderen Berufsgruppen zusammen zu arbeiten.

Niedersächsische Rahmenrichtlinien zur Ausbildung von RettAss, 2008

Baustein III: Lernfelder

Laut Kultusministerkonferenz der Bundesländer (KMK) werden Lernfelder als »durch Zielformulierung, Inhalte und Zeitrichtwerte beschriebene thematische Einheiten, die an beruflichen Aufgabenstellungen und Handlungsfeldern orientiert sind«, definiert (KMK 2000).

Lernfelder können als didaktisch begründete und damit durch die Berufsschule aufbereitete berufliche Handlungsfelder angesehen werden. Sie fassen komplexe Aufgabenstellungen aus dem Berufsalltag zusammen, deren Unterrichtung in handlungsorientierten Lernsituationen erfolgt. Lernfelder sind damit künstlich geschaffene didaktisch-curriculare Organisationseinheiten eines Lehrplans. Sie beziehen sich zwar auf die beruflichen Handlungsfelder, spiegeln diese aber nicht vollständig wider, sondern berücksichtigen den umfassenden Bildungsauftrag der Schulen, indem sie gezielt den Erwerb einer umfassenden beruflichen Handlungskompetenz ermöglichen. In Lernfeldern werden fachsystematische Inhalte mit handlungssystematischen Situationen verbunden. Die Fächerinhalte unterliegen damit einem »Anwendungszwang«, der es ermöglicht, das Fachwissen situativ zu erwerben (SLOANE 2000). Damit wird die Vermittlung von »totem Wissen« vermieden. Charakteristisch für die Lernfelder ist die interdisziplinäre, fachübergreifende

Ausrichtung. Die Summe der Lernfelder ergibt das sogenannte Berufsbild, das auch für die zukünftige Positionierung und Ausrichtung des Berufes wichtig ist.

In den niedersächsischen Rahmenrichtlinien für die Ausbildung Rettungsassistentin/Rettungsassistent wird der theoretische und praktische Unterricht in neun Lernfelder gegliedert. Der Stundenumfang liegt zwischen 30 und 240 Unterrichtsstunden. Um den Anforderungen des RettAssG zu entsprechen, gibt es in den Lernfeldern der Rahmenrichtlinie jeweils eine Zuordnung auf Fächer und Stunden nach der RettAssAPrV. Dies konterkariert zwar in gewissem Maße die handlungssystematische Zielrichtung, ist aber leider aus rechtlichen Gründen unumgänglich.

Die Lernfelder für die schulische Ausbildung zur Rettungsassistentin/zum Rettungsassistenten wurden seitens der Rahmenrichtlinienkommission durch didaktisch-methodische Reflexion von typischen rettungsdienstlichen Handlungssituationen abgeleitet (Abb. 34). Sie sind in den Rahmenrichtlinien festgeschrieben und bestimmen den Umfang der zu erwerbenden Kompetenzen. Ziel der Lernfeldstruktur ist es, den handlungsorientierten

Lernfelder	Zeitrichtwert in Unterrichtsstunden	Anzahl der Leistungsnachweise	Schwergewicht RettAssAPrV	
Notfallsituationen erkennen, erfassen und bewerten	80	1	2.1	
Rettungsdienstliche Maßnahmen auswählen, durchführen und dokumentieren	240	4	2.2 - 2.4	
In Notfallsituationen erweiterte lebensrettende und lebenserhaltende Maßnahmen durchführen	120	3	1.4.4, 2, 3 und 5.9	
Betroffene Personen unterstützen	40	1	2.4, 3.8 und 5.1	
Bei erweiterter Diagnostik und Therapie mitwirken	40	1	1.3.7, 1.4.4, 3, 5.9 und 6	Übergreifend Nr. 1
In Gruppen und Teams zusammenarbeiten	40	1	4.1, 4.4 - 4.5.4	
Rettungsdienstliche Arbeit organisieren	120	2	1.5, 4.1 - 4.5 und 5.6 - 5.9	
Rettungsdienst als Beruf ausüben	30	1	5.0 - 5.5	
Qualitätsstandards im Rettungswesen sichern	70	1	4.1, 5.6 - 5.10	
	780	15		

ABB. 34 ▶ Lernfelder in der Rettungsassistentenausbildung (Quelle: Niedersächsische Rahmenrichtlinien für die Ausbildung Rettungsassistentin/Rettungsassistent, 2008)

Unterricht zu unterstützen und die Verzahnung von theoretischem Unterricht und Praxis voranzutreiben.

Laut der Kultusministerkonferenz sollen aus der Formulierung der Lernfelder berufliche Anforderungen, berufliche Aufgabenstellungen und Handlungsabläufe ersichtlich sein. Jedes Lernfeld wird durch eine Zielformulierung, die Inhaltsangaben und einen Zeitrichtwert beschrieben. In der Zielformulierung werden die von den Lernenden zu erreichenden Ergebnisse in Form von Kompetenzen angegeben. Die gewählten Verben geben das Anspruchsniveau des Lernfeldes wieder (KMK 2000). Beispiel: Die Schülerinnen und Schüler »wenden an ... analysieren ... bewerten«.

Nachfolgend wird eine Lernfeldbeschreibung exemplarisch vorgestellt:

Lernfeld: In Notfallsituationen erweiterte lebensrettende und lebenserhaltende Maßnahmen durchführen

Zeitrichtwert: 120 Unterrichtsstunden

Erläuterungen:
Dieses Lernfeld beinhaltet im Wesentlichen die Themenbereiche 1.4.4, 2, 3 und 5.9 RettAssAPrV.
Die Rettungsassistentin bzw. der Rettungsassistent ist in vielen Fällen die erste Fachkraft, die in einer Notfallsituation selbstständig die erforderlichen Maßnahmen einleitet. Hierzu sind Handlungskompetenzen der erweiterten notfallmedizinischen Maßnahmen erforderlich. Der Notfallpatient wird in angemessener Zeit der ärztlichen Versorgung zugeführt.

Zielformulierung:
Die Schülerinnen und Schüler erkennen Situationen, die die Einleitung von erweiterten lebensrettenden und lebenserhaltenden Maßnahmen erfordern.
Sie führen erweiterte lebensrettende und lebenserhaltende Maßnahmen selbstständig durch und überprüfen deren Wirksamkeit.
Sie dokumentieren die durchgeführten Maßnahmen.
Sie führen die weitere Versorgung in Zusammenarbeit mit anderen Berufsgruppen durch.

Inhalte:
- ▶ Notfallmedizinische Diagnoseverfahren
- ▶ Erweiterte invasive und noninvasive notfallmedizinische Maßnahmen
- ▶ Komplikationen und Interventionen
- ▶ Übergabe und Dokumentation
- ▶ Rechtliche Rahmenbedingungen

Unterrichtshinweise:
Eine enge Organisation mit den Lernfeldern »Rettungsdienstliche Maßnahmen auswählen, durchführen und dokumentieren« und »Bei erweiterter Diagnostik und Therapie mitwirken« ist erforderlich.

Zielformulierung:

Die Schülerinnen und Schüler führen die Vitalfunktionskontrolle, die Ganzkörperunter-suchung sowie die Basisdiagnostik durch. Sie erfassen, analysieren und bewerten, auch unter zeitkritischen Bedingungen, die in der jeweiligen Situation einwirkenden Faktoren und Rahmenbedingungen in Schwere und Ausmaß systematisch. Sie erheben die Eigen-/Fremdanamnese. Sie wenden die in ihrem Tätigkeitsbereich gebräuchlichen Verfahren zur Zustandsbeurteilung und Dokumentation an. Sie werten die gewonnenen Informa-tionen kontinuierlich aus und stellen ggf. Veränderungen fest. Sie ermitteln und begrün-den unter Berücksichtigung unterschiedlicher Erfordernisse den individuellen Versor-gungsbedarf.

Inhalte:

- ▶ Wahrnehmung
- ▶ Beobachtung
- ▶ Somatische und psychische Faktoren der Diagnosefindung
- ▶ Eigen-/Fremdanamnese
- ▶ Klinische Untersuchung
- ▶ Apparative Diagnostik und Monitoring
- ▶ Dokumentation der Rettungsdiensteinsätze
- ▶ Methoden der Entscheidungsfindung, Beurteilungsfehler

Quelle: Niedersächsische Rahmenrichtlinien Ausbildung Rettungsassistentin/Rettungsassistent (2008)

Die Inhalte beschreiben nur den *Mindestumfang* berufsfachlicher Inhalte, der zur Erfül-lung des Ausbildungsziels im Lernfeld erforderlich ist. Sie werden nicht detailliert auf-geführt, sondern sind bewusst abstrakt formuliert. Zum einen müssen sie dadurch nicht ständig den neuen fachwissenschaftlichen oder berufsbezogenen Inhalten angepasst werden, zum anderen können so regionale Besonderheiten leichter in den Unterricht in-tegriert werden. Das notwendige fachwissenschaftliche Grundlagenwissen bleibt davon unberührt. Die relativ abstrakt formulierten Ziele und Lerninhalte der Rahmenlehrpläne bzw. der Rahmenrichtlinien müssen dann durch Lernsituationen präzisiert und konkreti-siert werden. Dies geschieht auf Ebene der einzelnen Rettungsdienstschule. Mit dem Lern-feldkonzept wird den Schulen also ein größerer Ermessensspielraum, aber auch eine grö-ßere Verantwortung in der didaktischen Arbeit zugewiesen. Hierdurch hat der Lehrende im Lernfeldkonzept einen größeren Freiraum durch die relativ abstrakte Vorgabe von Zie-len und Inhalten innerhalb der Lernfelder. Dies kann als Chance, aber auch als eine zusätz-liche Belastung angesehen werden (KREMER 2005). Es empfiehlt sich, diese Verantwortung so wahrzunehmen, dass Absprachen über den vollständigen Inhaltskatalog in Lernfeld-konferenzen zwischen den einzelnen Lehrkräften stattfinden.

Baustein IV: Lernsituationen

Lernsituationen stellen die kleinsten didaktisch konstruierten Einheiten innerhalb des Lernfeldkonzeptes dar. Sie sind die Basis für die inhaltliche und methodische Gestaltung des Unterrichts. In ihnen werden die Lernfelder für den Unterricht unter den jeweiligen

Rahmenbedingungen der Rettungsdienstschulen konkretisiert. Möglich ist dies nur unter genauer Kenntnis der zugrunde liegenden beruflichen Handlungssituationen. Ziel des Unterrichts ist es, dass die Lernenden das anhand der Lernsituation erarbeitete theoretische Wissen und die vermittelten Fertigkeiten auf die konkrete Handlungssituation in der Praxis übertragen und anwenden können. Die den Lernsituationen zugrunde liegende Problemorientierung fördert das vernetzte und fachübergreifende Denken der Schüler, weil Inhalte aus unterschiedlichsten Fachdisziplinen zusammengeführt werden müssen. Dies entspricht auch der Handlungssituation im Einsatz, in der auch vernetzt und fachübergreifend gedacht und gehandelt werden muss.

Lernsituationen beziehen sich auf ein oder mehrere Lernfelder. Sie bauen aufeinander auf. Ausgangspunkt jeder Lernsituation ist eine berufliche Handlungssituation, wie zum Beispiel die Versorgung eines akuten Koronarsyndroms, und die zugehörige Kompetenzbeschreibung aus den Zielen des Lernfeldes. Dabei sollen Kompetenzen aus verschiedenen Kompetenzbereichen erworben werden. Lernfelder werden in der Regel in mehrere, aufeinander aufbauende Lernsituationen ausdifferenziert. Die Lernsituationen sind aufeinander zu beziehen, um einen systematischen Kompetenzaufbau zu gewährleisten. So wird die Einbeziehung des schon Gelernten sichergestellt, weitere Übungen und Vertiefungen werden ermöglicht.

Die zeitliche Abfolge der Lernsituationen in einem Lernfeld erfolgt unter dem Aspekt des Zuwachses von Handlungskompetenz bei den Schülern. Daher werden Lernsituationen im Regelfall auch nach ihrem Komplexitätsgrad angeordnet, d.h. vom einfachen zum komplexen Handlungszusammenhang. So wird einerseits die Kompetenzentwicklung stetig gefördert und der Lernzuwachs bei den Schülern sukzessiv erfüllt, andererseits aber Unter- und Überforderung vermieden. Die als Mindeststandards definierten Inhaltsangaben der Lernfelder werden in den Lernsituationen präzisiert.

Die in einer Handlungssituation »geladenen« Inhalte erfordern zur Gestaltung der Lernsituation eine didaktische Auswahlentscheidung seitens des Lehrenden (didaktische Reflexion), die die inhaltliche Ausrichtung einer Lernsituation wesentlich beeinflusst. Hierbei steht das Prinzip der Exemplarik im Vordergrund. Dies bedeutet, dass die Lernenden anhand einzelner Unterrichtsthemen das Verständnis verallgemeinerbarer Prinzipien, Einsichten, Gesetzmäßigkeiten und Zusammenhänge erarbeiten (BISCHOFF-WANNER 2004). Die Handlungsorientierung steht auch hier im Vordergrund.

Die methodischen Vorschläge für den lernfeldorientierten Unterricht berücksichtigen ein handlungsorientiertes und selbstständiges Lernen. Dies bedeutet keinesfalls, dass im Unterricht ausschließlich schüleraktivierende Unterrichtsmethoden wie Partner- oder Gruppenarbeit zum Einsatz kommen sollen. Ebenso sinnvoll ist auch der Einsatz von stärker lehrerzentrierten Unterrichtsmethoden wie Lehrervorträgen oder Impulsreferaten. In jedem Fall sollen die Schüler jedoch zu einem selbstorganisierten und selbstbestimmten Lernen befähigt werden.

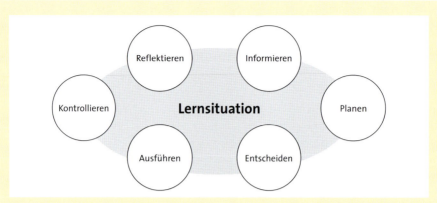

ABB. 35 ▶ Vollständige Handlung (Quelle: Nds. Kultusministerium Materialien für Lernfelder für die Berufe des Bereichs der Humandienstleistungen sowie für die Berufsfelder Ernährung und Hauswirtschaft, Agrarwirtschaft und Körperpflege. März 2001)

4.1.4 Modell der vollständigen Handlung

Berufliche Arbeitsaufgaben sind keine Detailoperationen (wie zum Beispiel »das Intubieren«, »das Defibrillieren«, »das Anlegen einer Vakuumschiene«). Sie folgen einer Verlaufsstruktur, die das Planen, Ausführen, Kontrollieren und Bewerten von Arbeitshandlungen einschließt. Die Struktur einer Lernsituation wird daher durch die Abfolge der Handlungsphasen »Informieren, Planen, Entscheiden, Ausführen, Kontrollieren, Reflektieren« bestimmt. In einer solchen oder einer ähnlichen Struktur einer »vollständigen Handlung« wird die Handlungsorientierung des Unterrichts besonders sichtbar.

Bei der Umsetzung in Lernsituationen können folgende Leitfragen der Lehrkraft als Orientierungspunkte dienen:

- ▶ Was ist das Typische des Handlungsfeldes?
- ▶ Wie kann man das Typische in eine Lernsituation einarbeiten?
- ▶ Fördert die didaktische Konzeption der Lernsituation selbstständiges Lernen?
- ▶ Müssen für bestimmte Lernsituationen bestimmte Lernvoraussetzungen sichergestellt werden, wie sind diese gegebenenfalls zu realisieren?
- ▶ Welche Kompetenzen werden in der Lernsituation gefordert und gefördert? Sind sie auch für das Handlungsfeld relevant?
- ▶ In welcher Weise kann der Erfolg der Lernprozesse überprüft werden?
- ▶ Stellt die Lernsituation eine vollständige Handlung (Planen, Durchführen, Kontrollieren) dar?
  (nach SLOANE 2000)

4.1.5 Einführung des Lernfeldkonzeptes in Rettungsdienstschulen

Die Umsetzung der Lernfeldorientierung kann zu einer völlig neuen Unterrichtsqualität führen. Der handlungsorientierte Unterricht bedeutet eine Abkehr vom Bekannten, dieses fällt Lehrkräften und Schülern gelegentlich schwer. Dabei ist der Lernfeldansatz nicht einfach eine neue Methode, sondern erfordert ein massives Umdenken innerhalb der bisherigen beruflichen Bildung im Rettungsdienst. Lehrende und Schüler haben veränderte Rollen und brauchen hierfür ebenfalls erweiterte Kompetenzen. Dabei müssen auch die eigenen Rollen neu definiert werden. So müssen die Schüler sich von der bisherigen Konsumentenrolle »Mach mich schlau!« in Richtung eines selbstgesteuerten und selbstorganisierten Lernens entwickeln. Das ist oft unbequem und wird von vielen Schülern zunächst wenig geschätzt. Die Lehrer hingegen müssen sich zukünftig stärker als Lernhelfer, Lernberater und Katalysatoren von Lehr- und Lernprozessen verstehen. Hierzu müssen die Lehrkräfte auch ein entsprechendes Methodenrepertoire (Gruppenarbeit, Leittextorientierung, Ergebnispräsentation durch die Schüler, Fachgespräche zwischen Lehrern und Schülern) entwickeln, von dem der handlungsorientierte Unterricht lebt.

Zusätzlich ist eine viel stärkere Abstimmung der Lehrkräfte über Ziele und Inhalte des Unterrichts erforderlich. Der hierfür erforderliche Abstimmungsbedarf ist mit zeitlichem und damit auch finanziellem Aufwand in Zeiten knapper finanzieller Ressourcen verbunden. Regelmäßige Lernfeldkonferenzen und eine verstärkte Kooperation zwischen den einzelnen Lernorten Schule, Lehrrettungswache und Krankenhaus werden erforderlich. Schulen mit einem hohen Anteil an Honorarkräften werden sich dabei erfahrungsgemäß schwerer tun als solche mit einem festen Lehrkörper.

Es ist davon auszugehen, dass es kaum einer Rettungsdienstschule gelingen wird, von heute auf morgen das Lernfeldkonzept flächendeckend in ihrem Lehrplan einzuführen. Daher ist es sinnvoll, einzelne Lernsituationen über das Schuljahr verteilt einzustreuen (sogenannte Insellösung). Dazu können bestehende Projekte, zum Beispiel Einführungstage oder abgeschlossene Themenbereiche wie die Durchführung erweiterter Wiederbelebungsmaßnahmen (ACLS), genutzt werden. Als Zeitraum für den Abschluss der curricularen Arbeit zur Einführung der Lernfelder werden etwa zwei Jahre empfohlen (BISCHOFF-WANNER 2004).

4.1.6 Gestaltung von Lernsituationen in der Rettungsdienstausbildung

Seit 1996 sind die Rahmenlehrpläne der Kultusministerkonferenz (KMK) für die duale Ausbildung nach Lernfeldern strukturiert. In den letzten Jahren hat dieses Konzept ebenfalls an den Berufsfachschulen des Gesundheitswesens zunehmend an Bedeutung gewonnen. Seit dem Jahr 2008 hält die Lernfeldorientierung auch in der Ausbildung des Rettungsfachpersonals ihren Einzug. Nicht alles damit Verbundene ist neu – schließlich wird in der fachpraktischen Ausbildung oftmals schon ein handlungsorientierter Ansatz an der Rettungsschule verfolgt –, aber vieles wird in einen neuen Zusammenhang gestellt beziehungsweise erfährt neue Begründungen. Dieses Kapitel soll zum Verständnis dieser Entwicklung beitragen, gängige Begriffe erläutern und die mögliche Vorgehensweise bei der Entwicklung eines Lernfelds bzw. bei der konkreten Ausgestaltung einer Lernsituation aufzeigen.

Zielsetzung von Lernsituationen

Im handlungsorientierten Unterricht werden an der Rettungsschule über die praktische Bearbeitung von beruflichen Problemstellungen theoretisches Wissen erarbeitet und praktische Fertigkeiten erworben. Die hierfür erforderlichen fachwissenschaftlichen Anteile werden dabei einbezogen, die ihnen zugrunde liegenden Systematiken (z.B. die fachsystematische Einteilung in Anatomie und Physiologie, innere Medizin und Chirurgie, allgemeine und spezielle Notfallmedizin) beherrschen jedoch nicht den Unterricht. Handlungsorientierte Lernprozesse sind an beruflichen Handlungen orientiert und fördern insbesondere die Vermittlung von Orientierungswissen, systematischem Denken und Handeln, das Lösen komplexer und exemplarischer Aufgabenstellungen aus dem Berufsalltag sowie vernetztes Denken. Sie gehen damit über eine rein funktionsbezogene Vermittlung von Fachkompetenz hinaus und fördern das lebenslange Lernen.

Merkmale von Lernsituationen in der Rettungsdienstausbildung
Lernsituationen:
▶ enthalten authentische Problemstellungen mit wachsender Komplexität aus der rettungsdienstlichen Berufspraxis
▶ repräsentieren typische Aspekte aus dem rettungsdienstlichen Handlungsfeld (Exemplarik)
▶ bringen fachliche Inhalte in einen Anwendungszusammenhang mit der Berufspraxis > weniger »totes« Wissen
▶ verknüpfen berufsorientierte mit fachsystematischen und individuellen Aspekten
▶ berücksichtigen auch die Sichtweise der dem Rettungsdienst anvertrauten Patienten
▶ zielen auf die Entwicklung einer breit angelegten Handlungskompetenz und berücksichtigen möglichst die ausgeglichene Entwicklung aller Kompetenzdimensionen
▶ ermöglichen ein selbstgesteuertes, lebensbegleitendes Lernen.

Die an Handlungen orientierten Lernprozesse fördern insbesondere die Vermittlung von Orientierungswissen, systematischem Denken und Handeln, das Lösen komplexer und exemplarischer Aufgabenstellungen sowie vernetztes Denken. Sie gehen über eine rein funktionsbezogene Kompetenzvermittlung hinaus, indem sie auch Sozial- und Methodenkompetenz der Rettungsdienstschüler fördern.

Während früher oftmals außerschulische Organisationen und Spitzenverbände die Curricula zur beruflichen Ausbildung im jeweiligen Ausbildungsgang erstellten, ist es nun die Aufgabe jeder einzelnen Rettungsdienstschule, die zentrale didaktische Aufgabe zur Gestaltung der Lernsituationen zu übernehmen. Dies bedeutet zum einen zwar einen erhöhten Planungsaufwand für die einzelne Schule, zum anderen bietet es aber dem Bildungsträger die Chance der Berücksichtigung der individuellen Rahmenbedingungen und Anforderungen. Zudem können regionale Besonderheiten der rettungsdienstlichen Landschaft so besser berücksichtigt werden.

Nachfolgend werden pragmatische Ansätze aufgezeigt und die Planung und Gestaltung von Lernsituationen erläutert.

Der Weg zur Lernsituation
Handlungssituationen

Wie viele andere Berufsfelder wird auch das Berufsfeld Rettungsdienst durch eine Fülle unterschiedlicher beruflicher Aufgabenstellungen und Handlungsabläufe gekennzeichnet. Berufstypische Handlungssituationen sind beispielsweise: Desinfektion, Dokumentation, Blutstillung, Versorgung eines ACS, Reanimation, Durchführung eines Infektionstransportes usw.

Handlungsfelder

Angesichts der großen Anzahl vorhandener Handlungssituationen ist es notwendig, diese auf ihre Relevanz für den Beruf, ihre Bedeutung für die Entwicklung des Berufes, ihre Gemeinsamkeiten, ihre Exemplarik usw., aber auch in Bezug auf ihre Eignung als Grundlage von Lernfeldern zu untersuchen. Danach werden die nach diesen Kriterien ausgewählten Handlungssituationen in Handlungsfeldern strukturiert. Handlungsfelder für das Rettungsfachpersonal sind zum Beispiel die Durchführung von Rettungseinsätzen, Rettungsdienstorganisation, Qualitätsmanagement oder Assistenz bei Diagnostik und Therapie.

Lernfelder

Bei Lernfeldern handelt es sich um künstliche Gebilde, die aus »didaktisch und methodisch aufgeladenen« beruflichen Handlungsfeldern abgeleitet worden sind. Dies geschieht zumeist auf Verordnungsebene (Rahmenrichtlinien) durch Kommissionen oder andere außerschulische Institutionen unter Berücksichtigung des Bildungsauftrages der Rettungsschulen. Um eine Einengung auf die beruflichen Handlungsfelder zu vermeiden und um den Bildungsauftrag der Schulen zu berücksichtigen, soll auch die individuelle und gesellschaftliche Lebensumwelt der Schülerinnen und Schüler mit einbezogen werden.

Lernsituationen

Lernsituationen sind als kleinste Einheit die Basis für die inhaltliche und methodische Gestaltung des Unterrichts. In ihnen werden die Lernfelder für den Unterricht unter den Rahmenbedingungen der jeweiligen Rettungsschule konkretisiert. Möglich ist dies nur, indem der Lehrende die den Lernfeldern zugrunde liegenden Handlungssituationen bzw. Handlungsfelder kennt. Die Erarbeitung der einzelnen Lernsituationen (z.B. Versorgung von Patienten mit Atemstörungen) ist Aufgabe der Lehrkräfte einer Rettungsschule, die zumeist im Team diese curriculare Entwicklungsarbeit leisten. Die Lernsituationen sind fachübergreifend nach handlungssystematischen Vorgaben (zum Beispiel nach Leitsymptomen oder Notfallbildern) strukturiert. In der Regel beziehen sich Lernsituationen auf mehrere Lernfelder.

Generierung und Auswahl von Lernsituationen

Die durch die Rahmenrichtlinien auf Bundes- oder Länderebene definierten Lernfelder definieren den Auftrag für die einzelnen Rettungsdienstschulen. Anhand der Lernfelder identifizieren die Lehrkräfte die Themen für Lernsituationen. Dabei werden andere Ausbildungsordnungen, Curricula und Richtlinien mit einbezogen. Wesentlichen Einfluss ha-

ABB. 36 ▶ Handlungsfelder, Lernfelder und Lernsituationen (angelehnt an: Materialien für den theoretisch-praktischen Teil der beruflichen Ausbildung an staatlich anerkannten Rettungsdienstschulen in der zweijährigen Ausbildung zur Rettungsassistentin/zum Rettungsassistenten [2009])

ben auch die eigenen beruflichen Erfahrungen der Lehrenden. Lernziele und Inhalte von Lernfeldern verlangen in aller Regel die Integration von fachlicher Kompetenz sowie die Schaffung umfassender Lernarrangements. Das bedeutet, dass die entsprechenden Fachkollegen ihr Know-how in die Planung der einzelnen Lernsituationen einbringen. Eine solche Vorgehensweise ist zwar arbeitsintensiv, schafft aber neue Chancen zur Kooperation der Lehrkräfte, die hierdurch mehr »Teamplayer« als »Einzelkämpfer« werden. Die Inhaltsangaben der Lernfelder sind bei der Themenauswahl als Mindeststandards zu betrachten, die für die Lernsituationen weiter zu präzisieren sind. Aus den Zielvorstellungen eines Lernfeldes sind Art, Breite und Tiefe der fachlichen Inhalte zu erschließen, um den angestrebten Kompetenzzuwachs in der Lernsituation zu ermöglichen.

Strukturelle Grundlage der Lernsituationen sind, wie eingangs erwähnt, konkrete berufsorientierte Handlungsabläufe, die für den schulischen Lernprozess inhaltlich nur fächerübergreifend aufbereitet werden können. Das bedeutet, die Auswahl der fachlichen Inhalte erfolgt im Rahmen des beruflich orientierten Anwendungszusammenhangs, geleitet durch die berufliche Handlungssystematik. Notwendige und orientierende fachliche Systematisierungen und Erweiterungen können zur Präzisierung der Inhalte herangezogen werden. Handlungs- und Fachsystematik werden in den Lernsituationen – sofern überhaupt Gegensätze bestehen sollten – zusammengeführt. Wichtig ist, dass Handlungsorientierung keine »Theoriefreiheit« bedeuten darf, lediglich auf die Vermittlung von unnötigem »totem« Wissen aus dem Bereich der Theorie soll verzichtet werden.

Organisatorische Umsetzung

Oft werden schon Arbeitsprozesse durch die Zielformulierungen der einzelnen Lernfelder beschrieben, sodass es relativ leicht fällt, daraus Lernsituationen abzuleiten. Daneben lassen sich die Lernsituationen aus beruflich relevanten Handlungssituationen aus dem Rettungsdienst ableiten, die exemplarisch für typische berufliche Handlungsabläufe stehen. Für den schulischen Lernprozess werden sie inhaltlich fächerübergreifend aufbereitet. Das bedeutet, dass beispielsweise anatomische, notfallmedizinische, rechtliche und praktische Unterrichtsinhalte gemeinsam »verzahnt« in einer Lernsituation vermittelt werden. Dabei erfolgt die Auswahl der Inhalte (didaktische Reflexion) durch den Lehrenden im Rahmen des beruflichen Anwendungszusammenhangs und ist durch die berufliche Handlungssystematik geprägt. Dies soll die Entwicklung beruflicher und individueller Handlungskompetenz fördern und die Schüler zur selbstständigen und problemorientierten Aneignung von Wissen und Kompetenzen befähigen. Welches Thema als Lernsituation gewählt wird, hängt aber auch davon ab, ob das Thema und die Komplexität der Aufgabenstellung mit den Lernvoraussetzungen der Schüler in Einklang zu bringen sind.

Bei der Auswahl der Bildungsinhalte ist die Kooperation mit lokalen Lernpartnern, wie den Lehrrettungswachen oder dem ärztlichen Leiter Rettungsdienst (ÄLRD), sinnvoll und nützlich. Mit diesen Partnern können Anforderungen aus der Berufspraxis noch besser ermittelt und regionale Besonderheiten bei der curricularen Ausgestaltung und Umsetzung der Rahmenrichtlinien berücksichtigt werden.

Lernfelder werden in der Regel in mehrere, aufeinander aufbauende Lernsituationen ausdifferenziert. Die Lernsituationen sind aufeinander zu beziehen, um einen systematischen Kompetenzaufbau zu gewährleisten. Die Einbeziehung des schon Gelernten ist sicherzustellen und die Möglichkeiten zu weiteren Übungen und Vertiefungen zu erschließen. Dabei soll die zeitliche Abfolge der Lernsituationen in einem Lernfeld unter dem Aspekt der Zunahme von Handlungskompetenz bei den Schülern erfolgen. Daher werden die Lernsituationen im Regelfall auch nach ihrem Komplexitätsgrad angeordnet, d.h. vom einfachen zum komplexen Handlungszusammenhang. So wird sichergestellt, dass die Kompetenzentwicklung stetig gefördert und der Lernzuwachs bei Schülerinnen und Schülern sukzessiv erfüllt wird. Somit können Unter- und Überforderung seitens der Schüler vermieden werden.

Jede Lernsituation muss dazu geeignet sein, dass die Schüler Kompetenzen erwerben, die auch auf andere Rettungsdienstsituationen übertragbar sind. Als Beispiel für den Zuwachs von Fachkompetenz bedeutet dies, dass der Schüler zunächst über Fachkenntnisse verfügt (Kenntnisebene), um später fähig zu sein, dieses Wissen anzuwenden mit dem Ziel, Know-how einzusetzen, um berufliche Aufgabenstellungen auszuführen und Probleme in wechselnden Situationen zu lösen (Fertigkeitsebene). Bei der Sozialkompetenz würde dies bedeuten, dass der Einzelne zunächst aktiv in Gruppen mitarbeitet, um später die Moderation von Gruppenprozessen zu übernehmen (Definitionen nach Deutscher Qualifikationsrahmen – DQR).

Bei der Erarbeitung der Lernsituation müssen möglichst alle Kompetenzen beschrieben werden, die in der Berufspraxis in der jeweiligen Handlungssituation notwendig sind, um diese effektiv, situationsgerecht und erfolgversprechend zu bewältigen. Dabei stellt sich der Lehrende die Frage, welchen Kompetenzzuwachs die Schüler in der Rettungsschule erreichen sollen. Dabei rücken neben der Fachkompetenz, auf der in der bisherigen Rettungsdienstausbildung der Fokus gelegen hat, die anderen Kompetenzarten in den Blickpunkt.

Nach der Kompetenzbeschreibung muss geklärt werden, ob diese Kompetenzen schon bei den Schülern vorhanden sind oder ob die Vermittlung dieser Kompetenzen in den Lernprozess eingeplant werden muss. Dabei ist die Beschreibung der Kompetenzen am aufwendigsten und mit am wichtigsten, um später den Erfolg (Outcome) des Lernprozesses überprüfen zu können.

Kompetenzbeschreibungen

Rettungsassistenten müssen über umfangreiche Kompetenzen zur selbstständigen Planung und Bearbeitung komplexer Aufgabenstellungen in dem umfassenden und sich ständig verändernden Berufsfeld Rettungsdienst verfügen.

In der Abbildung 37 sind Formulierungshilfen aufgeführt, die der in dieser Methodik noch ungeübten Lehrkraft Hilfestellung bei der Beschreibung von Kompetenzen geben sollen. Die Kompetenzbeschreibungen sind als exemplarischer Vorschlag zu sehen und sollten selbstverständlich an die konkrete Lernsituation angepasst und nach Bedarf ergänzt werden. Hinweise auf das zu erreichende Qualifikationsniveau finden sich im Deutschen Qualifikationsrahmen für lebenslanges Lernen (DQR). Für die Einstufung des Berufs der Rettungsassistentin/des Rettungsassistenten in eine der acht Niveaustufen des DQR liegt derzeit noch kein einschlägiges Expertenvotum vor. Nach Auffassung des Autors dürfte der Beruf bei den besonderen Anforderungen, der hohen Verantwortung sowie den komplexen Handlungssituationen bei mindestens Niveaustufe 4 liegen.

Vergleiche: www.deutscherqualifikationsrahmen.de

Entwicklung und Struktur von Lernsituationen

Im Sinne eines handlungsorientierten Unterrichts ist es sinnvoll, Lernsituationen prinzipiell so zu gestalten, dass in ihnen eine vollständige Handlung abgebildet werden kann (siehe Kapitel 4.1.4).

Dieser Ablauf ähnelt dem aus der DV 100 bekannten Führungskreislauf, der Bestandteil jeder Führungsausbildung im Katastrophenschutz ist. Er findet sich auch in dem von DEMING beschriebenen PDCA–Kreislauf wieder, der als Planungswerkzeug zur Einführung von Verbesserungen im Qualitätsmanagement bekannt wurde. PDCA steht für **P**lan (Planen), **D**o (Tun), **C**heck (Prüfen) und **A**ct (Aktion).

Jede Lernsituation sollte daher so aufgebaut sein, dass sie eine vollständige Handlung der Schülerinnen und Schüler ermöglicht. Die Struktur dieser Handlung lässt sich, nachfolgend idealisiert beschrieben, in einer Abfolge von unterschiedlichen Phasen darstellen. In der einfachsten Form wird sie mit »Planen – Ausführen – Kontrollieren« beschrieben, weiter differenziert wird zwischen »Informieren – Planen – Entscheiden – Ausführen – Kontrollieren – Auswerten« unterschieden.

Diese Struktur kann zur Planung von Lernsituationen, der Abstimmung zwischen den Kollegen, den Fächern bzw. zwischen Fachpraxis und Theorie herangezogen werden. Die

Fachkompetenz	Sozialkompetenz	Personalkompetenz	Methodenkompetenz
• über ein vertieftes fachtheoretisches Wissen im Berufsfeld Rettungsdienst verfügen • über ein erweitertes allgemeines Wissen im Lernbereich »medizinische Grundlagen« verfügen • über ein breites Spektrum praktischer Fertigkeiten im beruflichen Tätigkeitsfeld verfügen • Risiken und Gefahren im Einsatzablauf beachten • Eigen- und Fremdanamnesen erheben • Messwerte interpretieren • Arbeitsdiagnosen und ggf. Differenzialdiagnosen stellen • rettungsdienstliche Maßnahmen auswählen • erweiterte lebensrettende Maßnahmen selbstständig durchführen • Medizinprodukte anwenden • Hygienerichtlinien einhalten • gesetzeskonform handeln • bei ärztlichen Tätigkeiten assistieren • Transportfähigkeit herstellen • Einsatzgeschehen dokumentieren • ...	• Die Arbeit/das Lernen im Team mitgestalten und kontinuierlich Unterstützung anbieten • Informationen austauschen • Abläufe gestalten und Ergebnisse adressatenbezogen darstellen • soziale Verantwortung tragen • Rücksicht nehmen • sich in gruppendynamische Prozesse integrieren • unterschiedliche Standpunkte tolerieren • kooperativ arbeiten • Hilfestellung geben • sich in die Teamarbeit einbinden • eigene Interessen gegenüber vereinbarten Gruppenzielen zurückstellen • Kooperationen fördern • gruppendynamische Prozesse gestalten • soziale Beziehungen und Handlungen verstehen und interpretieren • über Sachverhalte umfassend kommunizieren • ...	• auch in weniger bekannten Kontexten eigenständig und verantwortungsbewusst lernen und arbeiten • das eigene und das Handeln anderer einschätzen • sich Lern- und Arbeitsziele setzen, sie reflektieren, realisieren und verantworten sowie Konsequenzen ableiten • sachlich argumentieren • fair kritisieren • soziale Verantwortung tragen • Probleme erkennen und zur Lösung beitragen • Bedürfnisse und Interessen artikulieren • Spannungen ertragen • Kritik und Selbstkritik ausüben • Vertrauen herstellen • Selbstvertrauen und Selbstbewusstsein stärken • sich flexibel auf neue Situationen einstellen • zuverlässig handeln • Urteile verantwortungsbewusst bilden • Wertevorstellungen entwickeln • ...	• Arbeitsprozesse unter Berücksichtigung von Handlungsalternativen umfassend planen und durchführen • Entscheidungen treffen • Analogieschlüsse ziehen • methodengeleitet vorgehen • Problemstellungen oder Arbeitsziele erkennen • Problemlösung unter Einbeziehung von Handlungsalternativen • Ergebnisse zusammenfassen • Pläne erstellen, bewerten und ggf. revidieren • begründet vorgehen • zielgerichtet arbeiten • komplexe Aufgabenstellungen gliedern • Probleme eingrenzen • Zustände untersuchen • Realisierbarkeit erkennbarer Lösungen abschätzen • Pläne ggf. flexibel handelnd verändern • Alternativen finden und bewerten • Arbeits- und Therapieverfahren auswählen • Lösungsstrategien entwickeln • Fehler gezielt eingrenzen • Ergebnisse oder Methoden übertragen • gewonnene Erkenntnisse begründet revidieren • Arbeitsorganisation gestalten • Schlussfolgerungen ziehen • Informationen strukturieren • Zusammenhänge herstellen • Transferleistungen erbringen • Abhängigkeiten finden • ...

Modifiziert nach Niedersächsisches Kultusministerium (Hrsg.): Materialien für den theoretisch-praktischen Teil der beruflichen Ausbildung an staatlich anerkannten Rettungsdienstschulen in der zweijährigen Ausbildung zur Rettungsassistentin/zum Rettungsassistenten (2009)

ABB. 37 ► Übersicht zu möglichen Kompetenzbeschreibungen für den Beruf Rettungsassistentin/Rettungsassistent

Ausrichtung der Unterrichtsplanung – hier die Planung von Lernsituationen – an diesen Phasen bietet eine Orientierung und trägt dazu bei, die Grundüberlegungen zur Handlungsorientierung bei der Gestaltung des konkreten Unterrichts zu beachten.

Leitfragen zur Erstellung und Überprüfung von Lernsituationen

Bevor es nun an die konkrete Planung der Lernsituation geht, muss zunächst eine didaktische Analyse erfolgen. Diese bezieht sich auf den Lehr-/Lernprozess und die ihm zugrunde liegenden Bedingungsfaktoren (Rahmenrichtlinien, Rahmenbedingungen, Bildungsinhalte, Zielgruppe). Die sich hieraus ergebenden Leitfragen können mithilfe einer Checkliste überprüft werden.

Leitfragen zur Planung von Lernsituationen:

- Welche didaktischen Rahmenbedingungen (Curriculum, Rahmenrichtlinien, Vorschriften usw.) müssen berücksichtigt werden?
- Ist die Lernsituation handlungsorientiert formuliert und enthält sie eine ausreichend komplexe berufliche Problemstellung?
- Welche Kompetenzdimensionen (Fach-, Sozial-, Personal- und Methodenkompetenz) werden durch die Lernsituation gefördert?
- Wird durch die Lernsituation eine vollständige Handlung abgebildet?
- Welche Fachinhalte werden zur Bewältigung der beruflichen Aufgabenstellung benötigt (didaktische Reflexion)?
- Welche Art von Wissen (Faktenwissen, Orientierungswissen, Problemlösewissen) wird zur Lösung der Lernsituation benötigt?
- Wie können die Interessen und Vorkenntnisse der Schüler mit einbezogen werden?
- Welche Unterrichtsmethoden sind zur Wissensvermittlung und Kompetenzentwicklung erforderlich?
- Verfügen die Lernenden und Lehrenden über ausreichende Erfahrungen mit der jeweiligen Methode?
- Wie sind die Rahmenbedingungen für die Lernsituation (Räumlichkeiten, materielle Ausstattung, Lehrpersonal)?
- Wie kann der Lernprozess überprüft werden? Können die Schüler hierbei mit einbezogen werden?

Die Auswahl der Unterrichtsmethoden soll den Lernenden ein handlungsorientiertes und selbstständiges Lernen ermöglichen. Dabei sollen auch schüleraktivierende Unterrichtsmethoden, wie zum Beispiel Partner- und Gruppenarbeit, Kartenabfrage, Mind-Mapping und Brainstorming sowie Rollenspiele, zum Einsatz kommen, um die Eigenaktivität der Schüler zu fördern. Das bedeutet jedoch nicht, dass nicht auch eher lehrerzentrierte Methoden, wie Lehrervortrag, Impulsreferat oder Lehrgespräch, verwendet werden, um fachwissenschaftliche Zusammenhänge zu vermitteln. Dies ist allein schon aus zeitökonomischen Gründen nötig.

Gliederungsschema für Lernsituationen

Für die Erarbeitung von Lernsituationen wird das folgende Gliederungsschema empfohlen, das sich in der schulischen Ausbildung bewährt hat:

1. Bezeichung der Lernsituation
2. Zuordnung im Musterstundenplan
3. Zuordnung zu den Lernfeldern aus der Rettungsassistentenausbildung
4. Zuordnung zur RettAssAPrV in der gültigen Fassung
5. Klärung von Lernbedingungen und Organisation (Zeitansatz, Räumlichkeiten, Lehrkräfte und Arbeitsmittel)
6. Definition der angestrebten und vorhandenen Handlungskompetenzen der Schüler
7. Arbeitsauftrag an die Schüler
8. Erstellung eines Planungsrasters für den Lehrenden
9. Dokumentation und Evaluation.

Beispiel für eine Lernsituation

Äußere Blutungen erkennen und versorgen

Didaktische Entscheidung	Die Schülerinnen und Schüler bauen auf ihren Vorkenntnissen aus der Ersten-Hilfe-Ausbildung auf. Nach Abschluss dieser Lernsituation müssen die Schüler entsprechend ihren Kompetenzen einfache rettungsdienstliche Maßnahmen zur Versorgung von äußeren Blutungen durchführen können.
	Über diese Lernsituation werden die Schülerinnen und Schüler in die Lage versetzt, die erworbenen Kompetenzen nach späterer Erweiterung ihres Wissens und dem Erwerb von theoretischen und praktischen Fertigkeiten in eine komplette rettungsdienstliche Versorgung einzuordnen.
	Die Schülerinnen und Schüler reflektieren ihr persönliches Verhalten und stellen es in den Kontext der gesamtberuflichen Anforderungen. Die Auswahl der nachfolgenden Lernsituation leitet sich daraus ab, dass die Schülerinnen und Schüler vor Eintritt in den ersten Abschnitt der praktischen Ausbildung Basiskompetenzen (sogenannte »Basics«) erwerben müssen. Daher soll diese Lernsituation auch vor Beginn der externen Ausbildung an den Lernorten Klinik und Lehrrettungswache erarbeitet werden.
	Die Lernsituation ist ebenfalls geeignet, Kompetenzen zu erwerben, die auf andere Situationen innerhalb und außerhalb des rettungsdienstlichen Handelns übertragbar sind.
	Die Schülerinnen und Schüler üben den Umgang mit Lernsituationen (z.B. Lernsituationen zu analysieren, Ziele und Kompetenzen zu formulieren und Arbeitsaufträge abzuleiten) und erweitern dadurch ihre Methodenkompetenz.
Zuordnung	Musterstundenplan Woche 3/Mo./Zeit: 8.00-15.15 Uhr (8 Unterrichtseinheiten/UE à 45 Min.) Vermittlung von Kompetenzen aus folgenden Lernfeldern: Lernfeld 1 »Notfallsituationen erkennen, erfassen und bewerten« Lernfeld 2 »Rettungsdienstliche Maßnahmen auswählen, durchführen und dokumentieren« Zuordnung zur RettAssAPrV: 1.1, 1.5, 2.1, 2.2, 3.2
Lernbedingungen	Lehrkräfte: N.N. Zeit: 8 UE
Organisation	Unterrichtsraum, Textauszüge, Gruppenarbeitsmöglichkeiten, anatomische Modelle, Notfallausstattung, Pinnwände, Moderationsmaterialien, Übungsmaterial, Lehrbuch für präklinische Notfallmedizin: LPN I, II, III und LPN A, Komplementärliteratur aus der Schulbibliothek. Optional: Internetzugang, PC-Zugang

Kompetenzen	**Fachkompetenz:**

Fachkompetenz:
Die Schülerinnen und Schüler
▶ beschreiben die anatomisch-physiologischen Grundlagen der Haut und des Blutes,
▶ stillen äußere Blutungen mittels selbst ausgewählter Verfahren,
▶ berücksichtigen die Gefahren eines hämorrhagischen Schocks,
▶ versorgen Amputate,
▶ unterscheiden verschiedene Verletzungsarten,
▶ versorgen äußere Wunden,
▶ beachten Wundgefahren,
▶ beachten Hygienestandards bei der Wundversorgung.

Personalkompetenz:
Die Schülerinnen und Schüler
▶ erkennen die Notwendigkeit von Hygienestandards,
▶ integrieren die Erfahrungen in ein entstehendes Berufsrollenverständnis,
▶ erkennen Probleme und tragen zur Lösung bei,
▶ handeln zuverlässig.

Sozialkompetenz:
Die Schülerinnen und Schüler
▶ gestalten Gruppenprozesse,
▶ geben Hilfestellung,
▶ tauschen Informationen aus,
▶ arbeiten kooperativ.

Methodenkompetenz:
Die Schülerinnen und Schüler
▶ erfassen Lernsituationen und verstehen Aufgabenstellungen,
▶ erarbeiten Fachinhalte selbstständig,
▶ gehen methodengeleitet vor,
▶ lösen Probleme und beziehen Handlungsalternativen mit ein.

Arbeitsauftrag an die Auszubildenden

Situationsbeschreibung: Sie sind als Auszubildender auf dem RTW Akkon Haland 73-41 eingesetzt. Um 8.10 Uhr wird Ihr Fahrzeug zu einem schweren Betriebsunfall in einem Sägewerk alarmiert. Sie werden die Einsatzstelle in etwa fünf Minuten erreichen. Zu Ihnen alarmiert ist der Rettungshubschrauber »Christoph 4« aus der Medizinischen Hochschule Hannover (MHH).

Bearbeiten Sie in Ihrer Gruppe dazu folgende Aufgaben:

Teil 1
▶ Überlegen Sie, welche typischen Verletzungen bei diesem Meldbild vorliegen können (siehe LPN III 2.5.3).
▶ Welche potenziellen Gefahren drohen dem Patienten? (siehe LPN II 1.2, LPN III 1.2)
▶ Welche Möglichkeiten zur Blutstillung und Wundversorgung gibt es? (siehe LPN I 6.1.1, 6.1.2, 6.2, LPN III 1.2.3)
▶ Verschriftlichen Sie die Ergebnisse und präsentieren Sie diese im Plenum.
▶ Demonstrieren Sie die Stillung einer akuten Blutung an den Extremitäten in Form einer Fallsimulation.

Teil 2
Beim Eintreffen an der Einsatzstelle stellen Sie fest, dass es zu einer kompletten Abtrennung der rechten Hand des 60-jährigen Patienten gekommen ist. Der Patient ist blass und kaltschweißig, der Puls ist peripher schwach tastbar und tachykard.
▶ Benennen Sie die Gefahren für den Patienten.
▶ Welche Gefahr steht im Vordergrund?
▶ Beschreiben und begründen Sie Ihr weiteres Vorgehen am Patienten und mit dem Amputat (siehe LPN III 2, 5, LPN I 6.2.5).
▶ Demonstrieren Sie Ihr Vorgehen.

Verlaufsplanung für die Lehrkraft (grob)

1. Situationsbeschreibung im Plenum vorstellen und abklären (Erfassen der Situation, Arbeitsauftrag erteilen und erläutern, Rahmenbedingungen klären (0,5 UE)
2. Impulsreferat zur Anatomie und Physiologie der Haut und des Blutes (1,5 UE)

3. Gruppenarbeitsphase (Aufgaben Teil 1 bearbeiten) (1 UE)
4. Vorstellung der Ergebnisse im Plenum und Aussprache hierzu (1 UE)
5. Impulsreferat zum hämorrhagischen Schock (1 UE)
6. Demonstration der Blutstillung, Amputat- und allgemeinen Wundversorgung durch die Schüler. Lehrkraft überprüft und gibt bei Bedarf Hilfestellung (2 UE)
7. Klärung offener Fragen und Zusammenfassung durch die Lehrkraft (1 UE)

Dokumentation und Evaluation

Da für die einzelne Lernsituation meist nur einzelne Teilaspekte verschiedener Lernfelder herangezogen werden, ist die sorgfältige Dokumentation der vermittelten Fachinhalte und praktischen Fertigkeiten dringend erforderlich. Sonst geschieht es schnell, dass einzelne Inhalte mehrfach unterrichtet oder gar vergessen werden. Eine erweiterte Erfassung der vermittelten Inhalte ist daher unabdingbar. Entsprechende Verlaufsprotokolle werden in Kapitel 4.3.2 vorgestellt. Zur erfolgreichen Implementierung des Lernfeldkonzeptes ist die regelmäßige – möglichst wöchentliche – Durchführung von Lernfeldkonferenzen zu empfehlen. Hier können Inhalte abgestimmt, neue Lernsituationen entwickelt und der Lernfortschritt der Schüler besprochen werden. Wo dies möglich ist, sollen auch die Lehrrettungswachen in die Gestaltung der Lernsituationen einbezogen werden. Die Information über das Lernfeldkonzept und die Möglichkeit einer Mitgestaltung fördert die Lernortkooperation und kann als wichtiger Nebenaspekt die Akzeptanz für die Arbeit der Rettungsschule steigern.

Literatur:

1. Arbeitskreis Deutscher Qualifikationsrahmen (DQR) (2009) Der Deutsche Qualifikationsrahmen für lebenslanges Lernen. http://www.deutscherqualifikationsrahmen.de
2. Bundesinstitut für Berufsbildung (BIBB): Werkzeugkasten zur Handlungsorientierung von Prüfungsaufgaben. http://www.bibb.de/werkzeugkasten/index.php
3. Bischoff-Wanner C (2004) Der Lernfeldansatz – Eine Handreichung für Schulen für Pflegeberufe. Esslingen
4. Didaktische Jahresplanung, Reihe berufliche Bildung (2005) Hrsg.: Landesinstitut für Schule/Qualitätsagentur (NRW), Soest
5. Enke K (1995) Rettungsdienstausbildung – Neue Wege durch handlungsorientierten Unterricht? Rettungsdienst 18: 548-550
6. Enke K (2011) Lernfeldorientierte Ausbildung. In: Karutz H (Hrsg.): Notfallpädagogik – Konzepte und Ideen, Edewecht
7. Fischer M (2003) Grundprobleme didaktischen Handelns und die arbeitsorientierte Wende in der Berufsbildung, Bremen
8. Gnahs D (2007) Kompetenzen – Erwerb, Erfassung, Instrumente, Bielefeld
9. Handreichung für die Erarbeitung von Rahmenlehrplänen der Kultusministerkonferenz für den berufsbezogenen Unterricht in der Berufsschule und ihrer Abstimmung mit Ausbildungsordnungen des Bundes für anerkannte Ausbildungsberufe (2007) Hrsg.: Sekretariat der Kultusministerkonferenz, Bonn
10. Institut für Lehrerfortbildung (Hrsg.) (2002) Vom Umgang mit Lernfeldern, Hamburg
11. Jank W, Meyer H (2002) Didaktische Modelle, Berlin
12. Karutz H (2007) Fachdidaktik Rettungsdienst: Ein Beitrag zur Professionalisierung der RD-Ausbildung. Rettungsdienst 27: 466-471
13. Kemer H (2003) Themenbereiche und Lernfelder im Pflegeunterricht, München
14. KMK (Sekretariat der ständigen Konferenz der Kultusminister der Länder in der BRD) (2000) Handreichungen für die Erarbeitung von Rahmenlehrplänen der Kultusministerkonferenz (KMK) für den berufsbezogenen Unterricht in der Berufsschule und ihre Abstimmung mit Ausbildungsordnungen des Bundes für anerkannte Ausbildungsberufe. Bonn, 1996, 2000, 2007 und 2011, http://www.kmk.org/fileadmin/veroeffentlichungen_beschluesse/2011/2011_09_23-GEP-Handreichung.pdf

15. Materialien für Lernfelder für die Berufe des Bereichs der Humandienstleistungen sowie für die Berufsfelder Ernährung und Hauswirtschaft, Agrarwirtschaft und Körperpflege (März 2001) Hrsg.: Niedersächsisches Kultusministerium, Hannover

16. Kuhnke R, Enke K (2010) Lernfeldorientierte Rettungsdienstausbildung: Ein Weg zu mehr Handlungskompetenz. Rettungsdienst 33: 32-35

17. Materialien für den theoretisch-praktischen Teil der beruflichen Ausbildung an staatlich anerkannten Rettungsdienstschulen in der zweijährigen Ausbildung zur Rettungsassistentin/zum Rettungsassistenten (August 2009) Niedersächsisches Kultusministerium, Hannover

18. Rahmenrichtlinien für die Ausbildung Rettungsassistentin/Rettungsassistent (April 2008) Hrsg.: Niedersächsisches Kultusministerium, Hannover, http://www.nibis.de/nli1/bbs/archiv/rahmenrichtlinien/rettass.pdf

19. Reetz L, Send W (1995) »Curriculare Strukturen beruflicher Bildung« In: Arnold R, Lipsmeier A (Hrsg.) Handbuch der Berufsbildung, Opladen

20. Sloane P: Lernfelder und Unterrichtsgestaltung. In: Die Berufsbildende Schule 3/2000

21. Ständige Konferenz für den Rettungsdienst (Hrsg.) (2000) Berufliche Ausbildung zur Rettungsassistentin/zum Rettungsassistenten, Curriculum (Stand Dezember 1999) Gemeinsame Ausbildungsgrundlage der Rettungsdienstorganisationen Arbeiter-Samariter-Bund, Deutsches Rotes Kreuz, Johanniter-Unfall-Hilfe, Malteser Hilfsdienst und der Berufsfeuerwehren in Deutschland, Bonn

4.2 Gestaltung von Prüfungen

R. Kuhnke

Am Ende der Ausbildung steht eine Prüfung. In ihr soll der Prüfling zeigen, dass er die Inhalte des Unterrichts verinnerlicht hat und über die notwendigen Fähigkeiten und Fertigkeiten verfügt, um die Aufgabenstellungen des künftigen Tätigkeitsfeldes bewältigen zu können.

»Non vitae, sed scholae discimus« (»Nicht für das Leben, sondern für die Schule lernen wir«) kritisierte Lucius Annaeus Seneca (ca. 1-65 n. Chr.) bereits vor 2.000 Jahren den Zustand an den Philosophenschulen seiner Zeit. Heute wird gerne die umgekehrte Version *»Non scholae, sed vitae discimus«* (»Nicht für die Schule, sondern für das Leben lernen wir«) verwandt. Ob wir uns die Kritik von Seneca zu eigen machen oder die abgewandelte Version als Forderung verstehen: So oder so muss es Ziel der Schule sein, auf das Leben vorzubereiten. Ob dies gelungen ist, muss in einer Prüfung festgestellt werden. Wird handlungsorientiert unterrichtet, versteht es sich von selbst, dass auch die Prüfung handlungsorientiert durchgeführt werden muss. Auf träges Wissen, das im praktischen Alltag keine Anwendung findet, wird dabei konsequent verzichtet. Im Fokus der Prüfung steht die Handlungskompetenz des Prüflings. Die Handlungskompetenz lässt sich in vier Kompetenzklassen unterteilen:

- ▶ Fachkompetenz
  - Fachwissen, Kenntnisse, Fertigkeiten
- ▶ Methodenkompetenz
  - Umsetzung, Herangehensweise, Transferleistung
- ▶ Sozialkompetenz
  - Zusammenarbeit, Präsentation, Teamfähigkeit
- ▶ Personalkompetenz
  - Selbsteinschätzung, Kritikfähigkeit, Antrieb

Bislang wurde in Prüfungen in erster Linie die Fachkompetenz überprüft. Im Rahmen von handlungsorientierten Aufgabenstellungen werden neben der Fachkompetenz auch Methoden-, Sozial- und – wenn möglich – Personalkompetenz geprüft. Diese Anforderungen machen es notwendig, sich mit dem Thema Prüfungen näher zu beschäftigen. Dabei ist die Prüfung am Ende des Lehr-Lern-Prozesses mehr als nur eine Momentaufnahme der Kompetenzen des Schülers. Sie zeigt auch auf, ob der Lehrprozess, d.h. der Unterricht, in der Lage war, die notwendigen Kompetenzen zu vermitteln. Für die Lehrkräfte ist das Ergebnis einer Prüfung auch immer eine Bewertung der Qualität der Lehre.

4.2.1 Grundlagen

Betrachtet man kritisch den Ablauf von Prüfungen, so sind diese häufig wenig professionell gestaltet und werden dem Anspruch an die spätere Tätigkeit, aber auch den Prüflingen nicht gerecht. Wer kennt nicht die praktische Prüfung, in deren Verlauf ein Fallbeispiel beim Auftreten vermeintlicher Fehler unterbrochen wird und Zwischenfragen des Prüfers den Ablauf stören, oder die mündliche Prüfung, in der nicht auf die Stärken, sondern vielmehr auf die Mängel hin geprüft wird. Häufig versteigt sich der Prüfer beim »Nachbohren« in Kurzreferaten zum Thema und bringt dadurch den Prüfling völlig aus dem Konzept. Auch die Aufgaben in schriftlichen Prüfungen zeigen, dass diese nicht Handlungskompetenz, sondern Faktenwissen ohne praktischen Bezug abfragen. Im Rahmen von Multiple-Choice-Prüfungen wird dann eher das Leseverständnis als der praktische Anwendungsbezug geprüft. Neben diesen sehr offensichtlichen Fehlern unterliegt jeder Prüfer auch möglichen Wahrnehmungs-, Beobachtungs- und Beurteilungsfehlern, die eine gerechte Leistungsbeurteilung fast unmöglich machen. Beruhigend ist, dass bereits frühere Generationen die Durchführung von Prüfungen als sehr problematisch bewertet haben:

»Prüfungen sind deshalb so unerträglich, weil der größte Dummkopf mehr fragen kann, als der gescheiteste Mensch zu beantworten vermag.« (Charles Caleb Colton, 1780–1832)

Dieses kritische Zitat macht deutlich, wie wichtig eine professionelle Prüfungsbetreuung ist. Diese beginnt beim Erstellen der Prüfungsfragen, geht über das Setting und die Durchführung und endet bei deren professioneller Bewertung.

Anforderungen an eine Prüfung

Um eine möglichst gerechte Prüfung zu gewährleisten, ist es notwendig, allgemeine Gütekriterien für deren Durchführung festzulegen. Dabei haben sich drei Gütekriterien etabliert:

- ▶ Objektivität
- ▶ Reliabilität
- ▶ Validität.

Ziel der *Objektivität* (Unabhängigkeit) bei Prüfungen ist es, das Ergebnis einer Prüfung nicht vom Zufall abhängig zu machen, sondern Bedingungen zu schaffen, die ein gerechtes und faires Prüfungsergebnis zulassen. Ein wichtiger Aspekt in diesem Zusammenhang sind die vergleichbaren Rahmenbedingungen (→ Objektivität der Durchführung) für die Prüflinge. Wer kennt nicht die Situation, in der beim achten praktischen Fallbeispiel die Mimen nur noch dürftig geschminkt werden und kurz vor Feierabend etwas unmotiviert wirken, oder die mündliche Prüfung, in der die Prüfer miteinander scherzen und es an Aufmerksamkeit fehlen lassen. Sicherlich ist dies alles verständlich, aber die notwendige Objektivität bleibt dabei auf der Strecke. Eine Prüfung gilt dann als objektiv, wenn verschiedene Prüfer dieselben Lernleistungen in gleicher Weise beurteilen:

»Wer darauf verzichtet, sich um Objektivität zu bemühen, der überlässt letzten Endes unkontrollierter Willkür das Feld.« (Karlheinz Ingenkamp)

Sich um Objektivität zu bemühen fordert zum einen klar geregelte Prüfungsstandards und zum anderen regelmäßige Schulungen aller eingesetzten Prüfer (→ Objektivität der Bewertung). Besonders dort, wo in Prüfungen Spezialisten ohne pädagogische Zusatzqualifikationen zum Zuge kommen, liegt es in der Verantwortung der Bildungseinrichtungen, für die notwendigen Angebote zur Qualifizierung der Prüfer zu sorgen. Zusammenfassend: Neben der Objektivität der Durchführung von Prüfungen muss auch die Objektivität der Bewertung von Prüfungsergebnissen möglichst nachvollziehbar dargestellt werden. Bei der Bewertung kann dies nur gelingen, wenn im Vorfeld der Lernhorizont klar definiert und festgelegt ist. In der Praxis bedeutet dies, dass entweder eine Operationalisierung mit eindeutigen Bewertungskriterien (z.B. MC-Fragen) oder ein vorformulierter Antwortkorridor festzulegen ist.

Bereits bei der Konzeption einer Prüfung ist zu überdenken, wie zuverlässig die Prüfung die geforderten Kompetenzen ermittelt. Man spricht in diesem Zusammenhang von der *Reliabilität* (Zuverlässigkeit). Zuverlässig ist ein Ergebnis dann, wenn der Messfehler möglichst klein ist und bei verschiedenen Prüfungen mit den gleichen Rahmenbedingungen und gleichen Voraussetzungen des Prüflings sehr ähnliche Ergebnisse erzielt werden. Eine Leistungsbeurteilung oder Prüfung gilt dann als reliabel, wenn sie zeitversetzt zuverlässig zu denselben Ergebnissen und Beurteilungen führt.

Ein weiteres Gütekriterium ist die *Validität* (Gültigkeit), die ermittelt, ob das bei der Messung erzielte Ergebnis auch wirklich misst, was man messen möchte. Bei Prüfungen nach dem Berufsbildungsgesetz (BBiG) ist das zu erfassende Merkmal der Grad der beruflichen Handlungsfähigkeit. Für den Bereich der Ausbildung gibt die Validität eine Antwort auf die Frage, ob das in der Prüfung erzielte Ergebnis in der Praxis reproduzierbar ist. Konkret: Ist ein gutes Prüfungsergebnis in der Rettungssanitäterprüfung auch ein Garant für einen guten Rettungssanitäter im Rettungsdienst? Eine Leistungsbeurteilung gilt dann als valide, wenn auch wirklich das gemessen oder geprüft wird, was gemessen und geprüft werden soll. Die oben beschriebenen Gütekriterien bauen aufeinander auf, d.h. ohne Objektivität gibt es keine Reliabilität und ohne Reliabilität keine Validität.

Gütekriterien:

Ein positives Beispiel aus einer rettungsdienstlichen Prüfung soll die Gütekriterien verdeutlichen. Als eine wesentliche Fertigkeit eines Rettungssanitäters wird die Durchführung der Herzdruckmassage in den Ausbildungsrichtlinien festgelegt. Um diese isolierte Fertigkeit zu prüfen, bietet sich eine praktische Prüfung an. Nutzt man konsequent einen handlungsorientierten Prüfungsansatz, wird in einem Prüfungsszenario nicht nur die Einzelfertigkeit der Herzdruckmassage geprüft, sondern die Kompetenz des Prüflings, beim Auffinden einer leblosen Person die richtigen Behandlungsschritte einzuleiten und durchzuführen. *Objektivität* → Um die Prüfung möglichst objektiv zu gestalten, wird im Vorfeld die Auffindesituation beschrieben und die Bewertungskriterien (z.B. Drucktiefe, Frequenz) werden festgelegt. Die Voraussetzungen und Bewertungskriterien für alle Prüflinge sind vergleichbar, damit objektiv und wiederholbar. *Reliabilität* → Betrachtet man die Zuverlässigkeit des erzielten Ergebnisses, kann man durchaus behaupten, dass die Prüfung auch wirklich die Messergebnisse liefert, die für eine gute Herzdruckmassage (z.B. Drucktiefe, Frequenz) notwendig sind. *Validität* → Durch die Verwendung eines HLW-Trainers und das Prüfungssetting ist eine Vergleichbarkeit mit der späteren Praxis vorhanden, d.h. die Prüfung misst recht zuverlässig die Qualität der Maßnahmen und lässt Rückschlüsse darauf zu, ob der Prüfling die Maßnahmen in der Praxis zufriedenstellend durchführen würde.

Zusätzlich zu den oben beschriebenen drei Gütekriterien wird häufig noch ein weiteres Kriterium angeführt, die *Ökonomie*.

Bei der Ökonomie (Nachhaltigkeit) handelt es sich um den planvollen Einsatz der zur Verfügung stehenden Ressourcen einer Bildungseinrichtung. Bei der Betrachtung der Ökonomie ist kritisch zu prüfen, ob der Aufwand, der für die Vorbereitung, Durchführung und Nachbereitung einer Prüfung nötig ist, in einem gesunden Verhältnis zum erzielten Nutzen steht. Zum Beispiel kann es aus ökonomischer Sicht sinnvoll sein, Multiple-Choice-Fragen in einer Prüfung zu verwenden, da der Aufwand für die notwendige Korrektur deutlich geringer ist. Als ökonomisches Argument gegen Multiple-Choice-Fragen könnte allerdings angeführt werden, dass deren Erstellung sehr aufwendig und zeitintensiv ist. Wie dem auch sei: Die Ökonomie einer Prüfung ist häufig ein maßgebliches Kriterium für die Ausgestaltung einer Prüfung.

Beachtet man beim Erstellen einer Prüfung die oben beschriebenen Gütekriterien, so wird rasch klar, dass deren Ausgestaltung ein aufwendiger und durchdachter Prozess zugrunde liegt. Ob die angestrebte Güte tatsächlich erreicht worden ist, muss im Anschluss an jede Prüfung kritisch ermittelt werden.

Evaluation einer Prüfung:

Objektivität: Waren die Noten, die von den Prüfern vergeben worden sind, vergleichbar oder gab es bei der Notengebung große Unterschiede? Waren die Noten zu Beginn der Prüfung mit den Noten am Ende des Prüfungstages vergleichbar oder war die Notenfindung – aufgrund der nachlassenden Aufmerksamkeit – am Ende problematisch?

Reliabilität: Hatten alle Prüflinge vergleichbare Rahmenbedingungen oder waren die Aufgabenstellungen von unterschiedlicher Schwierigkeit? Hat der Lehrgangsleiter den Eindruck, dass die Prüfungsergebnisse die Leistungen im Unterricht widerspiegeln oder waren die Ergebnisse unerwartet?

Validität: Wurden die geforderten Kompetenzen auch tatsächlich ermittelt oder hatten die Prüfer den Eindruck, dass die Prüfung keinen Bezug zur Praxis hatte? Entsprechen die vergebenen Noten auch tatsächlich der geforderten Qualität oder haben Prüflinge bestanden, die den Patienten nachweislich geschädigt hätten?

Ökonomie: Beurteilen Prüfer und Prüflinge die Anforderungen als angemessen oder fühlen sie sich über- bzw. unterfordert? Ist der personelle und zeitliche Aufwand gerechtfertigt oder lässt sich der finanzielle Aufwand wirtschaftlich nicht darstellen?

Bewertung einer Prüfung

Die Prüfung am Ende einer Ausbildung gibt Rückmeldung über den Leistungsstand der Prüflinge und hat in erster Linie eine Berechtigungs- bzw. Selektionsfunktion. Der Prüfling muss dabei beweisen, ob er den Anforderungen an die spätere Praxis gewachsen ist. Gibt es Zweifel an den Kompetenzen des Prüflings, darf dieser die Prüfung nicht bestehen. Mit dem Bestehen der Prüfung erhält er die Berechtigung zur Ausübung eines Berufs oder einer Tätigkeit. Eine Ausnahme ist die Ausbildung zum Rettungsassistenten/zur Rettungsassistentin. Das Staatsexamen beschließt hier lediglich die theoretische und praktische Ausbildung an der Schule (1.200 Stunden). Nach dem erfolgreichen Staatsexamen benötigt der Auszubildende noch ein Anerkennungsjahr (1.600 Stunden) als Praktikant im Rettungsdienst. Die Beurteilung, ob das Anerkennungsjahr und damit die gesamte Ausbildung erfolgreich waren, erfolgt durch ein Abschlussgespräch. Der Gesetzgeber schweigt sich allerdings über Form und Umfang des Abschlussgespräches aus. Auch wenn diese Konstellation nicht zufriedenstellend geregelt ist, muss ihr im Staatsexamen doch Rechnung getragen werden. Da dem Prüfling der praktische Ausbildungsteil fehlt, kann zu diesem Zeitpunkt noch nicht erwartet werden, dass er über sämtliche notwendige Kompetenzen des Rettungsassistenten verfügt. Die Bewertung hat hier außer der Selektions- und Berechtigungsfunktion auch eine Berichts- sowie eine prognostische Funktion. Ziel der Bewertung ist es, abzuschätzen, ob der Prüfling über die notwendigen Basiskompetenzen für seinen Einsatz im Anerkennungsjahr verfügt und ob nach dem praktischen Jahr anzunehmen sein wird, dass er im Rettungsdienst selbstständig als Rettungsassistent tätig werden kann. Im Gegensatz hierzu müssen die Prüfer in einer Rettungssanitäter-Prüfung ermitteln, ob der Prüfling zum Zeitpunkt der Prüfung bereits als Rettungssanitäter selbstständig arbeiten könnte. Konkret ist es denkbar, dass der Prüfling bereits am nächsten Tag eigenverantwortlich auf einem Krankentransportwagen zum Einsatz kommt. Die Beispiele verdeutlichen, wie wichtig es ist, sich im Vorfeld einer Prüfung über deren Zielsetzung klar zu werden. Nur dann, wenn bei allen Prüfern Klarheit über die Funktion der Prüfung besteht, ist eine gerechte Bewertung möglich.

Die in Prüfungen erbrachten Leistungen werden im Allgemeinen mit den Noten 1 bis 6 oder den Kurzbezeichnungen »sehr gut«, »gut«, »befriedigend«, »ausreichend«, »mangelhaft« und »ungenügend« bedacht. Dabei übernimmt die Notengebung eine Rückmelde- und Berichtsfunktion über den Leistungsstand des Prüflings zum Zeitpunkt der Prüfung. Unabhängig von den Schwachstellen bei der Notengebung hat sich das vorherrschende Notensystem mit Ziffern in Deutschland durchgesetzt und wird aus diesem Grund von fast allen verstanden.

Kritikpunkte an der Notengebung:

▶ Ist zum Beispiel die Note 2 gleich weit von 1 entfernt wie 5 von 4?

▶ Spiegelt der Durchschnitt von Teilnoten die Endnote wider, d.h. ist jemand, der eine 2 und eine 4 in der praktischen Prüfung erzielt, tatsächlich auf dem Niveau einer 3?

▶ Kann die Note 3 in einer Prüfung den komplexen Leistungsstand eines Prüflings ausreichend beschreiben?

Trotz des hohen Bekanntheitsgrades kommt es bei der Notenfindung in Prüfungen immer wieder zu Missverständnissen. Aus diesem Grund ist es sinnvoll, sich die Beschreibungen der Noten im Vorfeld der Bewertung zu vergegenwärtigen. In jeder Ausbildungs- und Prüfungsordnung findet sich hierzu ein Verweis (vgl. z.B. § 11 RettAssAPrV).

Was bedeuten Noten?	
»sehr gut« (1)	wenn die Leistung den Anforderungen in besonderem Maße entspricht
»gut« (2)	wenn die Leistung den Anforderungen voll entspricht
»befriedigend« (3)	wenn die Leistung im Allgemeinen den Anforderungen entspricht
»ausreichend« (4)	wenn die Leistung zwar Mängel aufweist, aber im Ganzen den Anforderungen noch entspricht
»mangelhaft« (5)	wenn die Leistung den Anforderungen nicht entspricht, jedoch erkennen lässt, dass die notwendigen Grundkenntnisse vorhanden sind und die Mängel in absehbarer Zeit behoben werden könnten
»ungenügend« (6)	wenn die Leistung den Anforderungen nicht entspricht und selbst Grundkenntnisse so lückenhaft sind, dass die Mängel in absehbarer Zeit nicht behoben werden könnten.

In den Beschreibungen zur Note werden die Leistungen in den Bezug zu den gestellten Anforderungen gestellt. Um die Notengebung nicht vom Zufall und der Stimmung der Prüfer abhängig zu machen, müssen die Anforderungen im Vorfeld der Prüfung festgelegt werden. Dabei beschreiben die Anforderungen den Grad der Zielerreichung bei der Lösung einer Problemstellung. In der rettungsdienstlichen Ausbildung ist die Anforderung an die Leistung des Prüflings die Versorgungsqualität der Patienten. Eine an die Versorgungsqualität angepasste Notenskala könnte wie folgt aussehen.

An die Versorgungsqualität angepasste Notenskala	
»sehr gut« (1)	Der Patient wurde vorbildlich versorgt, die Maßnahmen waren vollständig und korrekt umgesetzt.
»gut« (2)	Der Patient wurde angemessen versorgt, die Maßnahmen waren vollständig und korrekt umgesetzt.
»befriedigend« (3)	Der Patient wurde angemessen versorgt, die durchgeführten Maßnahmen waren weitestgehend vollständig und angebracht.
»ausreichend« (4)	Der Patient wurde weitestgehend angemessen versorgt, die durchgeführten Maßnahmen waren zwar lückenhaft/nicht angebracht, hatten jedoch keine Schädigung des Patienten zur Folge.
»mangelhaft« (5)	Der Patient wurde nicht angemessen versorgt, die durchgeführten Maßnahmen waren lückenhaft/nicht angebracht und hatten eine Schädigung des Patienten zur Folge.
»ungenügend« (6)	Der Patient wurde unangemessen versorgt, selbst die durchgeführten Basismaßnahmen waren lückenhaft/nicht angebracht. Der Patient wurde nachhaltig geschädigt.

Für eine faire Notenfindung bedarf es ergänzend zu der Beschreibung noch einer Festlegung über die Maßnahmen, die zwingend zur Bearbeitung der Aufgabenstellung notwendig sind. Wie eingangs beschrieben hat die Prüfung am Ende der Ausbildung eine Berechtigungs- bzw. Selektionsfunktion. Aus diesem Grund ist es besonders wichtig, festzulegen, welche Leistung in einer Prüfung noch als »ausreichend« und welche Leistung mit »mangelhaft« oder schlechter zu bewerten ist. Ist die erbrachte Leistung nicht mehr »ausreichend«, hat dies ein Nichtbestehen der Prüfung zur Folge. Bei der Entscheidung, ob das Prüfungsziel erreicht wurde, ist es Aufgabe der Prüfungskommission, eine Gesamtschau der Leistungen des Prüflings vorzunehmen. Dabei kommt der Beurteilung des Lehrgangsleiters eine besondere Bedeutung zu. Nur der Lehrgangsleiter ist in der Lage, ergänzend zu der Momentaufnahme innerhalb der Prüfung, die Leistungen über den Zeitraum der Ausbildung zu bewerten. In Grenzfällen kann die Einschätzung des Lehrgangsleiters bei der Notenfindung hilfreich sein.

Neben der Abschlussprüfung am Ende der Ausbildung dienen Zwischenprüfungen während des Lehrgangs dem Schüler und dem Lehrer zur Ermittlung des Lernstandes. Die Ergebnisse sind Hinweis auf Lerndefizite und helfen dem Schüler bei der Einschätzung der eigenen Leistung. Der Lehrkraft bieten sie die Möglichkeit, auf Lücken gezielt einzugehen. Regelmäßige Leistungskontrollen simulieren die Prüfungssituation im gefahrlosen Raum und helfen damit Prüfungsängste abzubauen. Leistungskontrollen haben zusätzlich zu ihrer Berichtsfunktion auch eine Motivations- und Disziplinierungsfunktion.

Wahrnehmungs-, Beobachtungs- und Bewertungsfehler

Selbst dann, wenn die Kriterien zur Prüfungsbeurteilung nahezu optimal gestaltet sind, unterliegt jeder Prüfer einer Reihe von Wahrnehmungs-, Beobachtungs- und Bewertungsfehlern. Das Bewusstsein ob der Subjektivität der eigenen Wahrnehmung und Beobachtung kann helfen, Fehler bei der Bewertung zu vermeiden oder zumindest zu relativieren.

ROSENTHAL UND JACOBSEN (1968) konnten in Versuchen nachweisen, dass sich Schüler bei Lehrern, die zuvor eine bestimmte Erwartungshaltung gegenüber einem Schüler entwickelt hatten, im Laufe der Zeit entsprechend entwickelten. In einer Prüfung sind die Leistungen der ersten Prüflinge auffallend schlecht. Die Prüfer unterhalten sich und kommen zu dem Ergebnis, dass der Lehrgang wohl insgesamt sehr schlecht sei. Die nächsten Prüflinge erhalten »wie erwartet« ebenfalls schlechte Zensuren. Dieser als *Pygmalioneffekt* bezeichnete Umstand zeigt sehr eindrücklich, wie wichtig die Selbstreflexion der Prüfer ist. Bei der Notengebung sind es mitunter die Erwartungen und nicht die tatsächlichen Leistungen, die benotet werden. Dem Pygmalioneffekt sehr ähnlich ist der sogenannte *Halo-Effekt* oder auch *Hof-Effekt*. THORNDIKE beschreibt mit ihm einen Fehler, in dessen Zusammenhang ein beurteilungsfremdes Merkmal das eigentlich zu beurteilende Merkmal überstrahlt. Zum Beispiel kann innerhalb einer schriftlichen Prüfung ein leserliches Schriftbild die Notengebung positiv und ein unleserliches Schriftbild die Notengebung negativ beeinflussen. In die Reihe des Hof-Effektes gehört auch der Fehler des ersten Eindrucks, bei dem bereits in den ersten Sekunden einer Begegnung über die Leistungsbeurteilung entschieden wird. Tritt der Prüfling bei einer mündlichen Prüfung beispielsweise sehr selbstbewusst auf und hat ein ansprechendes Äußeres, kann dies die Notengebung, unabhängig von der Leistung, positiv beeinflussen. Es ist aber leider auch möglich, dass ein Prüfling, der stottert und unsicher ist, trotz vergleichbarer Leistungen schlechter beurteilt wird. Ebenso prägend wie der erste Eindruck ist der letzte Eindruck innerhalb einer Prüfung oder Sympathie bzw. Antipathie. Im Streben nach Objektivität kommt es nicht selten vor, dass Prüfer einem von den Normkriterien abweichenden Beurteilungsmuster folgen. Dies kann sich als *Strengefehler, Mildefehler* und als *Fehler der zentralen Tendenz* zeigen, nämlich dann, wenn die Prüfungsleistung mit besonderer Strenge, mit auffallender Milde oder mit der Tendenz zur Mitte beurteilt wird. In allen Fällen weicht die Zensur am Ende der Beurteilung von den tatsächlichen Leistungen ab. Die Beispiele machen deutlich, wie wichtig es ist, die Gütekriterien im Vorfeld einer Prüfung festzulegen. Nur dann, wenn der Lernhorizont zuvor festgelegt wurde, sind die Leistungen objektiv zu beurteilen. Zudem ist es hilfreich, die Beurteilung einer Leistung mehr als einem Prüfer zu überlassen. Wenn möglich sollten die Prüfer die Notenfindung zuerst ohne Rücksprache mit dem Mitprüfer durchführen. Nachdem die Notenfindung abgeschlossen ist, werden die Ergebnisse präsentiert und begründet. Erst danach findet der kritische Abgleich der Ergebnisse mit dem zuvor beschriebenen Lernhorizont statt. Sind die Prüfer dabei um Gerechtigkeit bemüht und sich ihrer eigenen Unzulänglichkeiten bewusst, steht einer annähernd fairen Leistungsbewertung nichts mehr im Wege. Wie in der Rechtsprechung gilt auch hier: Im Zweifel für den Angeklagten.

4.2.2 Praktische Umsetzung von handlungsorientierten Prüfungen

Felix Rauner beschreibt in seiner Abhandlung zum praktischen Wissen und beruflicher Handlungskompetenz, dass für die arbeitsorientierte Wende in der Didaktik der beruflichen Bildung berufliche Handlungssituationen Dreh- und Angelpunkte für die Gestaltung von Bildungsprozessen sind. Ist die berufliche Handlungssituation Grundlage für die Ausgestaltung von Bildungsprozessen, versteht es sich von selbst, dass sie ebenso Grundlage für die Ausgestaltung von Prüfungen ist. Konkret bedeutet dies, dass die Prüfungen ein Abbild der späteren beruflichen Tätigkeit sein müssen.

Erinnern wir uns an den Einstieg in dieses Kapitel – »Non scholae, sed vitae discimus« (»Nicht für die Schule, sondern für das Leben lernen wir«). Das Zitat beschreibt die Mindestanforderung an die Ausbildung und damit auch an die Prüfung. Wie dies praktisch umzusetzen ist, wird nachfolgend beschrieben. Zur Verdeutlichung dienen Beispiele von herkömmlichen Prüfungsgestaltungen im Gegensatz zu handlungsorientierten Ansätzen.

Schriftliche Prüfungen

Die schriftliche Prüfung ist sicherlich die größte Herausforderung beim Erstellen einer handlungsorientierten Prüfung. Betrachtet man schriftliche Prüfungen, so fällt auf, dass in der Regel Wissen ohne Bezug zur praktischen Anwendung geprüft wird. Nicht selten werden beispielsweise Aufzählungen abgefragt.

Beispiel:

Nennen Sie die drei Schichten der Haut (3 Punkte):
- ▶ Epidermis – Oberhaut
- ▶ Dermis (Corium) – Lederhaut
- ▶ Subcutis – Unterhaut

Um die oben genannte Frage richtig beantworten zu können, muss der Prüfling Fakten auswendig lernen. Ein praktischer Bezug zur späteren Tätigkeit besteht nicht. Dabei ist es recht einfach, die Frage handlungsorientiert zu stellen und Transferwissen abzufragen.

Beispiel (handlungsorientiert):

Zur Beurteilung einer Verbrennung müssen Sie die Verbrennungstiefe abschätzen. Beschreiben Sie stichwortartig die verschiedenen Grade einer Verbrennung, die betroffenen Hautschichten und deren Leitsymptome (9 Punkte):
- ▶ Grad I   – Epidermis (Oberhaut) – Rötung, Schmerz
- ▶ Grad II – Dermis (Lederhaut) – Blasenbildung
- ▶ Grad III – Subcutis (Unterhaut) – trockener weiß/grauer Wundgrund, keine Schmerzen

Auch in dieser Frage geht es um die drei Schichten der Haut. Im Vergleich zur »klassischen« Fragestellung wird hier allerdings neben den Hautschichten auch handlungsrelevantes Wissen aus der Praxis geprüft. Auch wenn ein Prüfling die Hautschichten nicht nennen kann, ist es ihm doch möglich, Punkte für die Verbrennungsgrade und die wichtigen Symptome zu erhalten. Zwar ist das Gesamtergebnis dann nicht mehr gut bzw. sehr gut, aber doch mindestens befriedigend. Die Zielsetzung, in einer Prüfung praxisrelevantes Wissen abzufragen, ist in jedem Fall erreicht. Neben Aufzählungen findet man in Prüfungen auch häufig die Frage nach Definitionen.

Beispiel:

Beschreiben Sie den physikalischen Vorgang der Diffusion (4 Punkte):
- ▶ Unter Diffusion versteht man die gleichmäßige Verteilung eines Stoffes aufgrund der Braunschen Molekularbewegung. Dabei verteilt sich der Stoff vom Ort der hohen Konzentration entlang dem Konzentrationsgefälle zum Ort der niedrigen Konzentration bis zum Konzentrationsausgleich.

Auch in dieser Frage wird Wissen ohne praktischen Zusammenhang geprüft. Dabei ist es denkbar einfach, die Frage handlungsrelevant anzulegen:

Beispiel (handlungsorientiert):

Beschreiben Sie anhand eines notfallrelevanten Beispiels eine Diffusionsstörung und in diesem Zusammenhang eine geeignete therapeutische Erstmaßnahme des Rettungsdienstes (4 Punkte):

▶ Bei einem Lungenödem kommt es durch Flüssigkeitsaustritt in die Alveolen zu einer Verlängerung der Diffusionsstrecke und damit zu einer Hypoxie (Sauerstoffmangel). Erhöht man durch massive Sauerstoffgabe (z.B. 12 Liter/Min. über Sauerstoffmaske mit Beutel) die Konzentration des Sauerstoffs, kann dieser aufgrund des größeren Konzentrationsgefälles leichter diffundieren.

Dieses Beispiel zeigt deutlich, dass handlungsrelevante Fragen nicht grundsätzlich leichter zu beantworten sind. Durch die Art der Fragestellung muss der Prüfling vorhandenes Wissen aus verschiedenen Bereichen sicher anwenden können. In diesem Zusammenhang spricht man auch vom sogenannten Transferwissen.

Bei den oben beschriebenen Fragen handelt es sich um sogenannte offene Fragen. Offene Fragen geben dem Prüfling die Möglichkeit, die Antwort in seinen eigenen Worten zu formulieren. Für den Prüfer ist es nicht immer einfach, die komplexen Antworten objektiv zu beurteilen. Bei Multiple-Choice-Fragen ist dies für den Prüfer deutlich einfacher. Durch die Vorgabe von Antwortmöglichkeiten lässt sich die Prüfung schnell und objektiv auswerten.

Beispiel:

Welche der nachfolgenden Definitionen des Polytraumas nach Miles ist richtig? (2 Punkte)

a. gleichzeitig entstandene Verletzung von zwei oder mehreren Körperregionen oder Organsystemen, wobei mindestens eine Verletzung oder die Kombination mehrerer lebensbedrohlich ist
b. gleichzeitig entstandene Verletzung einer oder mehrerer Körperregionen oder Organsysteme, wobei mindestens eine Verletzung oder die Kombination mehrerer lebensbedrohlich ist
c. Verletzungen von zwei oder mehreren Körperregionen oder Organsystemen, wobei mindestens eine Verletzung oder die Kombination mehrerer lebensbedrohlich ist
d. mehr als eine Verletzung, die in der Kombination lebensbedrohlich ist.

Auch dieses Beispiel lässt sich handlungsrelevanter gestalten.

Beispiel (handlungsorientiert):

Bei einem Verkehrsunfall wird der Fahrer eines Pkw verletzt. Bei welchem der nachfolgenden Verletzungsmuster handelt es sich um ein Polytrauma? (2 Punkte)

a. Der Patient hat ein isoliertes schweres Schädel-Hirn-Trauma und ist bewusstlos.
b. Der Patient hat diverse Prellungen und eine Reihe von Schnittwunden, ist allerdings vital nicht gefährdet.
c. Der Patient hat eine Beckenfraktur und mehrere kleine Schnittwunden und Prellungen am ganzen Körper.
d. Der Patient hat diverse Schnittwunden an den Beinen und verliert hierüber große Mengen (> 1,5 Liter) Blut.

Zur Beantwortung der Frage muss der Prüfling neben der Definition auch die Verletzungsmuster hinsichtlich ihrer vitalen Gefährdung einschätzen können. Der Einwand, dass Multiple-Choice-Fragen in der Regel leichter zu beantworten sind als offene Fragen, trifft sicherlich nicht zu. Nutzt man beispielsweise die Möglichkeit des sogenannten Multiantwortverfahrens, werden die Fragen schnell sehr anspruchsvoll.

Beispiel (handlungsorientiert):

Welche der nachfolgenden Aussagen zum Thema Extrasystolen im EKG sind richtig? (2 Punkte)

1. Extrasystolen im EKG sind immer als lebensbedrohlich einzuschätzen und machen das Nachfordern des Notarztes notwendig.
2. VES (ventrikuläre Extrasystolen) unterscheiden sich von sVES (supraventrikulären Extrasystolen) durch das Fehlen der P-Welle und einen vom Sinusrhythmus abweichenden QRS-Komplex.
3. Extrasystolen sind umso gefährlicher, je häufiger sie vorkommen, je näher sie der T-Welle sind (R-auf-T-Phänomen) und je unterschiedlicher sie aussehen.
4. Folgen einer normalen Systole mehrere Extrasystolen (Salven), kann dies zu einem lebensbedrohlichen Kammerflimmern führen.
a. Antwort 1, 3 und 4 sind richtig.
b. Antwort 2, 3 und 4 sind richtig.
c. Antwort 2 und 4 sind richtig.
d. Alle Antworten sind richtig.

Bei der Beantwortung der im obigen Beispiel genannten Frage muss der Prüfling über weitreichendes Wissen zum Thema Extrasystolen verfügen. Ist das Wissen zwar ausgeprägt, weist allerdings Lücken in Teilbereichen auf, ist die richtige Beantwortung dem Zufall überlassen. In der Konsequenz bedeutet dies, dass nur sehr gute Schüler in der Lage sind, die Frage richtig zu beantworten. Auch werden Schüler benachteiligt, die Sprach- und Leseprobleme aufweisen. Möchte man die Nachteile abfangen, ist eine durchdachte Mischung aus leichten, mittelschweren und schweren Fragen notwendig. Für den Prüfer bedeutet dies, dass das Erstellen von ausgewogenen Multiple-Choice-Prüfungen im Gegensatz zu Prüfungen mit ausschließlich offenen Fragen sehr aufwendig ist.

Zu empfehlen ist eine Mischung aus offenen und geschlossenen Fragen.

Beispiel (handlungsorientiert):

Sie erhalten um 4.00 Uhr folgende Einsatzmeldung: »Fahren Sie mit Sonderrechten, Falkenweg 3, bei Meier, Patient mit retrosternalen Brustschmerzen, Notarzt ist angefordert.«

Frage 1

Welche der nachfolgenden Aussagen zum Thema Sonder- und Wegerechte sind richtig?
(2 Punkte)

1. Sonderrechte dürfen nur dann in Anspruch genommen werden, wenn blaues Blinklicht zusammen mit dem Einsatzhorn genutzt wird.
2. Das Wegerecht verpflichtet die übrigen Verkehrsteilnehmer dazu, den Einsatzfahrzeugen umgehend freie Bahn zu schaffen.
3. Sonderrechte dürfen vom Rettungsdienst nur dann in Anspruch genommen werden, wenn Eile geboten ist und es gilt, Menschenleben zu retten oder schwere gesundheitliche Schäden abzuwenden.
4. Beim Patiententransport von der Einsatzstelle in die Klinik entscheidet die Leitstelle über den Einsatz der Sonderrechte.
a. Antwort 1, 2 und 3 ist richtig.
b. Antwort 2, 3 und 4 ist richtig.
c. Antwort 2 und 3 ist richtig.
d. Alle Antworten sind richtig.

An der Einsatzstelle angekommen liegt der 53-jährige Patient mit starken Brustschmerzen, kaltschweißig und einer ausgeprägten Atemnot in seinem Bett. Aufgrund der Atemnot entscheiden Sie sich dafür, Ihren Patienten in einer aufrechten Sitzposition zu lagern.

Frage 2

Beschreiben Sie, warum die von Ihnen gewählte Lagerung bei einer Atemnot hilfreich ist.
(2 Punkte)

▶ Bei sitzenden Patienten drücken die Bauchorgane aufgrund ihres Eigengewichts nach unten. Das Zwerchfell, als Hauptatemmuskel, wird entlastet und kann sich dadurch einfacher bewegen – die Atmung wird erleichtert.

Frage 3

Sie entschließen sich, dem Patienten zusätzlich Sauerstoff über eine Sauerstoffmaske mit Reservoirsystem zu verabreichen. Den Sauerstoff-Flow stellen Sie auf 15 Liter pro Minute, die 2-Liter-Sauerstoff-Flasche hat einen Restdruck von 150 Bar. Für wie viele Minuten ist der Sauerstoff ausreichend? (2 Punkte)

a. 5 Minuten
b. 10 Minuten
c. 20 Minuten
d. 30 Minuten

Frage 4
Aufgrund Ihrer Verdachtsdiagnose entscheiden Sie sich zur Gabe von 2 Hüben Nitrospray. Mit welchen Komplikationen müssen Sie rechnen? (2 Punkte)
a. Blutdruckabfall
b. Kopfschmerzen
c. Blutdruckanstieg
d. Übelkeit

Frage 5
Beschreiben Sie den pathophysiologischen Unterschied zwischen einem Angina-pectoris-Anfall und einem Herzinfarkt. (2 Punkte)
▶   Bei einem Angina-pectoris-Anfall kommt es zu einer vorübergehenden Hypoxie am Herzmuskel. Der Herzmuskel wird nicht geschädigt. Bei einem Herzinfarkt kommt es bedingt durch die Hypoxie zum Absterben von Herzmuskelgewebe.

Am Ende einer Prüfung steht die Auswertung und Beurteilung der erbrachten Prüfungsleistung. Die Gretchenfrage besteht nun darin, nach welchem Maßstab die Prüfung benotet wird. Bei der Bewertung von schriftlichen Prüfungen wird in der Regel der IHK-Notenschlüssel zugrunde gelegt.

IHK-Notenschlüssel:		
100 – 92%	= sehr gut	10 – 9 Punkte
unter 92 – 81%	= gut	unter 9 – 8 Punkte
unter 81 – 67%	= befriedigend	unter 8 – 7 Punkte
unter 67 – 50%	= ausreichend	unter 7 – 5 Punkte
unter 50 – 30%	= mangelhaft	unter 5 – 3 Punkte
unter 30- 0%	= ungenügend	unter 3 – 0 Punkte

Mit Hilfe des Schlüssels ist es auch möglich, die oben angeführten fünf Beispielfragen auszuwerten und dem Ergebnis eine Note zuzuweisen. Auf den ersten Blick ein sehr transparentes Verfahren zur Notenfindung. Interessant ist in diesem Zusammenhang, ob die erzielten Noten tatsächlich die gewünschten Kompetenzen der Prüflinge abfragen und ob die Ergebnisse deren tatsächlichen Leistungsstand widerspiegeln. Einen wesentlichen Einfluss auf das Ergebnis bei schriftlichen Prüfungen hat die Punktevergabe und damit die Gewichtung der einzelnen Fragen.

Beispiel:

Ein Prüfling hat die Fragen 1 und 3 nicht richtig beantwortet und dafür je 0 Punkte erhalten. Die Frage 2 war teilweise richtig und wurde mit 1 Punkt bewertet. Die anderen Fragen wurden richtig beantwortet. Für die erbrachte Leistung erhält der Prüfling mit 5 Punkten die Note »ausreichend«, d.h. er hat die Prüfung bestanden. In der Frage 1 wird nach den Rahmenbedingungen zur sicheren Anwendung von Sonder- und Wegerechten gefragt, in der Frage 3 nach der vorausschauenden Berechnung des Sauerstoffverbrauchs. Obwohl es sich hierbei um Kernkompetenzen im Rettungsdienst handelt, konnte die Prüfung auch ohne eine korrekte Antwort bestanden werden. Dies verdeutlicht die Problematik bei der Bewertung von Prüfungen. Eine mögliche Lösung des Dilemmas besteht darin, Fragen, die Kernkompetenzen prüfen, mit einer höheren Punktzahl zu bewerten, und Fragen, die erweitertes Wissen prüfen, mit weniger Punkten zu belohnen. Dies widerspricht der häufig anzutreffenden Praxis, dass schwere Fragen auch mit vielen Punkten bewertet werden müssen.

Frage 1 (3 Punkte)
Frage 2 (1 Punkt)
Frage 3 (3 Punkte)
Frage 4 (2 Punkte)
Frage 5 (1 Punkt)

Mit der gleichen Leistung erhält der Prüfling jetzt mit 3,5 Punkten die Note »mangelhaft« und besteht die Prüfung nicht.

Die Frage, ob dieses Ergebnis gerechter ist, kann durchaus kontrovers diskutiert werden. Es macht aber deutlich, wie wichtig es ist, die Kriterien zur Beurteilung einer Prüfungsleistung im Vorfeld zu prüfen. Am besten gelingt dies, wenn es in einem Lehrerkollegium geschieht, in dem Klassenlehrer und Fachreferenten vertreten sind. Bei einem zentral gestellten Staatsexamen ist der Einfluss einzelner Lehrkräfte auf die Prüfung in der Regel gering.

Um sich ein Bild von den Leistungen des Prüflings am Ende einer Ausbildung zu machen, ist die Beantwortung von lediglich fünf Fragen selbstverständlich nicht ausreichend. Die gestellten Fragen müssen schließlich das gesamte Spektrum der notwendigen Kompetenzen prüfen. Ein weiteres Problem bei einer kleinen Anzahl von Fragen besteht darin, dass die Beantwortung einer einzelnen Frage sehr große Auswirkungen auf das erzielte Gesamtergebnis hat. Das Vorgehen bei der Ausgestaltung der Prüfung unterscheidet sich aber nicht und muss bei 50 Fragen ebenso sorgfältig durchdacht werden wie bei fünf Fragen.

Selbst bei einer gut durchdachten und sorgfältig ausgearbeiteten Prüfung kann es vorkommen, dass die erzielten Ergebnisse deutlich von den Erwartungen abweichen. Kann zum Beispiel eine vermeintlich leichte Frage von kaum einem Schüler richtig beantwortet werden, liegt der Verdacht nahe, dass die Vorbereitung und damit der Unterricht Mängel hatte und die richtige Beantwortung der Frage den Schülern damit praktisch gar nicht möglich war. In diesem Fall ist es aus pädagogischer Sicht durchaus zu vertreten, die Gewichtung der Frage im Nachhinein anzupassen. Konkret bedeutet dies, die Frage entweder gänzlich zu streichen oder die Punktevergabe zu ändern. In beiden Fällen hat dies eine Anpassung der Notenskala zur Folge. Während Anpassungen bei regelmäßigen Leistungskontrollen einfach durchführbar sind, entziehen sich Abschlussprüfungen, insbesondere bei zentral gestellten Staatsexamen, diesem Korrekturwerkzeug. Auch kann es vorkommen, dass eine Prüfung unverhältnismäßig gut bzw. unverhältnismäßig schlecht ausfällt. Auch hier ist eine Anpassung der gewählten Notenskala denkbar. Es besteht allerdings die Gefahr, dass die zuvor festgelegten Bezugsgrößen so lange angepasst werden, bis die Ergebnisse den Erwartungen entsprechen.

Anforderungen an eine schriftliche handlungsorientierte Prüfung:

▶ Handlungsbezug zur späteren Tätigkeit

▶ Mischung verschiedener Fragetypen (Multiple-Choice- und offene Fragen)

▶ ausgewogenes Verhältnis von leichten, mittelschweren und schweren Fragen

▶ durchdachte Punktevergabe und Bewertung

▶ ausreichende Menge an zu beantwortenden Fragen.

Mündliche Prüfungen

Richtig durchgeführt ist eine mündliche Prüfung hervorragend geeignet, um sich ein umfassendes Bild von den Leistungen des Prüflings zu machen. Wie bereits mehrfach erwähnt, muss im Vorfeld einer Prüfung der Lernhorizont festgelegt werden. Mit dessen Hilfe lassen sich die Leistungen der Prüflinge leichter bewerten und die Prüfungen bieten vergleichbare Voraussetzungen. Eine mündliche Prüfung ist selbstverständlich auch handlungsorientiert zu gestalten.

Rahmenbedingungen: »Asthmaanfall I«:

Prüfungszeitraum: max. 15 Minuten

	Informationen für den Prüfling	Mögliche Fragen, Lernhorizont	Anmerkungen
Einstieg:			
+	Sie erhalten nachfolgende Einsatzmeldung: »Fahren Sie mit Sonderrechten, Bahnhofstr. 45, Patient mit akuter Atemnot«	Beschreiben Sie, welches Material Sie mit zu Ihrem Patienten nehmen und warum Sie sich dafür entscheiden. → Komplett (Notfallkoffer, O_2, EKG, Absaugeinheit) → Bei der Notfallmeldung »akute Atemnot« handelt es sich um eine Störung einer Vitalfunktion. Grundsätzlich ist eine Störung der Vitalfunktionen lebensbedrohlich und erfordert somit die komplette Notfallausrüstung.	

+	Am Einsatzort finden Sie nachfolgende Situation vor: Der Patient liegt blass-zyanotisch im Bett und klagt über massive Atemnot. Auf Nachfragen des Prüflings: → pfeifendes Ausatemgeräusch, verlängertes Exspirium → Puls 120/Min., regelmäßig, gut tastbar → RR 140/80 mmHg → bekannte Atemprobleme, Medikament liegt in der Küche (Berodual-Spray)	Beschreiben Sie Ihre diagnostischen und die ersten therapeutischen Maßnahmen. → Anamneseerhebung (Verdachtsdiagnose akuter Asthmaanfall) → Beruhigung (Atemanleitung, Lippenbremse) → Lagerung (Oberkörper erhöht) → Sauerstoffgabe (Maske mit Reservoir und einem Flow von min. 12 l/Min.) → Puls, RR, Auskultation → Notarzt nachfordern

Ursachen und Pathophysiologie:

++	Welche Ursachen können einen Asthmaanfall auslösen? → Allergien, Infektionen, idiopathisch
+	Erläutern Sie die pathophysiologischen Vorgänge bei einem Asthmaanfall. → Asthmatrias (Hypersekretion, Bronchospasmus, Schleimhautödem)
+++	Beschreiben Sie, warum Atemanleitung und Lippenbremse die Atemsituation verbessern können. → Aufgrund der Verengung im Bereich der Bronchiolen kann die eingeatmete Luft nur unzureichend abgeatmet werden. Durch das langsame Ausatmen gegen einen Widerstand werden die geblähten Alveolen entlastet und die Atemsituation kann sich verbessern.
+++	Beschreiben Sie, warum es bei einem langjährigen Asthmatiker (COPD) zu einer bedrohlichen Abnahme der Atemfrequenz kommen könnte. → Durch den ständig erhöhten CO_2-Partialdruck im Blut orientiert sich das Atemzentrum über die Jahre mehr und mehr am O_2-Partialdruck. Infolge einer Sauerstoffgabe kann es aus diesem Grund zur Abnahme der Atemfrequenz kommen.

Erweiterte Maßnahmen:		
+		Welche Materialien müssen Sie für das Legen eines periphervenösen Zugangs bereitstellen? → Staumanschette, Hautdesinfektion, Tupfer, Venenverweilkanüle, Abwurfbehälter, vorbereitete Infusion, Fixiermaterial
++	Der Zustand des Patienten verbessert sich nach den Basismaßnahmen nicht. Sie entschließen sich zur Gabe eines Dosieraerosols.	Welches Aerosol ist bei der Verdachtsdiagnose Asthmaanfall geeignet und wie wirkt das Medikament? → Berotec-Spray (Fenoterol), Erweiterung der Bronchien durch Wirkung an den ß$_2$-Rezeptoren
+++		Beschreiben Sie, warum Berotec-Spray in hoher Dosierung tokolytisch wirkt. → An der Uterusmuskulatur befinden sich ebenfalls ß$_2$-Rezeptoren, diese wirken entspannend auf die Muskulatur.
++		Beschreiben Sie die rechtliche Problematik bei der Gabe von Medikamenten durch den Rettungsassistenten und nehmen Sie dazu Stellung. → Grundsätzlich steht die Medikamentengabe unter dem Arztvorbehalt. Eine Gabe ist dann möglich, wenn die Basismaßnahmen erfolglos waren, ein Arzt zeitnah nicht zur Verfügung steht, die Maßnahme beherrscht wird und der Patient der Gabe zustimmt. Rechtlich begründen lässt sich die Gabe durch den sogenannten rechtfertigenden Notstand.
+ = Grundkenntnisse, ++ = Erweiterte Grundkenntnisse, +++ = Transfer- und Ergänzungswissen		

ABB. 38 ▶ Beispiel für eine mündliche handlungsorientierte Prüfung

Das Beispiel in Abb. 38 zeigt eine sehr aufwendige Gestaltung einer mündlichen Prüfung. Diese ist besonders für unerfahrene Prüfer geeignet, die sich noch mit den Prüfungsmodalitäten vertraut machen müssen. Die Fragen sind als Vorschläge formuliert und erlauben dem Prüfer eine freie Gestaltung des Prüfungsablaufs. Die Unterteilung der Fragen in verschiedene Niveauklassen erleichtert es dem Prüfer, eine gerechte Note zu finden. Das gleiche Fallbeispiel lässt sich mit den unterschiedlichsten Fragen kombinieren. Mit einem Fundus von 40 bis 50 Fallbeispielen ist ein Staatsexamen auf diese Weise problemlos zu gestalten. Verfügen die Prüfer über größere Erfahrung, lässt sich die mündliche Prüfung auch mit weniger Aufwand gestalten. Weniger Vorgaben bedeuten allerdings auch immer die Gefahr geringerer Objektivität und Reliabilität.

Rahmenbedingungen: »Kardiales Lungenödem I«

Prüfungszeitraum: max. 15 Minuten
Nennen Sie dem Prüfling das Notfallbild und bitten Sie ihn, zu Ursachen, Symptomen und Maßnahmen zu referieren.

Ursachen:

Infolge einer Linksherzinsuffizienz kommt es zu einem Rückstau vor dem linken Herzen. Die Druckzunahme in den Lungenvenen führt zu einem Übertritt von Flüssigkeit in die Alveolen und damit zu einem Ödem. Auslöser für ein kardiales Lungenödem ist eine Insuffizienz des linken Herzens infolge eines akuten Herzinfarktes oder als Dekompensationserscheinung einer Herzschwäche im Alter.

Symptome:

akute Atemnot, rasselnd-brodelnde Atemgeräusche, Blässe, Zyanose, Angst

Maßnahmen:

Beruhigung, Lagerung in sitzender Position, Beine wenn möglich herabhängend, Sauerstoffgabe über Maske und Reservoir mit einem maximalen Flow, medikamentöse Vorlastsenkung mit Nitro, Lasix oder – bei Symptomen eines Infarktes – mit Morphin.

ABB. 39 ▶ Beispiel für eine Prüfungsbeschreibung »Kardiales Lungenödem«

Ausgehend von der knappen Prüfungsbeschreibung entwickeln die Prüfer das Prüfungsgespräch. Unabhängig von den Vorgaben ist das Prüfungsverhalten der Prüfer ein entscheidender Faktor für eine professionelle Prüfung. Leider beobachtet man besonders im Rahmen von mündlichen Prüfungen häufig ein Fehlverhalten von Prüfern.

Anforderungen an eine mündliche handlungsorientierte Prüfung:
▶ Handlungsbezug zur späteren Tätigkeit
▶ sich voll auf den Prüfling konzentrieren
▶ aktives Zuhören
▶ mit den Stärken beginnen
▶ unvollständige Beiträge ergänzen lassen
▶ unverständliche Ausführungen erläutern lassen
▶ das Niveau der Fragen dem Prüfling anpassen
▶ auf mögliche Beurteilungsfehler achten.

Praktische Prüfungen

Eine praktische Prüfung ist von Natur aus handlungsorientiert – umso mehr, wenn es sich dabei um ein Fallbeispiel handelt, das die Prüflinge im Team bearbeiten müssen. Auch hier gilt, dass die Prüfungsvorgaben möglichst eindeutig sein müssen, um die Prüfungen miteinander vergleichbar zu machen. Ein besonders positives Beispiel ist mir im Rahmen meiner Tätigkeit als ITLS-Instruktor begegnet. Die ausführlichen Beschreibungen des zu bearbeitenden Szenarios sind ein Garant für einheitliche Rahmenbedingungen und damit für Objektivität und Reliabilität der Prüfungen.

Praktische handlungsorientierte Prüfung (Beispiel)	
Setting	Ein Fahrradfahrer wird von einem Lkw mit voller Geschwindigkeit von der Fahrbahn geschleudert. Der Fahrradfahrer fliegt mehrere Meter weit in die angrenzende Wiese.
SAMPLE	S – »Die Schmerzen im Brustbereich und im rechten Oberschenkel sind unerträglich.« A – keine M – keine P – keine L – vor knapp 2 Stunden E – »Ich kann mich an den Sturz nicht mehr erinnern.«
Verletzungen	1. HWS-Fraktur, ohne Beteiligung des Rückenmarks 2. loses Thoraxfragment rechts 3. frakturierter rechter Oberschenkel
Instruktion Patient	Der Patient ist wach und ansprechbar. Er gibt keine Schmerzen im Nackenbereich an. Erst bei Palpation lässt sich ein Hartspann tasten und der Patient äußert Schmerzen. Bei der Untersuchung des Thorax und des rechten Oberschenkels gibt der Patient stärkste Schmerzen an und stöhnt.
Prüferinformation:	
Beurteilung der Einsatzstelle	keine Gefahren, Mechanismus wie beschrieben, 1 Patient
Ersteinschätzung:	
Allgemeine Einschätzung	Patient mit potenziell lebensbedrohlichen Verletzungen
Bewusstseinszustand	ansprechbar, begrenzt orientiert
Atemwege	frei und offen
Atmung – Instruktion Atmung	schnelle, flache Atmung mit erhöhter Atemfrequenz – assistierte Beatmung mit maximalem Flow Sauerstoff

Zirkulation:	
Puls	schnell, schwach, nur am Handgelenk tastbar
Blutungen	keine äußeren Blutungen erkennbar
Hautfarbe, -zustand und -temperatur	feucht, kalt und blass
Entscheidung	Schnelle Trauma-Untersuchung (STU) erforderlich
Schnelle Trauma-Untersuchung (STU):	
Kopf	keine
Hals/Nacken	schmerzhaft bei Palpation
Trachea	mittig
Halsvenen	flach
Thorax:	
Sehen	paradoxe Atembewegung – rechts bewegt sich der Thorax asynchron zur Atmung
Hören	abgeschwächtes Atemgeräusch rechts, Herztöne normal
Perkussion	ohne Befund
Abdomen	ohne Befund
Becken	stabil, ohne Befund
Oberschenkel	rechts instabil, Krepitation – links stabil, ohne Befund
Rücken	ohne Befund
Maßnahmen	1. schneller Transport ohne Verzögerung 2. Stabilisierung des losen Rippenfragments 3. Schienung der HWS 4. Fixierung auf dem Spineboard 5. im Fahrzeug 2 x i.v.-Zugänge
Vitalzeichen	Puls 130, regelmäßig, schwach tastbar, AF 36, Haut blass, kühl und feucht – Schock
Regelmäßige Verlaufskontrolle im Fahrzeug:	
Patientenbefragung	Die Schmerzen im rechten Thorax sind nach der Stabilisierung erträglich, die Atmung fällt leichter, die Schmerzen im rechten Oberschenkel sind unverändert.
Bewusstsein	unverändert
Pupillen	isokor, lichtreaktiv
Motorik	unverändert
Sensibilität	unverändert
GCS	15
Atemwege	frei
Atmung	ausreichend
Zirkulation	RR 90/60, Puls 130, Haut blass, kalt und feucht – Schock
Hals	unverändert
Trachea	mittig
Halsvenen	flach
Thorax	unverändert
Abdomen	ohne Befund

ABB. 40 ▶ Beispiel für eine praktische handlungsorientierte Prüfung

Quelle: Instruktorenhandbuch ITLS

Das beschriebene Fallbeispiel setzt voraus, dass die Prüflinge bereits während der Ausbildung mit Hilfe des Algorithmus geschult worden sind. War dies nicht der Fall, ist eine praktische Prüfung mit den stringenten Vorgaben in unserem Beispiel nicht durchzuführen.

Für die Praxis bedeutet dies, dass praktische Prüfungen umso leichter zu bewerten sind, je klarer die Vorgaben für das korrekte Abarbeiten sind. Fehlen die Vorgaben, ist die Notenfindung für die Prüfer schwierig. Als Mindestvoraussetzung muss in diesen Fällen der für die Ausbildung verantwortliche Dozent bei der Prüfung anwesend sein. Nur er kann Auskunft über den Erwartungshorizont geben und beurteilen, ob die Leistungen den in der Vorbereitung vermittelten Fähigkeiten und Fertigkeiten entsprechen. Unabhängig davon müssen im Vorfeld die Kriterien definiert werden, die zum Bestehen oder Nichtbestehen einer Prüfung führen können (vergleiche hierzu Abschnitt »Bewertungen einer Prüfung«).

Ebenso wie für die mündliche Prüfung gelten für die praktische Prüfung Regeln für das Verhalten der Prüfer. Diese müssen im Vorfeld einer Prüfung verbindlich mit allen Beteiligten abgestimmt werden. Da auch in einem sehr realistisch dargestellten Fallbeispiel Untersuchungsbefunde oder Symptome nur begrenzt durch den Mimen oder den Simulationstrainer darzustellen sind, müssen die Spielregeln mit den Prüflingen im Vorfeld klar vereinbart sein. Am besten geschieht dies nicht erst am Tag der Prüfung, sondern ist fester Bestandteil während der Praxiseinheiten im Unterricht. Hier haben die Teilnehmer Gelegenheit, mit dem Setting einer Fallsimulation vertraut zu werden und die Grenzen der Darstellung kennenzulernen.

Spielregeln für Fallsimulationen:

1. Untersuchungen und Messwerte werden am Mimen immer korrekt erhoben. Danach werden diese den Prüfern laut mitgeteilt. Die Prüfer nennen die für das Fallbeispiel angenommenen Untersuchungsergebnisse bzw. Messwerte (z.B. Prüfling »Blutdruck 125/70 mmHg« → Prüfer »Blutdruck ist 90/60 mmHg«, Prüfling »Puls 90/Min., regelmäßig, gut tastbar« → Prüfer »Puls 130/Min., regelmäßig, schlecht tastbar, Prüfling »Pupillen isokor und lichtreaktiv« → Prüfer »Befund wie erhoben«, Prüfling »Thorax stabil« → Prüfer »Thorax rechtsseitig instabil, Krepitation, loses Rippenfragment bewegt sich asynchron zur Atmung«, Prüfling »Hauttemperatur normal« → Prüfer »Hauttemperatur deutlich erwärmt, die Haut ist auffallend rötlich und schweißig«). Werden Ergebnisse nicht laut genannt, gelten sie als nicht mitgeteilt.

2. Zustandsveränderungen werden durch den Prüfer laut und deutlich angesagt (z.B. Prüfer »Nach der Sauerstoffgabe verbessert sich die Atemsituation des Patienten, die Zyanose verschwindet zusehends«, Prüfer »Die Atmung des Patienten wird zunehmend schlechter, die Atemfrequenz fällt auf 6 pro Minute«, Prüfer »Nach der Ruhigstellung der Extremität sind die Schmerzen erträglich«, Prüfer »Der Patient trübt zusehends ein«).

3. Messwerte und Untersuchungen, die nicht erhoben oder durchgeführt worden sind, werden auch nicht genannt.

4. Die Fallsimulation wird nicht unterbrochen, die Situation wird mit den Gegebenheiten weitergespielt (z.B. defektes oder fehlendes Material, fehlerhafte Behandlung, falsche Angaben des Mimen). Ein Abbruch durch die Prüflinge wird unabhängig von den bereits durchgeführten Maßnahmen mit »ungenügend« bewertet.

5. Zwischenfälle können durch den Trainer eingespielt werden und erfordern ein sofortiges Handeln des Teams (z.B. Prüfer »Der gelegte Zugang läuft nicht«, Prüfer »Die Beatmung ist nicht möglich«, Prüfer »Der Patient erbricht schwallartig«, Prüfer »Der Patient beginnt zu krampfen«).

Die Beispiele machen deutlich, wie wichtig die vorherigen Absprachen für den Verlauf der Fallsimulation sind. Nur dann, wenn die Spielregeln für alle Beteiligten klar geregelt sind, kann sich das Team auf die eigentlichen Maßnahmen konzentrieren. Bestehen Missverständnisse in den Absprachen, kommt die Fallsimulation ins Stocken. Insbesondere bei Prüfungen fällt dann eine gerechte Benotung überaus schwer.

Ein Fallbeispiel beginnt immer mit einer Erläuterung der Rahmenbedingungen. Die Rahmenbedingungen beschreiben für das Fallbeispiel notwendige Informationen. In diesem Zusammenhang kann es hilfreich sein, ein Bild der Unfall- bzw. Notfallsituation als Einstieg zu zeigen.

Beispiel:

Als Einstieg in ein Szenario »Unfall auf einer Baustelle« erhalten die Prüflinge ein Bild von der Unfallsituation gezeigt. Auf ihm erläutert der Prüfer, wie sich die Situation vor Ort darstellt oder aus welcher Höhe der Patient gestürzt ist. Auch die Wettersituation oder mögliche Gefahrenquellen können aus den Informationen des Bildes gewonnen werden.

In der Einstiegssituation können die Prüflinge Fragen zu dem Fallbeispiel stellen. Dies gibt ihnen noch einmal Gelegenheit, sich zu sammeln und sich kurz über die ersten Maßnahmen im Team abzustimmen. In dieser Phase hat der Prüfer die Chance, auf das Team beruhigend einzuwirken und einen guten Einstieg in das Fallbeispiel zu gestalten.

Beispiel:

- ▶ Sind Einsatzkräfte vor Ort oder bereits nachgefordert?
- ▶ Besteht für das Team ein Risiko – Stichwort Eigenschutz?
- ▶ Sind außer dem Patienten noch weitere Verletzte bzw. Erkrankte behandlungsbedürftig?

Nach dem Einstieg beginnt das Fallbeispiel, das bis zu seinem Ende nicht mehr unterbrochen wird. Ergänzende Fragestellungen am Ende einer Prüfung sind nur dann zulässig, wenn sie dazu beitragen, problematische Entscheidungen des Teams zu klären – aber auch nur dann, wenn dadurch die Notengebung positiv beeinflusst werden kann. Erkennt ein Prüfling bei der Frage einen Fehler und korrigiert diesen, muss dies auch zu einer Verbesserung der Leistungsbewertung führen. Unterbleibt dies, kann auf die Frage verzichtet werden. In keinem Fall sollte eine praktische Prüfung in eine mündliche Befragung übergehen. Die Note beurteilt die Fertigkeiten und Maßnahmen des Teams und nicht die kognitiven Fähigkeiten.

Anforderungen an eine praktische handlungsorientierte Prüfung:
▶ logische und realistische Fallbeispiele
▶ im Vorfeld klare Absprachen zum Prüfungssetting
▶ klare Instruktionen der Prüflinge
▶ keine Unterbrechung des Fallbeispiels
▶ keine Zwischenfrage, wenn überhaupt nur am Ende des Fallbeispiels.

Die Ausführungen zu den Prüfungen machen deutlich, wie fehlerbehaftet die Beurteilung von Prüfungsleistungen sein kann. Die angeführten Beispiele sollen helfen, schriftliche, mündliche und praktische Prüfungen objektiv, reliabel, valide und ökonomisch zu gestalten. Bei allen unseren Bemühungen bleibt doch die Erkenntnis, dass eine gerechte Beurteilung der Prüfungsleistungen niemals möglich sein wird. Die Prüfer sind jedoch verpflichtet, sich um größtmögliche Gerechtigkeit zu bemühen.

Literatur:
1. Becker GE (1998) Unterricht auswerten und beurteilen – handlungsorientierte Didaktik Teil II, 6., völlig neu überarb. Aufl., Weinheim, Beltz Pädagogik – Beltz-Verlag
2. Walter G, Sommerfeld M, Kühl F (2008) ITLS Instruktorenhandbuch, Version 2.0 – ITLS Germany e.V.
3. Döhring KW, Ritter-Mamczek B (2001) Lehren und Trainieren in der Weiterbildung – ein praxisorientierter Leitfaden, 8. Aufl., Weinheim, Beltz Deutscher Studienverlag
4. Müller H-J, Schneider K (2010) Strategien und Werkzeuge der Umsetzung von prozessorientierter Berufsbildung und handlungsorientierten Prüfungen, http://www.bibb.de
5. Rauner F (2004) Praktisches Wissen und berufliche Handlungskompetenz – ITB Forschungsbericht 14 – Institut Technik und Bildung, Universität Bremen, http://www.itb.uni-bremen.de
6. Müller H-J (2009) Handlungsorientierte Prüfungen – Konzepte und Umsetzung – Vortrag 1. Arbeitssitzung TTnetDe, http://www.uni-kl.de
7. Neithammer M (o. Jg.) Handlungsorientierte Aufgaben – eine Basis für die Prüfung von Handlungskompetenz – Technische Universität Dresden, http://www.bibb.de
8. Einführung in die handlungsorientierte Aufgabenentwicklung, Vorgehen zur Erstellung einer handlungsorientierten Prüfung, Vorgehen zur Auswertung und Bewertung handlungsorientierter Prüfungsverfahren, http://www.pruefer.ihk.de

4.3   Lernfelder - Erfahrungen und Hinweise aus der Praxis

F. Scheinichen

Aus der Einführung von Lernfeldern in die rettungsdienstliche Ausbildung resultiert eine Veränderung im Unterricht, sowohl didaktisch als auch methodisch. Wir können zwar nicht von einem Paradigmenwechsel sprechen, doch die Einführung der lernfeldorientierten Ausbildung und die Umsetzung in der Praxis stellen für die Ausbildungsstätten eine gewisse Herausforderung dar, die mittlerweile zum großen Teil bewältigt, jedoch noch längst nicht abgeschlossen ist.

Auswirkungen finden wir in der Ausbildung insbesondere in den Bereichen:

▶ Stundenplangestaltung
▶ Abstimmung der Lehrkräfte
▶ Methode des Unterrichts – Eigenarbeit der Schülerinnen und Schüler
▶ Zeitansatz
▶ Dokumentation
▶ Vorbehalte von Lehrkräften und Schülern.

In der Unterrichtsplanung muss umgedacht werden, an die Stelle des Fächerprinzips treten Lernsituationen, die inhaltliche Anteile aus verschiedenen Lernfeldern beinhalten. Der Lehrer unterrichtet nicht mehr sein abgeschlossenes Fach, Inhalte werden im Gesamtzusammenhang einer Lernsituation vermittelt. Je Lernsituation werden Teilinhalte eines Lernfeldes oder mehrerer Lernfelder unterrichtet. Die Abstimmung der Lehrkräfte ist elementar.

Neben den Fachkompetenzen werden im Unterricht den Schülerinnen und Schülern weitere Kompetenzen vermittelt, etwa Methoden- oder Sozialkompetenz. Das erreichen wir über die Wahl der Unterrichtsmethode, die Schülerinnen und Schüler werden aktiver in das Unterrichtsgeschehen eingebunden und tragen die Ergebnisse aus Gruppen- oder Projektarbeit vor. Das hat Auswirkungen auf die Stundenplangestaltung, die Stundenansätze sind insgesamt offener.

4.3.1   Stundenplangestaltung

Bei der Stundenplanung müssen demnach zwei Aspekte besonders berücksichtigt werden:

▶ Welcher Dozent kann in der jeweiligen Lernsituation welche Inhalte unterrichten?
▶ Wie plane ich den genauen Stundenansatz für die Lernsituation?

Lernsituationen sind Gegenstand des Unterrichts über mehrere Tage oder sogar Wochen. Durch die aktive Einbindung der Schüler, die auch bedeutet, dass bei auftretenden Problemen eigene Lösungsstrategien entwickelt werden, ist nur eine annähernde Planung des Stundenansatzes möglich. Gewisse Abweichungen sollten bei der Stundenplangestaltung berücksichtigt werden. Andererseits müssen curriculare Vorgaben eingehalten werden. Je geringer der Gesamtstundenansatz der Ausbildung ist, desto schwieriger ist diese Herausforderung. Stehen in der Rettungssanitätergrundausbildung 160 Stunden zur Verfügung, so sind es in der Regelausbildung zum Rettungsassistenten 1.200 Stunden. Der Stoff ist natürlich entsprechend umfangreicher, der Zeitansatz kann in einem gewissen Rahmen durch die Wahl der Methode angepasst werden.

4.3.2 Abstimmung der Lehrkräfte und Dokumentation

In Lernsituationen werden Teilinhalte aus verschiedenen Lernfeldern unterrichtet. Demnach

▶ wird der Stoff in einer Lernsituation oftmals nur in Teilbereichen und
▶ verschiedene Fachthemen werden in einer Lernsituation unterrichtet.

Eine Herausforderung für die Lehrkräfte. Sie müssen sehr diszipliniert die für sie in dieser Lernsituation vorgegebenen Inhalte vermitteln. Nicht mehr, aber auch nicht weniger. Das ist von elementarer Bedeutung. Abweichungen stören den sinnvollen Ablauf der Ausbildung. Das gelingt nicht immer zufriedenstellend und mag daran liegen, dass auch die Dozenten sich an die veränderten Unterrichtsbedingungen gewöhnen müssen. Häufiger wurden Inhalte mehrfach vermittelt, andere Teile wurden fast vergessen, da jeder Dozent der Meinung war, der andere hätte das bereits unterrichtet. Eine enge Abstimmung der Lehrkräfte ist notwendig. Diese geschieht durch entsprechende Dokumentation und Lehrer- bzw. Lernfeldkonferenzen. Im Idealfall finden diese wöchentlich statt.

Lernfeldkonferenzen helfen den einzelnen Fachdozenten untereinander bei der inhaltlichen Abstimmung in den jeweils unterrichteten Lernsituationen. Gerade Honorardozenten können aus zeitlichen Gründen nicht immer an den Konferenzen teilnehmen und die einzelnen Dozenten haben nicht täglich Kontakt miteinander. Das ist ein Problem der Kommunikation und erschwert die inhaltliche Abstimmung im Unterricht. Lernfeldkonferenzen sind deswegen hilfreich und regelmäßig notwendig, kosten aber zusätzlich Zeit und damit auch Geld.

Datum	LF	Themenzuordnung	Std.	Dozent

ABB. 41 ▶ Dokumentation im Lernfeldkonzept

Lernfeld : Notfallsituationen erkennen, erfassen und bewerten
(Gesamt: 80 Unterrichtseinheiten)

Lernsituation 1: Kreislaufstörungen erkennen und versorgen
vorgesehene Stunden des Lernfeldes in dieser Lernsituation: 12

Datum	Inhalt	UE	Unterschrift
	Gesamtzahl der UE nach Beendigung des Themas:		

ABB. 42 ▶ Dokumentation für Einzellernfelder

Eine Anpassung bzw. Erweiterung der Klassenbücher kann die inhaltliche Abstimmung erleichtern bzw. unterstützen. Im Folgenden ist dargestellt, wie inhaltliche Verlaufsprotokolle für Dozenten den bisherigen Unterrichtsverlauf chronologisch dokumentieren (Abb. 41).

Jeder Dozent dokumentiert hier neben oder anstelle der obligaten Eintragung im Klassenbuch, welche Inhalte (Themenzuordnung) mit welchem Stundensatz vermittelt worden sind. Nachfolgende Dozenten können nachlesen, was bereits mit welcher Eindringtiefe unterrichtet worden ist.

Eine weitere Dokumentation erfolgt für jedes Lernfeld. Beide Dokumentationsformen stellen den Informationsaustausch für die einzelnen Dozenten sicher und gewährleisten

Lernfeld : Notfallsituationen erkennen, erfassen und bewerten
(Gesamt: 80 Unterrichtseinheiten)

Lernsituation	Ist-Stunden	Soll-Stunden	Abweichung
1			
2			
3			
gesamt		80 UE	

ABB. 43 ▶ Dokumentation »Stunden pro Lernsituation«

auch, dass die einzelnen Lernfelder mit ihrem vorgegebenen Stundenansatz unterrichtet werden. Dazu eignet sich zum Beispiel die in Abb. 42 dargestellte Form.

Beide Übersichten werden regelmäßig durch eine verantwortliche Person (Fachbereichsleitung, Schulleitung) abgeglichen. Durch dieses Vorgehen stellen wir sicher, dass sowohl die Inhalte als auch die notwendigen Stunden eingehalten werden. Es ist eine sinnvolle und auch notwendige Ergänzung zu den regelmäßig stattfindenden Lernfeldkonferenzen, ersetzt diese aber keinesfalls.

In einer weiteren Übersicht können dann für jedes Lernfeld die Stunden der einzelnen Lernsituationen summiert werden (Abb. 43).

Diese verschiedenen Dokumentationen der bereits vermittelten Inhalte und Stunden der einzelnen Lernfelder sind gerade in der Rettungsdienstausbildung sinnvoll, da hier häufig je Lernsituation aus verschiedenen Lernfeldern unterrichtet wird.

4.3.3 Vorbehalte der Lehrkräfte

Dozenten und Lehrkräfte mussten sich bei der Planung und der Durchführung ihres Unterrichts an die neuen Herausforderungen anpassen. Zum Teil fand in der Rettungsdienstausbildung schon immer Unterricht eingebettet in Fallbeispiele statt, sodass in vielen Fällen keine gänzliche Abkehr vom bisherigen Unterricht notwendig gewesen ist. Teilweise ist dies aber schon der Fall gewesen.

Die Einführung der Lernfelder und die damit verbundene Änderung des Unterrichts riefen durchaus Skepsis hervor, wenngleich Sinn und Ziel grundsätzlich nachvollziehbar sind. Durch die Rückmeldungen der Schülerinnen und Schüler (s.u.), die durchaus kritisch sind, wird Verunsicherung bei den Lehrern erzeugt. Die Diskussion des Für und Wider ist noch nicht abgeschlossen.

Angemerkt wird weiterhin die zeitliche Belastung durch vermehrte Konferenzen.

4.3.4 Lernfeldorientierter Unterricht – aus Schülersicht

Viele Schülerinnen und Schüler sehen die verstärkte eigene Aktivität im Unterricht kritisch. Oftmals wird angefragt, ob der Unterricht nicht doch wieder durch Frontalunterricht und Lehrgespräch gehalten werden kann. Aussagen wie »Ich bezahle Geld für die Ausbildung und muss auch noch selbst den Unterricht machen«, »Gruppenarbeit wird durchgeführt, damit die Lehrer einen ruhigen Tag haben« oder »Ich lerne das nicht gut, wenn andere Schüler Ergebnisse ihrer Gruppenarbeit vortragen« sind häufiger zu hören.

In der Rettungsassistentenausbildung treffen in einer Klasse Schülerinnen und Schüler mit ganz unterschiedlichen Vorbildungen aufeinander. Wir finden dort den Hauptschüler, Umschüler und Abiturienten mit Biologie-Leistungskurs. In Gruppenarbeiten finden diese Vorbildungen zusammen und müssen sich arrangieren. Sozial- und Methodenkompetenz sind gefordert und werden gefördert. Für die Schüler ist dies zum Teil nur schwer nachzuvollziehen und nicht sofort zu erkennen: »Schon wieder Gruppenarbeit, können wir nicht mal ganz normalen Unterricht haben?«

Schülerinnen und Schüler merken auch an, dass das Fächerprinzip für sie strukturierter und nachvollziehbarer erschien, das Lernen war einfacher. Einzelne Themenbereiche wurden unterrichtet und gelernt. Hinweise auf den Gesamtzusammenhang, also das Handlungsfeld, werden im Hinblick auf die bevorstehende Prüfung als nachrangig angesehen.

Insgesamt ist die bisherige Zufriedenheit mit der Art der Ausbildung durch die Einführung der Lernfelder und den Unterricht durch Lernsituationen aus Sicht der Schülerinnen und Schüler geringer. Das ist besonders bei Schülerinnen und Schülern signifikant, die bisher nach dem Fächerprinzip unterrichtet worden sind. Dieses Problem konnten wir noch nicht zufriedenstellend lösen. Es ist offensichtlich, dass Schüler sich den Frontalunterricht wünschen und wenig für Gruppenarbeiten bzw. handlungsorientierten Unterricht zu begeistern sind.

4.3.5 Fazit

Insgesamt kann man sagen, dass die Umsetzung des lernfeldorientierten Lernens in der Rettungsdienstausbildung noch durch vielfältige Probleme begleitet ist und eine gewisse Zeit benötigt. Sowohl Schüler als auch Lehrer sehen Lernfelder in der Ausbildung kritisch. Die Gründe dafür sind zum Teil nachvollziehbar, bei der eigenen Umsetzung offenbaren sich die aufgeführten Schwierigkeiten.

Schülerinnen und Schüler sind durchaus für den lernfeldorientierten Unterricht zu begeistern. Dieser muss jedoch inhaltlich klar strukturiert sein. Schülerzentrierte Unterrichtsformen werden bei Überstrapazierung von den Schülerinnen und Schülern kritisch gesehen. Erstaunlicherweise erwarten die Teilnehmer hauptsächlich Frontalunterricht durch die Lehrkraft, der jedoch auch im lernfeldorientierten Unterricht seinen Platz hat.

Der Weg der lernfeldorientierten Ausbildung ist beschritten, am Ziel sind wir noch nicht.

5 Anhang

Die nachfolgend aufgeführten Dokumente vermitteln weitere Informationen zum Thema »Lernfeld Rettungsdienst« und zum »handlungsorientierten Unterricht«. Sie können unter der jeweils angegebenen Adresse heruntergeladen werden:

 1. Empfehlungen für die Ausbildung von Rettungssanitäterinnen und Rettungssanitätern, Ausschuss »Rettungswesen« 2008

http://www.stmi.bayern.de/imperia/md/content/stmi/sicherheit/rettungswesen2/101228_ar_empfehlung.pdf

 2. Rahmenrichtlinien für die Ausbildung Rettungsassistentin/Rettungsassistent Niedersächsisches Kultusministerium 2008

http://www.nibis.de/nli1/bbs/archiv/rahmenrichtlinien/rettass.pdf

 3. Materialien für Lernfelder für die Berufe des Bereichs der Humandienstleistungen sowie für die Berufsfelder Ernährung und Hauswirtschaft, Agrarwirtschaft und Körperpflege, Niedersächsisches Kultusministerium 2001

http://www.nibis.de/nli1/bbs/archiv/rahmenrichtlinien/lernf.pdf

 4. Entwurf eines Gesetzes über den Beruf der Notfallsanitäterin und des Notfallsanitäters sowie zur Änderung weiterer Vorschriften, Bundesministerium für Gesundheit 2012

http://www.bmg.bund.de/fileadmin/dateien/Downloads/Gesetze_und_Verordnungen/Laufende_Verfahren/N/Notfallsanitaeter/Kabinettentwurf_Notfallsanitaetergesetz_121010.pdf

▶ Herausgeber

Kersten Enke
Diplom-Gesundheitslehrer
Schulleiter
Johanniter-Akademie Bildungsinstitut Hannover
Büttnerstr. 19
30165 Hannover
kersten.enke@johanniter.de

Rico Kuhnke
Fachwirt im Sozial- und Gesundheitswesen
Schulleiter
DRK- Landesschule Baden- Württemberg
Karl-Berner-Str. 6
72285 Pfalzgrafenweiler
r.kuhnke@drk-ls.de

▶ Autoren

Matthias Bastigkeit
Trainer in der Erwachsenenbildung (IHK), Medizinjournalist
Dorfstr. 83
23815 Geschendorf
mail@bastigkeit.de

Dr. Dag Danzglock
Nds. Kultusministerium
Referat 45 (Betriebl. Berufsbildung, Gesundheitsfachberufe)
Schiffgraben 12
30159 Hannover
dag.danzglock@mk.niedersachsen.de

Janika Grunau
Diplom-Gesundheitslehrerin
Universität Osnabrück, FB 3 Erziehungs- und Kulturwissenschaften
Fachgebiet Berufs- und Wirtschaftspädagogik
Heger-Tor-Wall 9
49069 Osnabrück
jgrunau@uos.de

Roland Lipp
Abteilungsleiter Rotkreuz-Gemeinschaften
DRK-Landesverband Rheinland-Pfalz
Mitternachtsgasse 4
55116 Mainz
r.lipp@lv-rlp.drk.de

Dr. Uwe Lühmann
FA für Allgemeinmedizin, ÖGW, Notfallmedizin
Ministerialrat, Referent für das Rettungswesen
Niedersächsisches Ministerium für Inneres und Sport
Lavesallee 6
30169 Hannover
uwe.luehmann@mi.niedersachsen.de

Prof. Dr. Gerhard Nadler
Jurist und Erziehungs-/Sozialwissenschaftler
Postfach 1332
82003 Unterhaching
Dr.Gerhard. Nadler@gmx.net

Frank Scheinichen
Diplom-Pädagoge
Malteser Hilfsdienst gGmbH
Schulungszentrum Nellinghof
Holdorfer Str. 33
49434 Neuenkirchen-Vörden
frank.scheinichen@rettungsdienstschule.de

Prof. Dr. Ulrike Weyland
Fachhochschule Bielefeld, Fachbereich Wirtschaft und Gesundheit
Lehreinheit Pflege und Gesundheit
Lehrgebiet Berufspädagogik für Gesundheitsberufe und Päd. Psychologie
Am Stadtholz 24
33609 Bielefeld
ulrike.weyland@fh-bielefeld.de

Michael Zengerink
E-Learning-Autor
Bodelschwinghstr. 31b
48165 Münster
michael@zengerink.de

▶ Abbildungsnachweis

Archiv RETTUNGSDIENST
Kap. 2.1 Abb. 1 – 4

Der Weg zum erfolgreichen Ausbilder, G. Dobler,
7. Aufl. 2010, Stumpf + Kossendey, Edewecht
Kap. 2.6 Abb. 8

Erwachsenengerechte Unterrichtsgestaltung, DRK Westfalen-Lippe
Kap. 3.2 Abb. 15

Rico Kuhnke
Kap. 3.1 Abb. 9
Kap. 3.2 Abb. 16 – 18, 22 – 31

Roland Lipp, DRK-LV Rheinland-Pfalz
Kap. 3.1 Abb. 10 und 12
Kap. 3.2 Abb. 14

Lehrbuch für präklinische Notfallmedizin, Schwerpunkt Anatomie,
A. Stege, R. Lipp, 4. Aufl. 2011, Stumpf + Kossendey, Edewecht
Kap. 2.6 Abb. 7

Helge Regener
Kap. 3.1 Abb. 13

Ralf Schnelle
Kap. 3.1 Abb. 11

Alle weiteren Abbildungen wurden von den jeweiligen Autoren der Kapitel zur Verfügung gestellt.

▶ Register

Whiteboard 100, 103
Wikipedia 121
Wikis 121

Z
Ziel der Berufsausbildung im Rettungsdienst 126
Zielsetzung von Lernsituationen 139